2020年广东省研究生教育创新计划项目"教育设计与管理"
（2020SFKC033）成果

International Chinese Language
Teaching Design and Management

国际中文教学设计与管理

张向荣◎著

科学出版社

北京

内 容 简 介

本书基于国际中文教学规律，构建了国际中文教学设计与管理的框架图谱。全书对国际中文教学和课堂管理中所涉及的各种问题，从教学设计内涵、设计要点、设计方法、设计元素、课型设计、设计技巧、课堂管理以及跨文化沟通等方面，进行了理论解析与实践案例展示。全书框架清晰、内容丰富、案例典型、情境真实，是一部设计与管理国际中文教学的生动著述。该书以丰富的案例为支撑，使理论阐述更加生动具体，为一线教师提供了宝贵的实践参考和借鉴。其研究成果不仅丰富了国际中文教学理论体系，更为推动该领域的创新发展、深化文化交流与合作提供了重要动力。

本书以丰富的案例为支撑，使理论阐述更加生动具体，为一线教师提供了宝贵的实践参考和借鉴，是针对国际中文教学的理论与实践用书，面向从事国际中文教学的专业人士及爱好者。

图书在版编目（CIP）数据

国际中文教学设计与管理/张向荣著. -- 北京：科学出版社，2025.6 -- ISBN 978-7-03-082088-4

Ⅰ. H195.3

中国国家版本馆 CIP 数据核字第 2025TH6541 号

责任编辑：崔文燕　贾雪玲 / 责任校对：王晓茜
责任印制：徐晓晨 / 封面设计：润一文化

科学出版社 出版
北京东黄城根北街 16 号
邮政编码：100717
http://www.sciencep.com
北京厚诚则铭印刷科技有限公司印刷
科学出版社发行　各地新华书店经销

*

2025 年 6 月第 一 版　开本：720×1000　1/16
2025 年 6 月第一次印刷　印张：17 1/4
字数：300 000

定价：128.00 元

（如有印装质量问题，我社负责调换）

总　　序

　　本书是基于国际中文教学与课堂管理规律而展开的教学设计主题研究。外国人学习中文的最终目的是，掌握中文听说读写技能，熟悉中国文化，进行中外交流与跨文化沟通。如何让外国人掌握一口地道的汉语？如何让他们得心应手使用中文进行跨文化交际？本书从类型、主题、实践三个方面，为从事国际中文教学的学者提供理论支撑与实践范例。

　　以类型划分，全书内容分五大部分，共 11 章。第一部分为第 1 章至第 3 章，主要介绍了国际中文教学概览和教学设计与管理相关理论、国际中文教学设计内涵、国际中文教学设计要点。第二部分为第 4 章至第 7 章，重点探讨了国际中文教学的具体实践与措施。第三部分集中于第 8 章，系统分析了国际中文教学中各个课型的教学设计。第四部分为第 9 章，展示并分析了国际中文教学设计中应避免的问题。第五部分为第 10 章和第 11 章，分析了国际中文教学的课堂管理及跨文化沟通问题等。

　　以主题而言，围绕教学设计与管理，全书五大区块起承转合、连贯而成，构建了国际中文教学的典型脉络。关联主题，五大区块各具优势，整合教学发展及理论、搜集经典案例、阅读调研相关实践成果，实现了理论与实践相衔接的设计体系。

　　以实践探讨，全书突出教学设计与教学实践之间的关联意义，并以典范案例为辅助，例如，拼音教学设计、汉字教学设计、词语教学设计、语法教学设计、不同课型的教学方案、课堂管理的具体措施、文化教学中的跨文化沟通问题等。

　　总之，全书立足国际中文教学，呈现教学设计与管理的理论性、典型性、实践性，以期为从事国际中文教学的学者提供借鉴与启示。

　　由于经验和实践所限，观点难免成一家之言，诚意期待读者提出宝贵意见，以便及时完善、修订。

目　　录

总序

第1章　绪论 ·· 1
    1.1　国际中文教学概览 ································· 1
    1.2　教学设计与管理相关理论 ························· 8

第2章　国际中文教学设计内涵 ························· 26
    2.1　国际中文教学设计基本内容 ····················· 26
    2.2　国际中文教学设计主要特色 ····················· 30
    2.3　国际中文教学设计三大原则 ····················· 33

第3章　国际中文教学设计要点 ························· 37
    3.1　教学需求与教学内容 ······························ 37
    3.2　教学对象与教学目标 ······························ 42
    3.3　教学策略与教学媒体 ······························ 45
    3.4　教学反馈与教学评价 ······························ 54

第4章　国际中文教学设计方法 ························· 56
    4.1　课前教学准备 ······································· 56
    4.2　撰写课程教案 ······································· 60

4.3　组织课堂教学 ·· 65
　　4.4　课内课外关联 ·· 68

第 5 章　国际中文教学设计元素：拼音教学设计 ························ 72
　　5.1　汉语拼音教学任务 ·· 72
　　5.2　汉语发音教学规则 ·· 76
　　5.3　汉语声调教学原理 ·· 84
　　5.4　汉语语调教学序列 ·· 87
　　5.5　拼音教学设计案例 ·· 91

第 6 章　国际中文教学设计元素：汉字教学设计 ························ 98
　　6.1　汉字的历史与特点 ·· 98
　　6.2　汉字教学内容与策略 ··· 108
　　6.3　汉字教学过程与训练 ··· 113
　　6.4　汉字教学之关键技巧 ··· 117
　　6.5　汉字教学设计案例 ·· 124

第 7 章　国际中文教学设计元素：语法教学设计 ······················ 129
　　7.1　词法教学内容与设计 ··· 130
　　7.2　句法教学内容与设计 ··· 139
　　7.3　语法点教学设计过程 ··· 152
　　7.4　语法教学设计案例 ·· 171

第 8 章　国际中文教学课型设计举隅 ······································ 178
　　8.1　听说教学训练过程 ·· 178
　　8.2　阅读教学训练过程 ·· 181
　　8.3　写作教学训练过程 ·· 184

8.4 综合课教学设计……………………………………………… 186

第9章　国际中文教学设计技巧……………………………………… 198

9.1 避免"一叶障目"………………………………………………… 198
9.2 避免"多义混讲"………………………………………………… 203
9.3 避免"本末倒置"………………………………………………… 208
9.4 避免"一气呵成"………………………………………………… 210
9.5 避免"主次不分"………………………………………………… 212
9.6 避免"没有文化"………………………………………………… 215
9.7 避免"断境取义"………………………………………………… 217
9.8 避免"一览无余"………………………………………………… 219

第10章　国际中文教学的课堂管理…………………………………… 221

10.1 教师、学生、教学的三定位……………………………………… 221
10.2 课堂教学任务……………………………………………………… 224
10.3 课堂中教师与学生的互动………………………………………… 231
10.4 教师课堂管理过程案例…………………………………………… 234

第11章　国际中文教学的跨文化沟通………………………………… 238

11.1 国际中文教学的跨文化需求……………………………………… 238
11.2 国际中文教学的跨文化难点……………………………………… 243
11.3 国际中文教学的跨文化培养……………………………………… 246
11.4 国际中文教学的跨文化沟通案例………………………………… 257

参考文献…………………………………………………………………… 262

附录………………………………………………………………………… 264

附表1　汉字笔画名称大全…………………………………………… 264
附表2　汉字基本笔画与派生笔画名称……………………………… 265

第1章 绪 论

1.1 国际中文教学概览

1.1.1 国际中文教学历史

国际中文教学，原称"对外汉语教学""汉语国际教育"，顾名思义，就是针对母语非汉语者（俗称：外国人）的汉语教学。从有文字记载以来的外交活动或宗教融合，如唐代的日本遣唐使、近代的来华传教士、19世纪末现代意义上的汉语教学，到如今的国际中文教育，对外国人的汉语教学经历了漫长的历史发展阶段。时至今日，针对外国学生的国际中文教学已成为一门显学，也是国际上的重要学科。

在中国古代，中外交流已经开始，且呈现出越来越多的趋势。汉学东传是其中的重要内容，最具代表性的外交政策是日本派遣遣唐使前往中国。遣唐使制度，除了政治、经济、文化的交流，亦带动了日本人学习汉语的风潮。仅以古代典籍流入日本为例，有据可考的"仅仅是九世纪末成书的《日本国见在书目录》就收录了多达1579部、16 790卷的汉文典籍，而实际上传入日本的汉文典籍的数量还要更多"[1]。

在近代，西方商人和传教士来华，成为中文国际传播的重要事件。众所周知的意大利人商人马可·波罗（M. Polo，1254—1324）写出《马可·波罗游记》，意大利传教士利玛窦（M. Ricci，1552—1610）与徐光启合译欧几里得（古希腊语

---

[1] 石孟桥. 汉籍东传日本之路探析：以日本遣唐使对唐朝宫廷典籍的搜集活动为中心[J]. 日语学习与研究，2023（3）：109.

为"Εὐκλείδης",英文为"Euclid",约公元前330—前275)的《几何原本》,并用中文撰写《交友论》等。利玛窦是向西方传播中国文化的西方人,他首次将中国的四书典籍的主要部分翻译成拉丁文介绍给西方。之后的几百年内,西方传教士陆续来华,一方面促进了中西方政治、经济、文化交流,另一方面也加强了中文的国际传播,当然,客观上也成就了国际中文教学。1728年,法国来华传教士马若瑟(J.de Prémare,1666—1736)撰写了《汉语札记》(1831年正式出版),这是"世界范围内由西方人撰写的,第一次使用多达上万个中文例句,全面讨论汉语文言和白话语法的文法书,在西洋汉语研究历史上具有奠基性的重要意义"[①]。一些西方传教士学习汉语,用于传播基督教信仰,为基督教在中国的传播和中国学者学习西方文化打下了基础。

18—19世纪,中国与西方国家接触增多,外国使团开始学习汉语,以更好地了解中国文化和政治。1842年《南京条约》和1858年《天津条约》的签订,分别结束了第一次鸦片战争和第二次鸦片战争,这些条约中有外国使团在中国设立驻地的条款,这加大了使团外交官员学习中文的需求。

20世纪50年代初到60年代初,中国成为国际政治舞台上的重要角色,这引发了更多的外国政府和机构对中国及中文的兴趣。1950年7月,东欧交换生中国语文专修班在清华大学成立[②],身为清华大学教务长的周培源先生亲自担任班主任,该专修班的成立标志着中华人民共和国成立后第一个专门从事国际中文教学机构的成立。中国接收来华留学生的同时,也向海外派遣学生。

20世纪60年代,更多的政府资助和研究资源流向国际中文教育。1962年6月,北京外国语学院的"外国留学生办公室"和"出国人员培训部"独立出来,成立了"外国留学生高等预备学校"[③],对外国人的中文教学终于有了"稳定的基地"[④]。1964年,"外国留学生高等预备学校"更名为"北京语言学院"(1996年再次更名为"北京语言文化大学",2002年确定校名为"北京语言大学")。成立专门院校,为满足外国学生对中文、政治、文化和经济方面的需求提供了保障,使外国人的汉语教学正式进入专门学科视野。之后,国内高校相继成立专门

---

① 李真,谢辉. 从《古学钩玄》到《汉语札记》:来华传教士马若瑟中国语文学知识来源考[J]. 国际汉学,2022(1):174.
② 引自吕必松先生的著作《对外汉语教学发展概要》(北京:北京语言学院出版社,1990:5)。亦有文献资料记载:该班成立时间为1950年9月,7月为筹备时间(见https://www.tsinghua.org.cn/upload/file/1473822573864.pdf)。
③ 来源网址:https://www.blcu.edu.cn/col/col15806/index.html.
④ 吕必松. 对外汉语教学发展概要[M]. 北京:北京语言学院出版社,1990:8.

机构，开设对外国人的中文教育，并陆续出版了中文学习教材，设立了中文课程，以满足外国学生对中文学习的需求。1965年，北京语言学院创刊《外国留学生基础汉语教学通讯》，虽然只出版11期，但作为专门刊物，《外国留学生基础汉语教学通讯》为对外国人的汉语教学奠定了教学交流和学术研讨的基础。1966年，来华留学生工作中断，1971年，北京语言学院撤销。

20世纪70年代，随着中国在联合国合法席位的恢复、中日建交、中美关系缓和等，汉语作为联合国大会安理会的工作语言正式登上国际舞台，国际上对汉语的需求不断增加。1972年，北京语言学院恢复办学，其他高校也相继恢复接受来华留学生。当然，受到师资、设备等条件的限制，国际中文教育事业并无大的进展。

20世纪80年代开始，国际中文教育事业迈入发展阶段。中国政府的改革开放政策吸引了大量外国投资以及外国人来中国。外国人在中国工作、旅游、居住，为国际中文教育的迅速增长提供了动力。北京语言大学教授吕必松"1978年首次提出要把对外国人的汉语教学作为一门专门的学科来研究"[1]。中国政府的留学管理机构——国家留学基金管理委员会（China Scholarship Council）以公派留学资助的方式，积极鼓励外国人来华。教育部鼓励国内高校开设并完善国际中文教育，以满足国际学生的需求。在此背景下，国内高校如北京语言大学、北京大学、北京师范大学、厦门大学、暨南大学、黑龙江大学等纷纷设立专门机构接受来华留学生，方便对来华留学生进行学习、生活等的管理。

与此同时，与国际中文教育相关的管理措施也在不断完善。一方面，在国家层面，1987年，非营利性民间学术团体"世界汉语教学学会"成立，该学会致力于汉语教学、研究和推广工作，定期举办学术活动、理论探讨、师资培训、教材编写等活动。也是1987年，经国务院批准成立了"国家对外汉语教学领导小组"（2006年更名为"国家汉语国际推广领导小组"），该小组的成立标志着国际中文教育走向标准化、制度化。2002年，国家对外汉语教学领导小组成立办公室（简称"国家汉办"），负责全球的国际中文教育工作。国家汉办推动在全球成立孔子学院。2004年，第一所海外孔子学院——韩国首尔孔子学院成立。之后，孔子学院在全球犹如雨后春笋般建立并成长，截至高峰时期的2019年底，全球已有162个国家（地区）设有550所孔子学院和1172个孔子课堂[2]。孔子学院的全球

---

[1] 吕必松. 对外汉语教学发展概要[M]. 北京：北京语言学院出版社，1990：封二.
[2] 数据来自程海燕武汉大学博士学位论文《孔子学院发展史研究》（武汉大学，2023）.

推广为国际中文教育事业的海外传播提供了优质平台。2020年，国际中文教育进入转型期，同年7月，教育部设立了"中外语言交流合作中心"（简称"语言合作中心"），这是转型的重要标志，国际中文教育进入了内涵式发展阶段。

另一方面，在高校层面，国内高校的来华留学生教育规模也在不断扩大，在人数不断增加的同时，教育模式也呈现多样化趋势。设有国际中文教育机构的高校，其内部的国际中文教育模式，从最初的预备教育逐步向多学制、多类型、多专业方向发展，国际中文教育类型不断增加。在学制方面，从最初的预科教育发展到本科教育、短期进修、长期进修。例如，1978年，北京语言学院正式成立了针对外国留学生的本科教育，同年设立了来华留学生中文短期进修班。学制的多样化吸引了更多的外国人来华学习。他们分布在不同的高校，或短期进修，或长期进修，有的学生还进入本科阶段、硕士阶段，甚至博士阶段学习，并获得中国高校授予的学位。在专业门类方面，除了传统的中文语言教育，国内高校还相继设立培养商务、旅游、金融、医学、理工等方面人才的专门汉语教育。在合作方面，国内很多高校与国外高校建立了校际合作，其中包括校际生互换项目，互换留学生成为来华留学生的又一渠道和方式。国内高校国际中文教育的多样化，使得来华留学的外国人数迅速增加。截至1988年，"我国共接收130多个国家的长期留学生（即学习一年以上的留学生）13 126名，短期留学生33 812名（均不包括校际交流数）"[1]。20世纪90年代，随着文化交流和商业需求的增加，中国影响力日益扩大，越来越多的外国人意识到学习中文对其职业和个人发展的重要性。来华留学生更是逐年递增，"至2003年来华留学生已达8.5万人次"[2]。不仅如此，国际"汉语热"已成常态，据不完全统计，2003年全球学习汉语的人数已达3000万[3]。2000年，来华留学生数量为52 150人[4]，之后呈现逐年递增的趋势，2015年来华留学生数量为397 635人[5]，2018年来华留学生数量为492 185人[6]。

国际中文教育蓬勃发展的同时，全球范围内学习者的中文水平测试需求也与

---

[1] 吕必松. 对外汉语教学发展概要[M]. 北京：北京语言学院出版社，1990：16.
[2] 赵金铭. 从对外汉语教学到汉语国际推广[A]. 张凯主编. 汉语水平考试（HSK）研究[C]. 北京：商务印书馆，2006：2.
[3] 赵金铭. 从对外汉语教学到汉语国际推广[A]. 张凯主编. 汉语水平考试（HSK）研究[C]. 北京：商务印书馆，2006：2.
[4] 2000年全国来华留学生统计[EB/OL]. （2000-12-13）. http://www.cafsa.org.cn/research/show-1259.html.
[5] 2015年全国来华留学生数据统计[EB/OL]. （2016-04-18）http://www.cafsa.org.cn/research/show-1662.html.
[6] 中华人民共和国教育部[EB/OL]. （2019-04-12）. 2018年来华留学统计. http://www.moe.gov.cn/jyb_xwfb/gzdt_gzdt/s5987/201904/t20190412_377692.html.

日俱增,此背景下,中国汉语水平考试(Higher-level Chinese Proficiency Test, HSK)应运而生。HSK是测试母语为非汉语者的汉语能力的唯一权威的标准考试。"1984年10月,北京语言学院成立了由刘珣、黄政澄、方立、孙金林、郭树军等五位研究者组成的'汉语水平考试研制小组'。"[1] 1986年,研发HSK工作被列入国家教育委员会文科博士点专项科研基金项目。1989年,北京语言学院成立了汉语水平考试中心。经过多轮测试,HSK于1990年面向社会推出,1991年推广到海外。1992年,HSK正式升级为国家级考试。1995年,国家教育委员会颁布了《关于外国留学生凭〈汉语水平证书〉注册入学的规定》,1997年成立国家汉语水平考试委员会。HSK考试最初为汉语初中等水平测试,"1993年,HSK(高等)通过专家鉴定;1997年,HSK(基础)通过专家鉴定。至此,HSK成为了一个等级上互相衔接的系列考试。"[2]之后,在国家汉办与孔子学院总部的共同努力下,新版HSK考试设计并研发而成(以下简称:新HSK)。新版考试推出了分级测试制度,也就是将HSK考试分为一至六级,数字越高,等级水平越高。每个等级试卷独立,考生可根据自己的实际需求,选择合适的等级报考。2021年3月,教育部、国家语言文字工作委员会正式发布《国际中文教育中文水平等级标准》(以下简称《标准》),《标准》的发布,为新HSK等级的权威性提供了依据。以新HSK考试为基准,推出了HSKK(汉语水平口语考试)、YCT(中小学生汉语考试)、BCT(商务汉语考试)、MCT(医学汉语水平考试)[3]。截至2025年6月,HSK考试在全球166个国家(地区)共有考点1416个,"年服务考生数量达80万"[4]。

1.1.2 国际中文教学现状

总体而言,国际中文教育的历史及其发展,充分反映了中国在全球发展舞台上的崛起,以及国际对中国语言和文化的持续兴趣和需求。与之相应,国际中文教育也日新月异,尤其进入21世纪,无论外部管理还是内部发展,国际中文教学都在进步中寻求更广阔的空间。

就外部管理而言,21世纪以来,在"一带一路"倡议的引领下,国际中文教

---

[1] 张凯. 汉语水平考试(HSK)研究[M]. 北京:商务印书馆, 2006:1.
[2] 张凯. 汉语水平考试(HSK)研究[M]. 北京:商务印书馆, 2006:2.
[3] 中文考试服务网: https://www.chinesetest.cn/suggest.
[4] 中文考试服务网: https://www.chinesetest.cn/suggest.

育成为中华文化传播的重要载体。国家为推动中华文化"走出去",相继出台政策扶持国际中文教育。仅2015—2016年,就先后颁布了不少于8个政策文件,从2016年7月到12月,先后颁布教育部的《推进共建"一带一路"教育行动》、中央全面深化改革领导小组的《关于进一步加强和改进中华文化走出去工作的指导意见》、文化部的《文化部"一带一路"文化发展行动计划(2016—2020年)》[①]。另外,国家还通过活动和学科建设助力国际中文教育。在活动方面,"2021年,教育部、国家语委和有关部门通过举办语言文化论坛、出版图书等方式积极拓展中外语言文字交流合作……促进国际中文教育创新发展"[②]。在学科建设方面,截至2022年,"全国149所学位授权点高校共招收专业硕士研究生6772人,专业博士研究生66人;推动独立设立国际中文教育博士专业学位论证工作"[③]。越来越多的外国人学习中文,并将中文作为第二语言中的重要语言进行学习,这反映了中国以及与中国相关的商业和文化交流机会越来越多。许多国家的教育部门将汉语纳入国民教育中,截至2016年,"共有67个国家(地区),通过颁布法令、政令、教学和课程大纲等形式,将汉语教学纳入国民教育体系,170多个国家(地区)开设汉语课或汉语专业,全球汉语学习人数超过1亿人"[④]。一些国际组织也将汉语纳入到官方语言之中,截至2022年,"据不完全统计,目前有联合国粮食及农业组织、国际民用航空组织、国际电信联盟、世界卫生组织、世旅组织、国际海事组织、联合国教科文组织、联合国工业发展组织、世界气象组织及国际航协等10个组织将中文作为官方语言"。[⑤]还有很多国际公司也将掌握中文作为一项重要的职业技能和入职条件。另外,对中国文学、历史、艺术等方面的需求也促进了国际中文教育国际地位的提升。越来越多的外国人认识到,学习中文对他们的职业、学术和理解中国文化至关重要。

就内部发展而言,进入21世纪,国内的国际中文教育呈现出发展迅速、内涵日益丰富的态势。

第一,国际中文师资队伍迅速扩大,教学资源持续增加。一方面,国内国际中文教师队伍增加;另一方面,国家通过向海外派驻中文志愿者、中文教师等方

[①] 吴应辉. 汉语国际教育发展报告:2015—2016[M]. 北京:社会科学文献出版社,2019:2-3.
[②] 国家语言文字工作委员会组. 中国语言文字事业发展报告(2022)[M]. 北京:商务印书馆,2022:60.
[③] 国家语言文字工作委员会组. 中国语言文字事业发展报告(2022)[M]. 北京:商务印书馆,2022:62.
[④] 国家语言文字工作委员会组. 中国语言文字事业发展报告(2017)[M]. 北京:商务印书馆,2017:116.
[⑤] 国家语言文字工作委员会组. 中国语言文字事业发展报告(2022)[M]. 北京:商务印书馆,2022:64.

式，满足海外中文教育的师资需求。"2021年，海外在岗国际中文教师、志愿者3604人（其中支持选聘本土教师、志愿者974人）。"①依据需求，2007年，中国国家汉语国际推广领导小组办公室组织研制并由外语教学与研究出版社出版的《国际汉语教师标准》出台。

第二，国际中文教育研究硕果累累。吕必松的《对外汉语教学发展概要》《语言教育与对外汉语教学》、赵金铭的《汉语研究与对外汉语教学》、刘珣的《对外汉语教育学引论》、李泉的《对外汉语教学理论思考》、崔希亮的《汉语作为第二语言的习得与认知研究》、吴应辉的《汉语国际教育发展报告（2015—2016）》、宁继鸣的《国际中文教育研究报告（2020）》、张凯的《汉语水平考试（HSK）研究》等，诸多学界泰斗和专家的系列研究，为国际中文教育源源不断地输送着养分，助其茁壮成长。

第三，HSK考试规模持续扩张，参加人数不断增长。HSK考试既有参考人数的扩大，也有考试内容和形式的增多。在考试内容方面，如前所述，除了有六个等级的划分，还增加了HSKK、YCT、BCT、MCT等；在形式方面，除了线下考试，还增加了线上（网络）考试。

第四，多种中文活动助力中文教育的推广，"汉语桥"已成功举办20余年，累计举办将近万场活动，吸引了全球150多个国家的中文从业者或爱好者参加。

第五，现代信息技术与中文教育充分结合，利用网络开展线上国际中文教育，成为热点。2020年3月推出国际中文线上教学平台——"中文联盟"，平台数据在短时间内迅速增长，"累计开发340多门、1.6万多节中文和中华文化网络课程，惠及全球200多个国家和地区2000多万中文学习者、爱好者；为100多个国家和地区80万中文学习者提供居家网考服务"②。随着网络教学、在线课程、App等互联网和数字技术的普及，在线中文学习让许多外国学生获取了高质量的中文教育。2024年4月19日，中外语言交流合作中心联合北京语言大学，推出了"国际中文智慧教学系统"，该系统呼应了当前国家倡导的智慧教学，也为国际中文教学提供了更加优化的数字智能平台③。

总体而言，国际中文教育正在世界教育舞台上展露着独特的魅力。然而，就

---

① 国家语言文字工作委员会. 中国语言文字事业发展报告（2022）[M]. 北京：商务印书馆，2022：62.
② 国家语言文字工作委员会. 中国语言文字事业发展报告（2022）[M]. 北京：商务印书馆，2022：62.
③ http://www.chinese.cn/page/#/pcpage/article?id=1839. "国际中文智慧教学系统"网址是：https://zhjx.chineseplus.net/。

其目前发展而言，国际中文教育也存在着有待改进之处，除了学科、模式、规模、数量等发展主题外，如何进行内涵式建设，成为国际中文教育接下来的发展主题。国际中文教育的内涵建设，其核心在于教学，教学意味着教师如何教、学生如何学，这是国际中文教育的主题，也是本书的宗旨和目标。

1.2 教学设计与管理相关理论

教学设计与管理，又称"教学设计组织与管理"，是基于教学的设计和课程管理。

1.2.1 教学设计与管理基本理论发展

教学设计与管理，顾名思义，是关于教学的"设计与管理"，因本书着力于中文，故所及的教学设计与管理都是以中文的国际教学为出发点的。本书的教学设计与管理涉及四个方面的内容：教学设计的概念与历史；国际中文教学设计与管理；国际中文教学的基本目标；国际中文教学设计与管理的基本结构及特征。因后三方面内容将在本书后章探讨，故本节着力于教学设计的概念与历史。

1）教学设计的概念

这是根据设计者对教学需求、教学目标、教学内容、教学对象等因素的综合分析，对教学过程、教学方法、教学媒体、教学评估方法等事项进行有序安排。教学设计强调教学的过程、方法以及组织形式。国际中文的教学设计，正是基于中文教学过程中的上述要素而展开的。

2）教学设计的历史

世界范围内的教学设计有其发展历史，以时间划分为以下阶段：理论基础阶段、教学设计发展阶段，以及国内教学设计的专门研究阶段。

（1）理论基础阶段。世界范围内的教学都经过了理论基础这个阶段。在中国，古人重视教育，先贤对教育从理念、内容、方法等诸方面阐述了其教育观念。

首先是教育理念。孔子重视"仁义"之教，提出"仁者爱人"，其本质逻辑是为了培养有道德情操的"仁者"。儒家关注圣人之学,"君子之学,必至圣人而后已"[1],认为教育是为培养圣人作准备的。因此,古人重视"修身、齐家、治国、平天下"的德行教育。

其次是教育内容。中国古人认为,教育在于"博施于民而能济众"[2]的普及教育,在于"仁、义、礼、智、信"和"温、良、恭、俭、让"的伦理道德教育,在于锻造修养的"人要明理"[3]的德育教育。南宋理学家朱熹关注教育,编制《童蒙须知》,做《训蒙绝句》,并为当时学者程端蒙、董铢合著的《程董二先生学则》作跋。

最后是教育方法。孔子提出"有教无类""因材施教",这是中国古代教育方法的先声,为提倡个性化教育奠定了基础。由此衍生出启发教育、师承教育等。《孟子·尽心上》载:"流水之为物也,不盈科不行;君子之志于道也,不成章不达。"[4]孟子主张循序渐进的启发式教育,对儒家"格物、致知、穷理"的教育方法有较大影响。儒家之外的墨家先驱墨子提出"述而且作","吾以为古之善者则诛之,今之善者则作之,欲善之益多也"[5],墨子重视师承关系,更强调教育应量力而行。唐代文人韩愈重视为师之道,认为教育者应善识人才,"世有伯乐,然后有千里马"[6]的观点影响深远,韩愈对学习者也有要求"业精于勤,荒于嬉;行成于思,毁于随"[7]。

总体而言,中国古人重视教育,强调教育者应关注受教者的个性、德育等方面发展,同时也重视儿童教育。这些先贤的观念和主张成为中国现代教育理论的珍贵历史资源。

在国外,教育理论亦古而有之。古希腊时期,人们已开始探讨如何教育人。哲学家亚里士多德(Aristotle,公元前384—前322)认为教育应遵循"自然、习惯和理性"[8],苏格拉底(Socrates,约公元前469—前399)探讨了"身教与言教"的问题[9],柏拉图(Plato,公元前427—前347)提出了"教育开始于培养良好的

---

[1] (宋)程颢,(宋)程颐. 二程集·下[M]. 北京:中华书局,2004:1199.
[2] 周海春.《论语》哲学注疏[M]. 北京:科学出版社,2021:141.
[3] (宋)程颢,程颐撰,潘富恩导读. 二程遗书[M]. 上海:上海古籍出版社,2020:33.
[4] 王刚. 孟子译注[M]. 上海:上海三联书店,2013:361.
[5] 方勇译注. 墨子[M]. 北京:中华书局,2011:405.
[6] (唐)韩愈著. 阎琦校注. 韩昌黎文集注释[M]. 西安:三秦出版社,2004:50.
[7] (唐)韩愈著. 阎琦校注. 韩昌黎文集注释[M]. 西安:三秦出版社,2004:66.
[8] 王涛. 人、城邦与善:亚里士多德政治理论研究[M]. 上海:上海人民出版社,2013:173.
[9] (古希腊)柏拉图. 理想国[M]. 张竹明译. 南京:译林出版社,2015:53.

习惯"①的教育思想。这些先哲的教育思想对西方教育理念产生了深远影响。中世纪著名经院哲学家阿奎纳（T. Aquinas，约公元 1225—1274）以自由意志论述教义，正是吸取了亚里士多德的自然教育主张。文艺复兴之后，强调遵循个性，教育亦在此有深化。

16 世纪，培根（F. Bacon，1561—1626）被誉为"近代科学教育之倡导者"②，他的名言"知识就是力量"成为后人追求知识和真理的口号。培根注重科学知识教育，在培根教育思想的影响下，捷克教育家、西方近代教育奠基者夸美纽斯（J. A. Comenius，1592—1670），首次提出了建立学校制度，普及义务教育，采用班级授课制，增加学科门类内容等教育理念，夸美纽斯为现代教育的科学建制奠定了理念基础。17 世纪，英国哲学家洛克（J. Locke，1632—1704）提出了教育须顺应儿童的心理，"凡是想要儿童专心用功的人，就应该竭力使自己的要求变得令人愉快和可以接受"③，用尽各种方法去激发儿童的学习兴趣。洛克的教育观为细分教育群体提供了理论支持。

18 世纪，西方被称为"理性时代"或"启蒙时代"。法国启蒙思想家卢梭（J. J. Rousseau，1712—1778）的自然教育思想最具影响力。自然教育思想的主要观点是"顺应自然"④，"根据儿童的发展阶段实施教育，培养反封建的新人"⑤。卢梭的自然教育的最高目标是"人的天性发展"⑥。在这种注重"天性"的教育思想下，德国的教育家巴泽多（J. B. Basedow，1723—1790）的《论教育》就吸收了卢梭的教育观念。法国思想家兼教育家狄德罗（D. Diderot，1713—1784）、爱尔维修（C. A. Helvétius，1715—1771）的唯物主义教育思想也对此教育思想颇为拥护并有建树。在启蒙思潮的影响下，教育家提倡"理性"和"新人"教育，认为人的智力是平等的，并无"天赋"之说。德国哲学家康德（I. Kant，1724—1804）就注重理性教育，在他的认识论哲学体系中，"深化了人们对诸如知识来源、知识分类与构成、知识价值等一系列教育基本问题的研究"⑦。

19 世纪，西方教育迅速发展，这得益于自然科学的发展成熟，教育因此获得

---

① N. 帕帕斯. 柏拉图与《理想国》[M]. 朱清华译. 桂林：广西师范大学出版社，2007：78.
② 单中惠. 西方教育思想史[M]. 北京：教育科学出版社，2007：98.
③（英）约翰·洛克. 教育漫话[M]. 2 版. 徐大建译. 上海：上海人民出版社，2011：166.
④ 单中惠. 西方教育思想史[M]. 北京：教育科学出版社，2007：139.
⑤ 单中惠. 西方教育思想史[M]. 北京：教育科学出版社，2007：141.
⑥ 单中惠. 西方教育思想史[M]. 北京：教育科学出版社，2007：149.
⑦ 单中惠. 西方教育思想史[M]. 北京：教育科学出版社，2007：179.

了更多的知识资源和科学滋养。近代西方教育制度此时基本建立，德国是其中的佼佼者，代表人物及其思想如：赫尔巴特（J. F. Herbart，1776—1841）的主知主义教育思想、冯·洪堡（W. von. Humboldt，1767—1835）的新人文主义教育思想、福禄贝尔（F. W. A. Froebel，1782—1852）的学前教育、第斯多惠（F. A. W. Diesterweg，1790—1866）的"全人类教育"等。众多教育家及其教育思想成为19世纪整个西方教育的主力军。此外，美国的公共教育、英国的科学教育、法国的功能主义教育，以及空想社会主义教育等都为现代意义的教育奠定了理论基础。

19世纪末20世纪初，教育理论教育思想异彩纷呈。实验教育思潮的兴起让教育获得了心理学的滋养，其最大特点就是心理学加入教育研究之中，教育研究者同时是心理学家。实验教育最初发轫于德国，后盛行于欧美。代表人物有：德国梅伊曼（E. Meumann，1862—1915）、拉伊（W. A. Lay，1862—1926）、法国比奈（A. Binet，1857—1911）、美国心理学家霍尔（G. S. Hall，1844—1924）等。实验教育以实验心理学为基础，通过实验来观察儿童的行为，以此探讨如何推进教育研究。参与实验教育的主要是心理学家，他们的实验从客观上为教育理论的构建提供了心理学支持。通过实验，他们研究了学习行为的本能、学习行为与外界刺激的关系等。其中，霍尔倡导儿童发展心理研究，因此也被誉为"儿童研究之父"[1]。另外，霍尔还研究学习过程，他利用实验发现了学习过程的"刺激-有机性-反应"（S-O-R）原理，强调学习过程中的变量对学习行为有影响。结合霍尔的刺激反应论，美国心理学家桑代克（E. L. Thorndike，1874—1949）认为，人受到的外界刺激与人的反应之间存在关联，这种关联影响了学习的动因。因此，桑代克提出了联结主义学习理论，"心理就是个体的情感、动作，外部事件与其反应之间的联结，以及拥有这些情感、动作和联结的可能性的总称。"[2]桑代克的全部心理学理论"建立在'刺激-反应'（S-R）这一公式的基础上的"[3]，主张"安排情境和控制反应，并且通过练习得以强化"[4]。以霍尔、桑代克等学者为代表的实验教育研究，让教育从单纯的思想层面进入到科学实验层面，让学习行为的本能研究、外界之于学习行为的影响研究成为一门科学实验。实验教育研究，是产生设计教学理论的前提。

---

[1] 单中惠. 西方教育思想史[M]. 北京：教育科学出版社，2007：388.
[2] （美）爱德华·桑戴克. 教育心理学[M]. 刘万伦译. 北京：商务印书馆，2015：38-39.
[3] 单中惠. 西方教育思想史[M]. 北京：教育科学出版社，2007：391.
[4] 单中惠. 西方教育思想史[M]. 北京：教育科学出版社，2007：391.

实验教育研究兴盛的同时，实用主义教育思想也在兴起。实用主义教育思想更加重视对教学方法的探讨，并认为：方法是教学设计中的重要工具。实用主义教育思想发起人、美国哲学家教育家杜威（J. Dewey，1859—1952）尝试建立一种理论与实践相连接的学科，"通过个人参与人类的社会意识而进行的。这个过程几乎是在出生时就在无意识中开始了。它不断地发展个人的能力，熏染他的意识，形成他的习惯，锻炼他的思想，并激发他的感情和情绪。"[1]杜威的理论立足三个方面"儿童方面、社会方面、学校和教材方面"[2]，它们分别对标"教育的根基""教育的目的""教育的工具"[3]，其核心是"经验"，方法是"从做中学"[4]。杜威之所以强调教育的实用性，他认为，教育与社会、教材、思维、教师等外部条件关系密切，故强调教学过程应为学习者建立直接情境、刺激学习者思维、为学习者提供解决问题的假设、学习者整理假设、学习者实践并检验假设，从而判断其有效性，这五个步骤就是教育史上著名的"教学五步"[5]。杜威的"教学五步"为教学设计开辟了道路，是实用主义教育思想的重要贡献。美国教育家克伯屈（W. H. Kilpatrick，1871—1965）是实用主义教学设计的拥趸，"根据杜威的'思维五步'，克伯屈提出了'设计教学法'"[6]。克伯屈在《哥伦比亚大学师范学院学报》发表了关于"设计教学法"的文章。他进一步强调，教学设计过程应是"建立在儿童兴趣和需要之上的'有目的活动'"[7]。克伯屈的教育思想让实用主义具有了可操作性，为教育的实用功能和实践意义提供了参照。20世纪上半叶，实用主义教育思想传入中国，对中国教育教学有启发。

（2）教学设计发展阶段。得益于在理论基础阶段所积累的丰厚的教育理论资源，有关教学设计的理论也成为20世纪教育理论中的重要话题。好的教育需要好的教学设计，在理论的鼓舞下，教学设计正式以学科面目登上教育的大舞台，这是教育发展的必然产物。教学设计发展分为三个阶段：第一代，教学设计理论研究的诞生和探索期；第二代，教学设计理论与实践学科的正式确立；第三代，教学设计理论与实践学科的繁荣期。

---

[1] （美）杜威. 我的教育信条[M]. 罗德红，杨小微编译. 上海：华东师范大学出版社，2015：91.
[2] 单中惠，王凤玉. 杜威在华教育讲演[M]. 北京：教育科学出版社，2007：1.
[3] 单中惠，王凤玉. 杜威在华教育讲演[M]. 北京：教育科学出版社，2007：1.
[4] 单中惠. 西方教育思想史[M]. 北京：教育科学出版社，2007：456.
[5] 单中惠. 西方教育思想史[M]. 北京：教育科学出版社，2007：459.
[6] 单中惠. 西方教育思想史[M]. 北京：教育科学出版社，2007：464.
[7] 单中惠. 西方教育思想史[M]. 北京：教育科学出版社，2007：464.

第一代，教学设计理论研究的诞生和探索期。

20世纪40—50年代，对教学设计的研究正逐渐得到学界重视，其理论支持来自对习得的研究和类型化分析。

美国心理学家斯金纳（B. F. Skinner, 1904—1990）是行为主义学习理论的创始人，他致力于学习行为的研究。20世纪30年代，斯金纳依据行为主义理论提出了"操作性条件反射"（operant conditioning）理论，认为行为是通过与环境的积极互动来塑造的，学习过程中实行"刺激-反应"（S-R），可达到有效的"及时强化"，这就是著名的"及时强化"（immediate reinforcement）理论。"及时强化"涉及对学习行为的层级分析，层级分析有利于教学方案的逐级设计。斯金纳的《科学与人类行为》《学习的科学和教学的艺术》等著述，成为教学设计理论的先驱之作。

加涅（R. M. Gagne, 1916—2002）是美国教育心理学家，在教学设计领域享有盛誉，加涅在教育心理学、教育技术、学习层次理论方面颇有建树。加涅结合斯金纳的"及时强化"，提出了学习层次理论（hierarchies theory of learning）。加涅重视学习分层，并在学习层次理论中详细描述了学习的层次结构。加涅将人的学习进行了三次分层，第一次，分为八个层次，既"信号学习、刺激-反应学习、连锁学习、言语联结学习、辨别学习、概念学习、规则学习、解决问题学习"，第二次优化为六个层次："连锁学习、辨别学习、具体概念学习、意义概念学习、规则学习和高级规则学习"，第三次则精炼为五个层次："联结与连锁学习、辨别学习、概念学习、规则学习和高级规则学习"。[1]加涅所著的《教学设计原理》《学习的条件和教学论》是教学设计领域的扛鼎之作，也是教育心理学的实践应用。值得强调的是，加涅已注意到计算机技术和信息资源对教育的意义，认为新技术可以更有效地讲授和评估学生的学习，他十分精确地预测到了当前的教育信息化问题。

总体而言，斯金纳的"及时强化"、加涅的"层次学习理论"为现代教学设计提供了理论依据。

第二代，教学设计理论与实践学科的正式确立。

20世纪60—70年代，美国等西方国家确立了教学设计作为专门学科的地位，

---

[1] 单中惠. 西方教育思想史[M]. 北京：教育科学出版社，2007：594-595.

教学设计学科正式独立出来，框架体系也随之完善。

美国认知教育心理学家奥苏贝尔（D. P. Ausubel，1918—2008）创立了认知同化理论。奥苏贝尔强调，学习需要一定的组织系统，将知识信息按照有组织方式呈现给学生，以便学生理解并吸收新知识。同时，他强调学习过程中学习者原有知识的重要性。学习新知识依赖于个体积累的已有知识，学习者可以将新信息与已有知识连接起来，这样更容易掌握新知识。根据奥苏贝尔的学习理论，美国康奈尔大学博士诺瓦克（J. D. Novak, ）首创了概念图（concept mapping），用图形标识内容，帮助学生将信息组织成有层次结构的网络体系。这种可视化的知识图形标识被广泛用于教学中，对学生理解、记忆知识有很大帮助。奥苏贝尔的理论不仅启发了概念图，还对教学设计中的教学策略、课程设计、教育评估等方面做出重要贡献。

20世纪70年代末，美国学界针对教学设计进行了系统研究或实践，这对提升教学质量很有帮助。美国心理学家和教育学家迪克（W. Dick, ）与人合著的《教学系统化设计》，提出了"教学系统化设计"观点，认为教学系统具有基本稳定的固定模式，也就是"Instructional System Design"（ISD），这是一个涵盖了"分析（分析学习者）、设计、开发、实施和评价"的完整的教学循环设计系统。同时，建构主义学者戴维·H. 乔纳森（D. H. Jonassen, 1947—）基于建构主义理论，提出了"建构主义学习环境设计的构想"[①]，并确立了"以学习者为中心"的教学设计理念。

上述学者及著作作为第二代教学设计的典型代表，正式确立了教学设计理论与实践学科，成为方今教学设计系统化的关键步骤。此后，教学设计学科在世界范围内获得普及和推广。

第三代，教学设计理论与实践学科的繁荣期。

20世纪80年代，教学设计理论与实践研究成为教育学领域的显学。在众多学者及理论的指导下，教育教学专家持续进行着教学设计实践的探索和革新。

美国当代著名教学设计专家梅瑞尔（D. Merrill, 1937—）被誉为"第二代教学设计（ID2）之父"，他在持续推进加涅的教学设计研究方面做出了重要贡献。

---

① 李妍. 乔纳森建构主义学习环境设计研究[D]. 上海：华东师范大学博士论文，2007.

梅瑞尔还致力于"实现教学设计的自动化"[①]，鼓励现代信息技术介入教学设计。美国学者瑞格鲁斯（C. M. Reigeluth，1948—）的《教学设计的理论与模型：教学理论的新范式》是教学设计理论与实践现代化转型的里程碑之作，此书以信息技术对传统教学设计的影响为中心，提供了教学设计理论新范式。学者安德鲁斯（D. H. Andrews）与古德森（L. A. Goodson）于1980年6月发表文章《对教学设计模式的比较分析》，让教学设计实践更加具体化。他们在研究了40多个教学设计模式的基础上，总结出了教学设计应遵循的14个步骤，并归纳为"确定目标、评估学习者、确定教学内容、确定教学策略、开发教学和测验、评估与修正"等六大教学设计环节。

第三代教学设计理论与实践学科的繁荣期，使得教学设计在众多学科中备受瞩目。

（3）国内教学设计的专门研究阶段。我国的教学设计学科主要经历了译介期、转述期、实践转化期。其中，译介与转述几乎是同时发生，故合并讨论。

第一，译介期和转述期。国内教学设计研究起步较晚，20世纪70年代末到80年代初，国内学者陆续引进并译介了很多国外教学设计的研究成果。1983年，沐慈修翻译并发表了美国学者华莱斯·H. 汉纳和莱斯里·J. 勃力格合写的《教学系统设计和传统教学有什么不同？》，该文详细叙述了教学系统设计方案及新型教学系统设计与传统教学的根本区别。1984年，皮连生在《华东师范大学学报（教育科学版）》上发表了《试论教学目的设计的心理学理论与技术》一文，详细描述了加涅的"学习结果分类"系统和布卢姆的"教育目的分类"系统[②]。1986年，罗黎辉、丁证霖、石伟平、顾建明合作翻译并出版了布卢姆（B. Bloom）主编的《教育目标分类学·第一分册：认知领域》，全面引进了布卢姆的"教学目标分类"理论。1992年，张杰夫主持翻译出版了加涅主编的《教育技术学基础》。这两部著作中文版的问世，为国内学界研究加涅和布卢姆的教学理论提供了有效的文献资料。华东师范大学终身教授、教育部人文社会科学重点研究基地课程与教学研究所名誉所长钟启泉教授，带领团队译介了多部国外著名教育家的论著，引介了国外先进的教学设计学科理念与设置方法，并收入他与张华共同主编的"世

[①] 梁林梅，李晓华. 美国教学设计的过去、现在与未来：访"第二代教学设计之父"戴维·梅瑞尔博士[J]. 中国电化教育，2009（8）：1.
[②] 皮连生. 试论教学目的设计的心理学理论与技术[J]. 华东师范大学学报（教育科学版），1984（3）：54-62.

界课程与教学新理论文库"（2001年）、"世界课程与教学的理论与实践译丛"（2008年）系列丛书之中。钟教授团队的译介成果进一步打开了国内学者的学术视野，同时，也为国内学者反观自身能力提供了参照。

第二，实践转化期。国内学者面对国外教学设计成果，开始反思国内的教学设计学科发展问题，并进行了卓有成效的实验。国内研究与实践呈现为三方面态势：出版专著和教材、提出理论学说、教学试验与实践改革。

出版专著和教材方面，从20世纪90年代开始，国内学者相继出版了教学设计方面的专著或教材：《教学设计的过程和方法》（刘茂森，1991年）、《多媒体组合教学设计（第二版）》（李克东和谢幼如，1992年）、《电化教育与教学设计》（庄为其和谢百治，1992年）、《教学设计——基本原理与方法》（张祖忻、朱纯、胡颂华，1992年）、《教学设计：心理学的理论与技术》（皮连生，2000年）、《课堂教学设计》（郭成，2006年）、《面向知识时代的教学设计框架——促进学习者发展》（钟志贤，2006年）、《教学设计的概念、对象和理论基础》（林宪生，2000年）、《研究性学习的教学设计》（曾祥翊，2011年）、《"教学设计"与教学论》（李秉德，2000年）、《也论教学设计与教学论——与李秉德先生商榷》（何克抗，2001年）、《教学设计原理与方法》（谢幼如，2016年）、《教学设计研究：学科的视角》（刘美凤、康翠、董丽丽，2018年）、《教学理论：课堂教学的原理、策略与研究》（施良方和崔允漷，1999年）、《现代教学设计论》（盛群力和刘徽，2020年）、《二十年来我国教学设计研究的回顾与反思》（高洁和杨改学，2008年）、《课堂管理与沟通》（戚业国，2005年）、《课程与教学设计》（王嘉毅，2007年）、《有效课堂管理：方法与策略》（杜萍，2005年）等。这些著作推动了国内教学设计学科的快速发展，更为形成特色的教学设计理论体系奠定了基础。

提出理论学说方面，20世纪90年代中期，国内外学者都在尝试突破现有的教学设计理论，一方面反思，另一方面探索新的出路。1997年前后，国际上兴起了建构主义热潮。建构主义理论引入国内后，学者对建构主义展开了一系列的研究和探讨。教育学专家何克抗教授根据建构主义理论中"情境""协作学习""意义建构"思想，提出了"以学生为中心""情境"[①]的教学设计模式，何教授的观

---

① 何克抗. 建构主义：革新传统教学的理论基础（三）[J]. 学科教育，1998（5）：25.

点为国内的教学设计研究提供了新话题，让学者看到了教学设计趋势的新亮点。2002年，何克抗、谢幼如、郑永柏主编的《教学系统设计》收入郑永柏博士1998年提出的"教学处方理论"。郑博士的"教学处方理论"对教学设计的启示有三点：在不同的教学条件下，应该采用不同的教学方法；对教学条件和教学结果分析得越详细，并对存在的所有问题都进行教学处理，则教学越有效；教学条件、教学方法和教学结果是不断发展的，要不断探索适合新情况的教学处方，不断更新和充实教学处方知识库[1]。经过一系列的组合行动，国内学者的教学设计理念日趋成熟起来，为新世纪国内教学设计奠定了坚实的基础。

教学试验与实践改革方面，国内学者提出理论的同时，也在不断进行着教学试验与实践改革的摸索。教学试验方面，1993年，华南师范大学李克东、谢幼如、李运林、梁仲熊主持的"多媒体组合教学设计的理论与实践"获得第二届国家级优秀教学成果奖一等奖，该成果标志着国内的教学设计已有多媒体设施参与其中，教学设计的硬件条件受到全面关注。实践改革方面，20世纪90年代中期开始，国内学者和教育机构在参照国际教学模式的基础上，推出了从"以教为中心"转向"以学为中心"的教学模式，并不断尝试"启发式教学""功能法教学""任务型教学""情境式教学"等实践改革。系列成果证明，国内对教学设计的认识和实践也在与时俱进，其实验与改革内容表明，国内的教学设计与信息化结合的趋势已十分明显。教育专家与教学工作者都关注到了信息资源对教学设计的助力作用。2008年，国内高校开始关注慕课（massive open online course，MOOC）的建设，2013年，北京大学、清华大学几乎同时加入国际知名慕课平台edX。北京大学李晓明教授针对此事指出："这是我们慕课发展的标志性事件。"[2]之后国内陆续推出了课程教学网站平台，如学堂在线、雨课堂、智慧树网等。"2022年3月，国家智慧教育公共服务平台正式启动，根据教育部公布的数据显示，国家智慧教育公共服务平台首批就上线2.7万门慕课课程，并在此后不断增加。"[3]其中，笔者的汉语国际教育硕士课程"国际中文教学设计与管理"也在此网站上线，同时亦在"学堂在线"平台在线授课。我们简单介绍一下中国大学MOOC、智慧树

---

[1] 杨世伟，张伟平. 教学处方理论指导下的Word教学设计[J]. 软件导刊（教育技术），2011，10（2）：39-41.
[2] 张奚若，贺春兰. 从无到有，中国慕课建设的十年飞跃——访全国政协委员、北京大学教授李晓明[N]. 人民政协报，2022-09-14（9）.
[3] 张奚若，贺春兰. 从无到有，中国慕课建设的十年飞跃——访全国政协委员、北京大学教授李晓明[N]. 人民政协报，2022-09-14（9）.

网等网站平台。

中国大学 MOOC（简称"慕课网站"）是"网易与高教社携手推出的在线教育平台，承接教育部国家精品开放课程任务，向大众提供中国知名高校的 MOOC 课程。"①于 2014 年正式上线，"完整的在线教学模式支持高等学校在线开放课程建设，实现学生、社会学生者的个性化学习"②。截至 2025 年 6 月 6 日，网站汇集了 846 所合作高校③的几万门在线课程，大部分为国家级精品在线开放课程。这些课程覆盖了计算机科学、人文学科、社会科学、商业管理、自然科学、人工智能（artificial intelligence，AI）等高等教育大部分学科，内容涵盖科学、技术、工程、数学、文学、教育、物理等。课程难度级别从初级、中级到高级不等。慕课网站的课程通常由国内高校教授或专家讲授，学生网上注册，通过在线视频、作业和测验进行学习并评估自己的学术进展。很多课程还辟有在线论坛、社区互动等，便于师生互动、生生交流，讨论课程内容等。此外，中国大学 MOOC 网站中的很多课程还提供学习结业证书，为学生的职业竞争力增添了砝码。国内不少高校也顺应形势发展，出台相关措施，方便将学生的在线课程学分转化为线下课程学分，用以补充学生的学位学分。

智慧树网隶属上海卓越睿新数码科技股份有限公司，合作学校超过 3000 所。智慧树实行"平台+内容+服务"的三位一体模式，一方面辅助高等院校上线优质课程的配套信息资源，实现跨校课程共享及学分互认；另一方面，智慧树提供跨高校选课修读。同时，智慧树网分享名校名师的优质课程设计，帮助教师完成教学发展培训，协助教师建设新课程，从而帮助教师实现教法改革。智慧树网有国际中文教育类的国家级精品课程，如"你好，中文"④、"功能汉语速成"⑤等。本书作者的本科必修课"中国古代文学（三）"于 2023 年 5 月上线该网站，2024 年获评网站"精品课程"。

除了课程网站，一些公共服务网站也建立了教学资源平台，如中宣部网站"学习强国"辟有"慕课"专区，本书作者的两门课程："国际中文教学设计与管理"、"中国古代文学：唐宋文学"位列其中。

---

① 中国大学 MOOC. http://api.icourse163.org/about/aboutus.htm#/about.
② 来源：http://api.icourse163.org/about/aboutus.htm#.
③ 来源：https://www.icourse163.org.
④ https://www.icourse163.org/course/SJTU-1003363022?from=searchPage&outVendor=zw_mooc_pcssjg.
⑤ https://www.icourse163.org/course/BLCU-1002835005?from=searchPage&outVendor=zw_mooc_pcssjg.

另外，国家也为课程的信息化建设提供了政策支持。2021 年 12 月，国务院印发的《"十四五"数字经济发展规划》[①]，一方面，国家对多个领域的数字信息化建设提出了要求与建设措施，另一方面意味着教育势必要拥抱数字技术，对国际中文教学设计而言，信息化教学势在必行。

1.2.2 国际中文教学设计与管理

当国内教学设计学科日趋成熟的时候，国际中文教育也方兴未艾，国际中文教学设计与课堂管理就成为必然话题。综合教学设计的总体思路，国际中文教学设计与管理所涉及的是教与学、设计与管理、过程与模式的关系。当然，首先应明确的是，国际中文教学设计与管理的内涵是什么。

1. 国际中文教学

国际中文教学，意为汉语作为第二语言的教学，早年称"对外汉语教学"。作为培养从事对外汉语教学人才的对外汉语专业，1993 年前尚未正式进入《普通高等学校本科专业目录》中，"对外汉语只是作为二级学科语言学及应用语言学或汉语言文字学的一个研究方向而存在。"[②]1993 年，教育部公布《普通高等学校本科专业目录》，"在一级学科'中国语言文学类'下增设对外汉语专业，属适当控制设点专业。"[③]2012 年，教育部公布的《普通高等学校本科专业目录（2012年）》，"对外汉语"正式更名为"汉语国际教育"。2024 年 2 月，教育部公布的《普通高等学校本科专业目录（2024）》，"汉语国际教育"属中国语言文学类，专业代码 050103。

北京语言大学吕必松教授是国际中文教学（当年称"对外汉语教学"）的首始者，他将作为第二语言教学的中文教学过程和教学活动总结为四个环节："总体设计、教材编写、课堂教学和测试"[④]。吕必松将理论与方法综合运用到对外汉

---

① https://www.gov.cn/zhengce/zhengceku/2022-01/12/content_5667817.htm?eqid=b4bfa4f70000dd8500000005648a6604.
② 程娟, 施家炜. 汉语国际教育本科专业建设研究：2013 年全国高校汉语国际教育/对外汉语本科专业建设研讨会论文选[M]. 北京：北京语言大学出版社, 2017：302.
③ 程娟, 施家炜. 汉语国际教育本科专业建设研究：2013 年全国高校汉语国际教育/对外汉语本科专业建设研讨会论文选[M]. 北京：北京语言大学出版社, 2017：302.
④ 吕必松. 对外汉语教学发展概要[M]. 北京：北京语言学院出版社, 1990：146.

语教学中，增强了教师在教学中的设计观念，提高了教学对学生习得汉语的赋能，更在很大程度上优化了学习效果。

依据吕必松的观点，总体设计是根据汉语的语言规律、语言学习规律和语言教学规律，在全面分析第二语言教学的所有主客观条件上，选择最佳教学方案，对教学对象、教学目标、教学内容、教学途径、教学原则以及教师的分工和对教师的要求等作出明确的规定，以便指导教材编写（或选择）、课堂教学和成绩测试，使各个教学环节成为一个互相衔接的、统一的整体，使全体教学人员根据各自分工在教学中进行协调行动。汉语作为第二语言的教学，需要通过课堂教学实现。对外汉语的课堂教学应是"以学生为中心"的教学。课堂应具有活跃、轻松的教学气氛，教学层次分明，教学过程环环相扣。课堂教学对教师有一定的要求：展示教学内容，使学生全面理解所学内容，引导学生正确地模仿和重复，帮助学生巩固和记忆，创造条件让学生交际。当然，对学生也有要求：对汉语做到理解、模仿、记忆、运用。提高课堂教学的质量，就必须有理想的教材，因此，吕必松强调教材编写是第二语言教学研究中十分重要的问题。好的教材可以实现好的课堂教学，目前国内的对外汉语教材产品丰富。教材编写的主力军是北京语言大学、北京大学等国内高校。北京语言大学出版社出版的杨寄洲主编的《汉语教程》再版多次，受到广大师生欢迎。汉语测试是通过试题来测试受试者的汉语能力的行为，借助定量描述（成绩）推断受试者掌握的汉语知识和能力。吕必松认为："语言测试是语言教学的一个重要组成部分。根据不同的测试目的，语言测试可分为学能测试、成绩测试、水平测试等不同的类型。"[①]学能测试是学生进入语言学习前的测试，目的是评估学生在多大程度上适应语言学习。成绩测试是考查学生某阶段的学习状况，水平测试是综合测评学生的语言水平。每学期学生的期中、期末考试是成绩测试，HSK 是水平测试。

国际中文教学设计有具体的要素指标。从教师能力需求出发，应培养中文教学的设计能力、中文教学的课程管理能力，进而从教与学两方面考察中文教学的过程模式。以目标类型分，国际中文教学设计涉及汉语听说读写技能、汉语知识能力、汉语习得策略能力、从事跨文化交流能力等。从设计实践来看，国际中文教学设计可分为教学设计与教学组织、课堂教学案例设计与跨文化教学。就教育

---

① 吕必松. 对外汉语教学发展概要[M]. 北京：北京语言学院出版社，1990：152.

类型而言，国际中文教育在国内主要有汉语言本科教育、研究生教育、汉语预备教育、学历的汉语进修教学、非学历的汉语进修教学、短期汉语教学、速成汉语教学等。

中文作为第二语言的教学，其教学设计与课堂管理，已成为众多学科中的"显学"。

2. 国际中文教学设计与管理内容

围绕中文，国际中文教学设计与管理形成了优化教学效果、精确教学过程、完善课堂管理的全系列过程。在实践中运用设计方法，分析中文内部诸要素，建立层次清晰的中文教学方案，最终达到教学目的。实施过程体现为课程标准、课程教材、多媒体课件教学课堂、课堂教学方案等要素的共同协作，进而构成教学设计和课堂管理贯通相接的体系。具体而言，国际中文教学设计是教学系统、内容系统、课堂系统三者共同打造而成的。

1）教学系统

作为教学设计的基础，国际中文的教学过程是一个完整的系统，它围绕"如何进行中文教学"而展开，教学系统是教学设计的中心。这个系统是宏观意义上的，同时也兼具综合教学理念。宏观而言，教学系统指的是高校或者专业培训机构针对国际中文教学而确立的相关教学理念。在这个教学理念下，教学系统是集合了培养方案、课程设置、课程设计、教学测试、教学评估等的系统。

2）内容系统

作为教学设计的主体部分，教学内容是国际中文教学中的核心。狭义而言，内容系统指的是教学设计中应涉及的所有中文元素，这些元素源自中文的语言知识、文化知识。直观性来看，内容系统就是教材内容、围绕教材内容的课程内容，以及辅助教材内容和课程内容的媒介设施。就广义而言，内容系统还指教材内容和课程内容扩展开来的语言知识和文化知识，甚至辅助教学的人员等。综合而言，内容系统让教学设计富有层次感，其内容选择、教材开发、教学大纲、课程标准等是由教师、教辅人员、学生共同合作开展的。

3）课堂系统

作为教学设计的展示平台——课堂，是国际中文教学设计的空间系统。具体而言，课堂系统就是围绕课堂教学而展开的一系列空间活动，相当于课前教师备课、课中教师授课、课后学生完成任务的全过程。课前，教师利用已有的教学内容、教学条件、教学设施等，进行教学材料的选择、编辑、设计，以服务于教学目的，具体而言，备课、撰写教学大纲等整套教学方案，都是教师在课前应完成的；课中，围绕课堂，教师执行教学大纲、运用教材、掌控班级现场，合理利用教学设施和教学资源，顺利完成课堂上的中文教学任务，让学生了解、掌握并能熟练使用中文；课后，教师反思教学、完善教学方案，学生则完成教师布置的课外任务。

教学系统、内容系统、课堂系统三个层次的关系如表 1-1 所示。

表 1-1 教学系统、内容系统、课堂系统三个层次的关系

层次	设计内容
以教学系统为中心	培养方案、课程设置、教学测试、教学评估等
以内容系统为核心	内容选定、教材开发、教学大纲、课程标准等
以课堂系统为空间	围绕教学的空间活动，如课前、课中、课后。教室是空间系统的中心。

表 1-1 左边为教学设计体系的三要素：教学系统是中心，内容系统是核心，课堂系统是空间。表 1-1 右边为三系统各自内容的展开。三系统有机融合，内容系统决定教学系统，教学系统呈现内容系统，课堂系统为教学和内容系统提供平台。三者会通，构成了一个完整的立体的教学设计体系。同时，系统中的内容要素也十分清楚地表明，教学设计是一个从宏观到微观、由抽象到具体的渐进式层级体系。需要说明的是，在信息化的今天，课堂已不局限于空间意义上的教室，互联网课堂也是教学空间的一部分。

3. 国际中文教学设计的过程模式

国际中文教学有自己的特点，也有自己独特的体系模式，其体系模式与表 1-1 中内容密切相关。

1）目标体系

国际中文教学的目标体系与教学系统密切相关，例如，外国学生经过一段时间的中文学习之后，所能达到的中文效果与教师的教学设计所预期的效果是否一致？如果学生的学习效果与教师的教学设计预期的效果吻合，则表明教学目标基本达到。

国际中文的教学目标体系有三个层级：首先，知识归纳，是根据某阶段教学内容，归纳出的学生应学的知识；其次，目标分层，是教师根据学生对教学内容的实际理解，运用分析、综合评价等方式，将教学目标从易到难进行分层，每一层次都有其目标重点，也就是分目标，这些分目标呈现出阶梯递进的态势，最终指向总目标；最后，细化掌握，教师根据教学内容进行教学目标的细化，也就是教师在分目标的基础上，及时了解学生对教学内容的掌握程度。我们尝试以中文词语"把"的教学为例，进行知识归纳、目标分层、细化掌握。

知识归纳，教师教"把"的时候，首先应清楚"把"是一个汉字，同时它也承担着汉语的特定语法现象"把字句"。目标分层，教师在"把"的教学过程中，需对"把"这个汉字的教学目标进行分层管理。第一层，作为汉字的"把"，教师让学生理解其语义特征、使用规则等；第二层，作为语法现象的"把字句"，让学生理解"把"在句中的语法意义、使用规则、语序作用等。细化掌握，作为"把字句"的"把"，其语义也是有层级结构的，按照细化原则，让学生分步骤掌握，例如，在"把字句"语法教学中，教学过程分为识记、理解、分析、评价，整个过程由教师带领学生完成，其中的"评价"是教师对学生习得情况的考察。在整个过程中，教师考查学生的细化掌握。我们看一下"把字句"的语序结构："主语+把+宾语+动词+助词"，例如：

我把水果吃了。

从易到难，"把字句"的教学目标分层是把1、把2、把3，例如：

把1：把书放在桌子上。
把2：我把水喝了。（我把水喝光了。）
把3：把这件事交给他处理吧。

其教学层级设计如下：首先，识记"把1"，因为"把1"是"把字句"的基本形态与基础语法内涵；其次，教师引导学生深入到"把"的语法内涵中，引出"把2"的语法特征；最后，待学生理解"把2"后，教师引导学生理解更复杂的"把3"，"把3"带有兼语句式，对"把3"的教学，教师突出"把+兼语形式"的句意起伏关系。从这个层级设计中可以看到，"把1"是基础语法，"把2"是"把1"的进阶，"把3"在前两者基础上更加复杂。在教学中，教师一方面让学生领悟三个"把"的用法及进阶关系,另一方面还应突出三个"把"对后边词语的不同的语意引领意味。

经过教学目标分层与逐一进阶,学生对"把字句"的理解和掌握形成了清晰的概念图。

2)流程体系

国际中文教学设计应用于课堂时,也如同其他语言课堂,有其教与学的流程,但国际中文课堂更突出教学的流程性。就教学内容而言,其流程应为:确定教学顺序,标注教学重点和难点,按流程讲解教学内容,展示所涉及的活动,对关键性内容进行提问,布置课后作业,检查课后作业完成情况,检查学生预习情况等。按照教学时间,流程是根据教师上课前、上课中、下课后三个时间阶段进行分配和设计的。内容与时间、横向与纵向结合,构成了一个完整的国际中文课堂流程闭环。上课前,教师备课,备课中确定教学顺序、标注教学的重难点;上课中,教师按照事先准备好的教案进行授课,讲解教学内容,展示教学设计中涉及的项目,如语言元素讲授、中文实践活动,或教师对关键内容进行重点讲授并提问,学生听并回答问题,学生分组练习对话等;课后,学生完成教师布置的家庭作业,并进行知识巩固与实践,如条件允许,教师还可通过网络与学生保持沟通,及时了解学生的学习动态。

3)时间体系

课堂时间的规划也是国际中文教学设计需要考虑的。根据教学设计规则,每次课都应有针对教学内容进行的时间安排。一般情况下,教学时间可作如下比例的分配。

(1)复习旧课,约占课程时间的5%。

(2)导入新课,约占课程时间的5%。

(3)正课阶段,正课是课堂教学的重点,所占课程时间比重最多,约为80%。

(4)总结归纳,课堂接近尾声,教师总结并归纳本次课所讲内容,这个行为占整体授课时间的比例极小,但其重要性显而易见。良好且清晰的总结归纳可以让学生对本次课内容有一个完整、清晰的贯穿性记忆。故而,教师应重视课堂的总结归纳,既可突出重点和难点,也可在总结过程中,让学生形成条理化、精确化的语言思维。因此,总结归纳所占的时间比例不应少于"复习旧课"或"导入新课"的时间,约占课程时间的5%。

（5）布置作业，课堂教学接近尾声，给学生布置课外作业是必备的，其目的在于，让学生巩固课堂所学知识、提升实践能力。布置作业也有诀窍。首先，应根据本次课的教学内容安排作业布置时间，约占本次课规划时间的5%左右。其次，所布置的作业内容应体现结构比例，教师根据教学的重点、难点、扩展知识三方面确定结构比例。一般情况下，重点内容应占全部作业的80%左右，难点内容约占10%，扩展知识不是教学重点，属于对学生水平的拔高，也是甄别优秀学生的充分条件，根据正态分布原理，扩展知识在整个课后作业中可占10%左右。

第 2 章　国际中文教学设计内涵

2.1　国际中文教学设计基本内容

2.1.1　语言教学设计

本节所指的"语言"是狭义上的，也就是语言学意义上的语言，是包含语音、语法、词汇三要素，且按特定语法规则建立起的固定话语系统。语言关联到人种、族群、地域、历史、文化、社会、经济，对族群而言，语言具有辨识性。语言教学是对应于语言元素的教学，语言教学某种程度上是语言的应用，语言应用理论与语言理论关系密切。美国应用语言学家坎贝尔（L. Campbell）认为"应用语言学是语言教学工作者与理论家之间的中介"[①]，坎贝尔的这番言论所指是语言实践与语言理论之间"你中有我，我中有你"的关系。关于语言理论与语言实践之间的关系，坎贝尔用思维导图方式展示了出来，"坎贝尔关于理论与实践之间关系的模型Ⅱ"[②]如图 2-1 所示。坎贝尔的语言思维导图至今仍在语言应用领域发挥着作用。国内有学者据此指出，"狭义的应用语言学似乎专指语言教学，尤其是指第二语言教学或外语教学"[③]。总体而言，语言教学离不开特定的语言应用，语言应用理论是语言教学的理论来源和支撑。

当语言作为教学对象，对其进行的教学设计，需解决以下几个关键问题。

（1）目标设定。语言教学设计应明确教学目标，这些目标对学生而言，应清晰、具体，应与学生的水平和需求相符。例如，商务汉语课程和旅游汉语课程，

[①]（加）H. H. 斯特恩. 语言教学的基本概念[M]. 刘振前，宋青，庄会彬译. 北京：商务印书馆，2018：51.
[②]（加）H. H. 斯特恩. 语言教学的基本概念[M]. 刘振前，宋青，庄会彬译. 北京：商务印书馆，2018：51.
[③]转引自齐沪扬，陈昌来. 应用语言学纲要[M]. 2 版. 上海：复旦大学出版社，2009：1.

此两门课的教学目标显然不同,一个目标是让学生掌握商务汉语,另一个目标是让学生掌握旅游汉语。

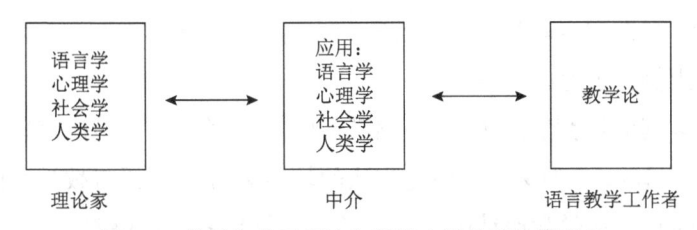

```
┌─────────┐      ┌─────────┐      ┌─────────┐
│ 语言学  │      │ 应用:   │      │         │
│ 心理学  │ ◄──► │ 语言学  │ ◄──► │ 教学论  │
│ 社会学  │      │ 心理学  │      │         │
│ 人类学  │      │ 社会学  │      │         │
│         │      │ 人类学  │      │         │
└─────────┘      └─────────┘      └─────────┘
   理论家           中介         语言教学工作者
```

图 2-1　坎贝尔关于理论与实践之间关系的模型Ⅱ

(2)结构安排。课程的结构是语言教学设计的基础,它应包含确定教学单元、课时安排、主题选择等。合理的课程结构能够赋予学生语言技能,确保学生从易到难掌握课程,并可保持教学内容的连贯性。

(3)教材选择。选择合适的教材对语言教学至关重要。好的教材是指,其内容可匹配学生的学习目标,有足够的题型练习以及足够的实例示例,以帮助学生理解并应用所学的中文知识点。

(4)方法设定。教学方法应适合学生的特点,对学生理解课程内容有推动作用,如情境法、任务型教学、沉浸式教学等。不同的方法适用于不同的教育环境、课程类型和学生需求。

(5)定期评估。教学设计还应包括评估环节,评估指的是对学生的中文水平进行阶段性测试,记录学生语言水平提升规律。具体评估内容包括语言口语测试、语言笔试、课后作业、项目任务、单元测试等。评估衡量学生的中文表现,还可以为教师的教学提供参照和反馈,以帮助教师改进教学方法。

(6)个性化教学。教学设计还应包括针对不同学生或不同内容的个性化教学策略。在具体教学中,教师应顾及不同学生的不同学习风格和习得效率,通过富有个性化的方式解决不同需求和问题。

(7)信息技术应用。现代语言教学中,信息技术扮演着重要角色。线上课堂已成为网络教学的主体,教师在进行教学设计时,可引入在线课程资源、语言学习 App 等,用以丰富教学,拓宽教学内容。目前,AI 工具也在赋能网络课堂。另外,国内高校正在逐渐普及的虚拟教研室,也很快成为教师教学的新助手。

(8)添加文化元素。考虑到语言与文化关系密不可分,语言教学设计应涵盖文化元素的设计。文化元素可在教学中更好地推动学生理解语言和情境。

总之，语言教学设计，即围绕语言而展开的多层次、多视角的设计过程，是综合了教学对象、教学目标、教学方法、教学资源等因素的系统工程。成功的语言教学设计可帮助学生有效地掌握语言，培养跨文化交际能力，并为他们的职业和个人生活提供有价值的语言力量。

从语言学到语言教学，从"……学"到"……教学"，是语言理论应用于语言教学的"有目的、有计划、有特定方法的教学活动"[①]。语言教学设计是为此而构建的系统设计。在教学设计中，设计者应综合上述八个关键问题，合理安排教学元素，推动渐进式过程设计，实现语言教学的合理有效，让学生更好、更便捷地掌握语言，国际中文教学亦是如此。

2.1.2 文化教学设计

文化教学是语言教学中不可分割的部分，如同语言与文化密不可分一样。语言学家萨丕尔（E. Sapir, 1884—1939）对语言与文化关系有精确阐释："Again, language does not exist apart from culture, that is, from the socially inherited assemblage of practices and beliefs that determines the texture of our lives."[②]语言离不开文化，也就是说，语言离不开我们所在的社会生活实践与精神信仰，这是由稳定生活方式凝固下来的精神文化体系。既然文化如此重要，文化教学在语言教学中就显得十分必要，其分量甚至与语言本身要素的教学并驾齐驱。语言教学脱离不了文化要素，语言训练的同时，对作为其背景的文化理解也至关重要。就语言的文化教学而言，与语言相关的文化问题的教学都可视为文化教学，对其进行教学设计，就是文化教学设计。按照一般性原则，文化教学设计应遵循如下路径。

（1）设定教学目标应适配。在设计文化教学环节时，首先应明确学生习得的目标，如了解文化历史、文化价值观、文化习惯、文化传统以及培养跨文化沟通和理解能力等。对目标的确立，应适配学生的既有语言水平，这样落实到环节设计中，各项文化指标才更加富有层次。

（2）选取文化内容要合理。在设计文化教学内容中，选择什么内容也是有讲究的。教师应充分评估学生的语言水平，明确什么样的文化知识可对标学生的语

---

① 转引自齐沪扬，陈昌来. 应用语言学纲要[M]. 2版. 上海：复旦大学出版社，2009：1.
② Spair E. Language[M]. New York: Harcourt, Brace, 1921: 76.

言理解。这考验教师筛选与提炼的能力。在众多文化类型中，如文学、艺术、宗教、交际习惯等，教师需要明确选择适合学生当前的语言水平及需求的内容。强调一下，在同类型或同层次文化中，交际文化往往是优先选择项。

（3）选择教材与资源应有效。选择有效的文化类教材或教学资源对学生的文化理解很关键。教材如文化类课本，文化资源如课外文化读物、视听资源、文化实地、虚拟文化景观等。看其是否有效，主要指的是，学生可依据现有语言水平，在教材及资源的支撑下，能快速了解文化的内涵，适应其文化语境。

（4）增加文化体验应及时。文化教学设计中，还应包括为学生提供亲身体验文化的机会，如参观文化景点、参与文化活动、与文化专家交流等，这有助于学生立体、直观地感受并理解目的语国家的文化精髓。"及时"指的是，对于那些需要现场观摩的文化类活动，教师应及时设计环节、创造条件，组织学生体验语言中涉及的文化空间。

（5）增进跨文化意识培养。好的文化教学设计可以促进学生的跨文化意识，从而培养他们对不同文化情境的理解和共情。培养跨文化意识应见缝插针，教学中应不失时机地放入目的语国家的文化特征，以此减缓学生在跨文化沟通中的胆怯心理，加强学生参与跨文化交流的意识。

（6）促进跨文化的反思意识。教师在文化教学设计中，应增加鼓励学生进行跨文化反思的环节。所谓反思，应让学生意识到，自身的文化背景对理解目的语国家文化有迁移影响，学生对迁移影响的认识，有助于学生理解目的语文化的敏感性，用以拓宽认知视野。

（7）进行阶段性文化评估。文化教学设计环节中，还应设置文化评估环节，也就是，应阶段性地考查学生对目的语文化的理解程度和使用程度。为此，教师可以通过语言情境项目、文化主题演讲、小文章撰写等任务，来检查学生的文化能力。

（8）教师在进行文化教学设计时，应秉承规则性、灵活性与适应性原则。对国际中文的文化教学而言，教师既要考虑来自不同国家的学生的中文需求，也要考虑中文教学的总体内容和目标。这就要求教师在进行文化教学设计时，应适当把握灵活性，在满足不同学生的需求时，符合语言文化教学的一般性规律。

综上，文化教学设计旨在：提高学生理解目的语文化的能力，提升尊重彼此文化的意识；同时，培养学生跨文化沟通能力，增强学生用跨文化视野理解多元社会的深度。国际中文的文化教学设计可以让外国学生更充分地理解中国文化，并培养促进跨文化交流的优秀中文人才。

文化教学是语言教学的一部分，因此，文化教学设计更是国际中文教学设计的重要组成部分。

2.2 国际中文教学设计主要特色

厘清语言教学设计与文化教学设计后，我们方可剖析国际中文教学设计的主要内容和特色。

国际中文教学设计的主体内容涵盖四要素：第一，国际中文教学设计的概念与定义；第二，国际中文教学设计的基本内容；第三，国际中文教学设计的基本目标；第四，国际中文教学设计与课堂管理之间的关系。

据此可见，国际中文教学面对的是外国学生，其设计应考虑外国学生的背景和需求，从而形成国际中文教学设计的独特风格。例如，重视汉语听说读写等的技能培养，传授语言知识在其次。因此，国际中文的教学设计和方法是以学生背景、需求、实践内容为中心的，其主要特征如下。

其一，以交际为中心。国际中文教学应注重将中文视为一种交际工具，而不仅仅是一门语言。因此，教学设计应侧重于培养学生的实际交际能力，使他们能够在各种中文语境中都能自然、自如地使用汉语。

其二，以主题为核心。主题教学是国际中文教学中的一个重要特色，它强调学生通过完成真实的主题情境任务来掌握汉语。其主体如制定旅行计划、讨论特定主题、解决某个日常实际问题等。

其三，以文化为动力。国际中文教学设计通常强调中文与中国文化的紧密关联，学生不仅学习语言，还学习与之相关的文化、习惯和价值观，以更好地理解和应用汉语。

其四，多样化的教材和教学资源。国际中文教学设计离不开多样化的教材和教学资源，包括课本、多媒体、在线学习平台等，以满足不同学习者的需求。

其五，强调跨文化交际。考虑到学生来自不同的文化背景，国际中文教学设计强调跨文化交际的中文能力。鼓励学生了解中外文化差异，以避免误解和冲突。

其六，遵循个性化。教师在教学过程中应注重个性化，学生来自不同国家，文化背景不同，习俗相异，因此，教师在进行教学时，应灵活运用教学方法，以适配学生的不同学习风格和内容需求。而且，针对个别学生的个性化教学设计与反馈也是不可或缺的教学方法。

其七，培养学生的全球视野。国际中文教学鼓励不同国家的学生将中文作为一种国际语言来学习，使他们能够在全球范围内应用这门语言，而非仅局限于中国。

总体而言，国际中文教学设计致力于培养外国学生应用中文的能力、跨文化交际合作的能力，以及具备中外交流的全球视野，让不同文化背景的学生都能够熟悉运用中文，这对当今至关重要。

2.2.1 以语言设计为基础

以语言设计为基础，语言是国际中文教学的基础。对外国学生而言，首先需要掌握中文的语法、词汇和发音等语言要素，这会为他们更好地用中文表达打下基础，使他们能够有效地使用中文进行交际。因此，以语言设计为先，将语言与设计结合，才能更有效地讲授作为第二语言的中文。国际中文教学设计是以中文为基础的、以外国学生为教学对象的教学设计。其应遵循如下方面。

其一，进行个性化设计。语言设计考虑到来自不同母语背景的学习者的需求和兴趣，通过分享学生的背景和学习目标，教师可以进行个性化定制，使学习体验更具个性化、更吸引人。

其二，营造语言情境。语言设计注重将语言学习融入实际情境中，这可以提高学生的语言运用能力。例如，教师设定某情境，学生可以通过对话、演示、主题演讲等方式，检验学习效果，从而达到实践目的。

其三，启发创造性思维。语言设计在于鼓励学生用所学语言表达心中所想。这就要求教师在教学过程中，应启发学生的语言思维以及解决实际交际的能力。对国际中文教学而言，教师可以运用中文主题，给学生布置任务，发挥、发展其思维，例如，让学生写日常生活的所见所闻，或口头表达自己的某种观点，看中文电影后复述，听一段中文并让学生提出问题，等等。这些训练可助力学生的中文思维水平，培养更全面的中文能力。当然，语言设计也可以将文化元素融入教学中，使学生理解中国文化和社会，从而更深入地理解中文。

综合而言，语言设计是教学设计的前提和平台；同理，中文设计是国际中文教学的基础工作。

2.2.2　以文化设计为桥梁

以文化设计为桥梁，指的是将语言与文化相结合的教学设计。对国际中文教学而言，文化设计关重要，通过引入与中文相关的文化、传统、价值观和历史等内容，能让学生更深入地理解语言背后的文化知识。中文的文化知识可提升外国学生的语言素质，增加他们对中国文化的尊重，帮助他们更好地融入与中文使用者的互动。以文化设计为桥梁的教学设计应包括如下方面。

（1）融合中国文化。将文化融入中文教学，可以使中文教学更有趣和丰富。外国学生一方面学习中文，另一方面理解中国的价值观、历史、传统和现代生活方式。

（2）培养中外文化交流意识。理解中国文化，能帮助外国学生更好地运用"中式"思维理解问题，能够在不同的中文交际语境中游刃有余。这有助于外国学生减少对中国文化的误解，避免文化冲突。

（3）推进中文深度学习。了解中国文化可以深化对中文的深度理解，让外国学生更轻松地理解中文的词汇、语法、句式以及中文特有的幽默感，这些都是深度学习所必备的。

（4）培育全球视野。通过文化设计，让外国学生更好地理解中国在全球舞台上的地位和影响力，拓宽他们用全球视野理解中国。而且，好的文化设计还能促进外国学生对中文的学习兴趣。中国文化的丰富性和多样性可激发外国学生拓宽视野的动力。

以文化设计为桥梁，有助于培养更富有深度思考和广度视野的中文学习者；以文化为桥梁，有助于培养跨文化交流技能和全球公民意识，全面提高中文能力。当然，语言和文化不是各自孤立存在的，以语言设计为基础，以文化设计为桥梁，二者彼此成就。语言教学在传递与之相关的文化信息的同时，使外国学生能够在中文语境或跨文化情境下成功实施交际；文化教学则通过阐释语言内涵，让外国学生在中文语境或跨文化情境中交际自如。中文与中国文化，你中有我，我中有你，理解此，国际中文教学设计才更完善，也为培养全面中文能力国际人才做足了准备。

2.3 国际中文教学设计三大原则

中文与中国文化，是国际中文教学设计的两个内容要素，围绕二者，国际中文教学设计应遵循三大原则。

2.3.1 化繁为简原则

化繁为简指的是处理烦琐的事务应简单化、条理化，将中文教学设计化繁为简的益处如下。

（1）有助于提高中文教学的效率和学生学习的准确率。中文对母语非中文的人士来说，是一门相对复杂的语言，对于汉字、拼音、语法规则、句法规则等都是如此。教师在教学中应将这些复杂的内容进行分解并加以结构化，用清晰、有层次的方式展示出来，以减少学习焦虑，并提高学习效率。以汉字教学为例，汉字数量众多，每个汉字都有自己的特点和发音规则，教师采用化繁为简方法，先教日常生活中使用频率高的汉字，再学习相对常用汉字，最后学习特定情境下才使用的低频率汉字。具体实施中，先按照汉字的笔画数、部首进行教学，帮助学生建立认识汉字和记忆汉字的机制，并辅助以图片、联想、类推等方法，帮助学生识别不同汉字。

（2）有助于培养学生的中文学习兴趣。中文的课程设计应富有层次感、简洁明了，能够帮助学生逐层进入中文语境，让学生更有兴趣地投入学习，并保持学习的积极性，使学习中文成为不那么难的事情。反之，繁琐的课程设计会让学生感到沮丧。以中文语法教学为例，中文语法结构相对复杂，词法、句法、特定句式等不一而足。词法有实词和虚词；句法有单句、复句；特定句式包括成语、歇后语、固定表达等，实在错综杂沓。对外国人而言，复杂的语法结构可能会产生畏难情绪。但是，如果化繁为简地设计，教学效果就会提升。以词法教学为例，首先，教师按照主题或情境将词汇进行分类，并区分重难点，然后教师以举例、做练习的方式，帮助学生反复记忆、理解词汇的语义和使用规则。而对句法教学设计而言，教师不但应简化句法规则，还应提供最具代表性或日常常见的句式进行示范，以展示其规则。在设计中还可以引入多媒体资源，让学生在真实的语境中感受词汇和语法，增强学习效果。当学生能够迅速理解并应用所学内容时，他们会对运用中文进行交流充满信心，自信心是语言学习成败利钝的精神支撑。化繁为简可增强学生的自信心。

（3）有助于教师的教学效果。好的设计可以为教师提供教学便利和课堂管理便利，让组织教学、传授中文知识更加有效，并确保学生在规定时间内可以充分消化所学内容。化繁为简还可以让教师有更多的时间和精力来关注学生的个性化需求，并为学生提供更多的学习资源或帮助。以中文听力和口语教学为例，在听力材料的选择上，可以从简单对话和日常用语开始，然后逐渐引入更复杂的内容，让学生倾听并辨析。在进行口语练习时，教师以基础的日常会话为原点，逐渐增加难度，让学生慢慢融入复杂的话题情境，提高自身用中文表达的难度。化繁为简让教学更有层次感，可以确保学生阶梯式提高听力和口语能力。

化繁为简原则是层次分明、效果明显的教学方法，可以适应不同中文水平和需求的外国学生。通过简化教学内容，提供典范中文案例，帮助学生轻松地建立中文习得兴趣，当然，化繁为简的教学方法也是增强学生信心的法宝。

2.3.2 情境为本原则

对国际中文教学而言，情境为本指的是教学时将中文元素置于真实的情境中，通过情境的助力，达到让学生理解中文的目的。情境为本原则在中文教学设计中扮演着重要角色，对提高学生跨文化交际能力有着深远的影响。

首先，以情境为本的教学方法可以增强学生用中文沟通的能力。学习中文的学生通常需要应对复杂的中文规则系统，这需要教师整合系统规则，用合理的教学设计将学习材料置于真实的语境中，如模拟日常对话或实际场景。实际情境中的对话和互动可以提高学生的口语流利度和自信心，适应不同情境下的中文表达。反复的情境训练可以让学生的中文听力更准确，口语表达更加迅速，写作更得心应手。此外，学生还能适应不同语境下的中文技能挑战，提高学生的实际交流能力，亦可让他们更深入地运用中文语言结构进行沟通。

其次，情境教学有助于培养学生跨文化交际的能力。外国学生不仅需要掌握中文的语法、词汇等，还需要了解中国的文化、社会风俗、习惯等。中国文化和社会背景具有自己的特征，通过真实情境，学生可以更好地理解和适应中国交际文化，帮助学生有效提升跨文化沟通能力，这对于中国人交往或在跨文化环境中工作的外国人来说尤为重要。

再次，以情境为本的中文教学能够激发学生的探索意识。例如，通过模拟购物、餐厅点餐、旅行等情境，学生在参与情境活动时能更生动地记忆中文词汇和表达方式，这种学习方式使学生更愿意探索中文的奥秘，还能让他们在实践过程中获得成就感。例如，通过模拟旅游情境，学生不仅可以运用中文旅游词汇，还可以触发旅游兴趣，从而激发学生的探索精神。当然，教师还可根据学生的需求，选择合适的情境或教材，以增强教与学的意义。

最后，情境为本原则还可以启发教师的教学创新。教师在教学中，需设计多种情境进行教学，如角色扮演、模拟对话、情境故事讲述等，一方面是为了增加课堂的多样性和趣味性，提高学生的参与度；另一方面是为了启发教师的设计思维。总之，以情境为本对国际中文教学是非常有益的，有助于教师不断改进教学设计，让中文学习更具吸引力，给学生的学习甚至工作带来更多的机会。

2.3.3 文化为根原则

对国际中文教学而言，文化为根的原则指的是在教学中，将中文学习与中国文化紧密结合，以帮助学生更全面地理解和使用中文。这个原则在中文教学中极其重要，主要体现为如下方面。

首先，中文不仅是一门语言，还承载着丰富的文化传统和历史背景。就文化内涵而言，中国文化博大精深，涵盖历史、哲学、文学、艺术、宗教、传统习俗等。以文化为根，通过中文与文化元素相融合，能够帮助学生更深入地探索中文，让学生更好地理解中文及其背后的文化含义，让他们的中文表达更准确，避免文化误解；同时，也能够助力外国学生自然地融入中文社会和环境，而非仅仅是学习和掌握中文。

其次，文化为根原则是学习者跨文化交际能力提升的体现。在全球化时代，学生来自不同文化背景，通过了解中国文化，也会了解到中国文化与自己文化的异同。文化对比可以让学生理解不同文化的观点和行为方式，从而具有对文化尊重和包容的意识，这对从事中外国际合作工作的人士来说非常重要。

最后，文化为根原则激发了学生参与中国文化体验的热情。无论是品尝中国美食，学习中国传统绘画、音乐、舞蹈，还是了解中国故事、传统、音乐、美食等，只有亲身体验，才会引发学生的好奇心，激发兴趣。学生不仅可以在课堂上学到中文，还可以通过日常社交，熟悉日常礼仪、礼尚文化等。通过文化体验，让学生将中文与文化信息联系起来，活学活用、现学现用，将所学运用到真实语境，在实践中探索中国的文化世界。文化体验式的记忆通常更加持久。文化为根还是外国人与中国人合作、交流的根本，为外国学生在国际职场上提供文化优势。

总体而言，文化为根不仅可以拓展外国学生理解中文的广度和深度，还能培养他们的跨文化交际能力，使其在中外文化交流中展现独特优势。同时，文化为根为外国学生提供丰富的文化体验，并在实际生活和职业发展中创造更多机会。文化为根是国际中文教学中极具优势的潜力。

第3章 国际中文教学设计要点

国际中文教学设计围绕七大要点展开,即教学需求、教学内容、教学对象、教学目标、教学策略、教学媒体、教学反馈(教学评价)。

3.1 教学需求与教学内容

教学需求与教学内容,为七大要点中的基础。二者互为补充,教学需求是教学内容的前提,教学内容是教学需求的保障。

3.1.1 教学需求的特征

国际中文教学的教学需求指教学期望,更具体而言,就是教师期望学生达到的中文学习目标减去学生目前已有的中文知识水平或储备情况,公式表示如下:

教学需求=教师期望学生达到的中文学习目标-学生目前已有的中文知识水平(或储备情况)

教学需求的特征是,教师的期望与学生日益增长的中文知识无限接近。例如,学生目前已掌握中文词语"你好",这是学生已有的中文知识储备,教师的期望是,学生经过一段时间的学习可以进行简单交际,例如说出"小明,你好!""你们好吗?""你们最近好吗?"等交际话语。当学生可以使用"你好"进行诸如上述较为复杂的话题交际时,这意味着教学期望的学习目标已经达到,教学需求被满足。

在了解教学需求的定义和特征后,我们来分析教学需求的内涵。教学需求的内涵在于,它是全部教学的出发点,也是教学内容的框架规范。

教学需求的内涵主要包括:第一,内部需求,就教学而言,它包括教学大纲、教学大纲设计以及相应的教材,具体到中文教学,就是中文教学大纲、中文教学大纲设计、国际中文教材。第二,外部需求,相对内部需求,外部需求指的是学习者对提高自身知识水平的要求以及学科对掌握这些知识的人的需求,具体到中文教学,就是中文学习者对提高自身中文水平的要求,以及外部环境对中文人才的需求。

内部需求与外部需求之上的总需求是社会需求,这是教学需求之上的总需求。对学习者而言,社会需求是学习者走向社会进行职业选择时需要考虑的因素。对中文教师而言,教学需求是教学的起点,也是对过程设计的教学期待。

3.1.2 教学内容的重点

教学内容是学习者需要掌握的知识和技能,对中文学习者而言,教学内容指的是需要掌握的中文知识和技能。依据国家汉语国际推广领导小组办公室制定的《国际汉语教学通用课程大纲》,外国学生需要掌握四类内容:①汉语的语言知识,汉字、词汇、语法等较为理论化的内容体系,如"汉字的来源""补语的意义""汉语语法结构"等语言知识;②语言技能,学习者在汉语听、说、读、写等方面的技能能力;③文化意识,指的是学习者所应具备的中国文化知识、对中国文化的理解,以及跨文化意识等国际视野;④策略,包括情感策略、学习策略等。这四方面内容(图 3-1)合并,可提升外国人的中文综合运用能力。

图 3-1 依据 2008 年版的《国际汉语教学通用课程大纲》中国际汉语教学课程总目标结构而绘制。说明一下,此书的"国际汉语教学"就是"国际中文教学"。这幅图以课程目标结构关系的方式形象地勾勒出国际中文教学目标。围绕学习者的中文综合运用能力,内容划分如下。

第一,中文知识。主要包括语音、字词、语法、功能、话题等,它们在中文教学中属于知识系统,偏理论性质,对外国学生来说,在中文水平初级阶段,教师无须给学生详细讲解这些理论。

第 3 章　国际中文教学设计要点

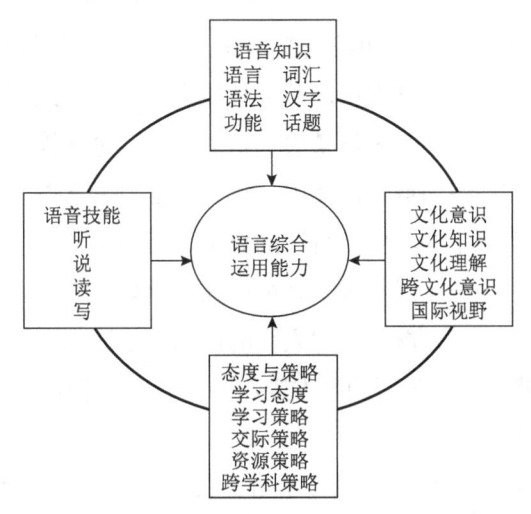

图 3-1　国际汉语教学课程目标结构关系①

第二，中文技能。也就是听说读写能力，会听、会读、会写、会说，是中文学习者应首先掌握的语言技能。掌握中文听说读写的技能，将有助于增强学习者的中文沟通能力，也为接下来的学习奠定基础。

第三，文化意识。主要包括学习者应掌握的中国文化知识、对中国文化应有的理解，以及用中文进行跨文化交际的意识和能力，当然也包括学习者的国际视野。

第四，态度与策略。态度，指的是学习者的情感态度，这是学习者的精神动力，涵盖了学习者的兴趣动机、自信意志、参与精神、合作精神，以及主动请教和文化合作意识等，通过情感态度可以发现学习者是否具备积极主动学习中文的意识和能力。策略，指的是学习者的学习策略，也就是学习时所采用的方式、方法、手段等，主要包括：认知策略、调控策略、交际策略、资源策略，其中，认知策略和调控策略是一切策略的前提条件。学习策略可以影响情感态度，情感态度决定了学习者采用何种学习策略。总之，态度和策略贯穿于学习者对中文的知识学习、技能学习、文化意识领悟全过程，是决定学习者学习效果好坏的重要因素。对中文教师而言，教学中应及时了解学习者的态度和策略，这对教学的设计策略至关重要，二者会直接影响教学效果。

在上述策略中，我们需要着重谈一下学习者的认知策略与调控策略。

---

① 国家汉语国际推广领导小组办公室. 国际汉语教学通用课程大纲[M]. 北京:外语教学与研究出版社,2008: 1-34.

（1）认知策略是语言学习策略的基本面，它是学习者对知识的判断、预测甚至猜测能力的综合。以中文技能中的听说技能为例，在听说技能习得的过程中，学习者需借助情境或上下文来理解某些词语的语义，进而推导出段落大意。这需要学习者先在的语言理解力或预测能力。例如，学习者掌握了"人"的语义，看到词语"行人"，虽然不知其中"行"的意思，但通过"人"的语义已可猜测大半，大概指的是具有某类（或某种）特征的人。再如，学习者听到词语"路人"时，即便没学过"路"，也能根据"人"的语义，推测出"路人"的语义所指为何。因此，认知策略是语言学习的基本策略，是学习者应对语言交际的基本策略，对中文学习者亦是如此。

（2）调控策略指的是学习者调控学习方法或方式的能力。学习者根据环境或语境的变化，及时调整自身的学习方法或方式。在一定意义上，调控策略是学习者对自身学习效果和能力的认知，也是他们应对语言知识时的方法策略。例如，在精读课上，学习者应精细地掌握老师教的词汇、语法点、固定用法等，要求全面理解并掌握课文；在阅读课上，学习者应保持自己对阅读中文速度的要求，但不要求全面理解和掌握全部的生词或知识点。教师应及时跟进，根据学习者的调控情况，及时调整教学，形成教师与学生之间的积极和有效的沟通。如此，教师才能有效地反思教学，并不断完善教学设计和方法。

交际策略和资源策略是对认知策略、调控策略的延续。交际策略和资源策略是学习者在掌握语言技能之后，进行真实交际中应具备的应变策略。如何进行得体的交际，如何获得对方的尊重，如何揣测对方心理，如何利用中文语言资源提高跨文化意识等，这都是学习者应充分思考的。学习者的交际策略和资源策略对教师的意义在于，可以帮助教师建立更富有弹性的教学方案，从而引导学习者有意识地增强交际沟通、资源互换等。

总之，无论是什么策略，师生之间都应保持沟通和互动。不仅如此，在中文教学中，教师还应引导学生之间的互动，也即"生生互动"。师生互动、生生互动一方面激活了教学内容，另一方面也加强了学以致用。以内容促进教学、以教学反哺设计，造就灵活的教学模式、训练模式，成就良好的中文教学设计方案。

在中文教学内容中，中国文化应引起教师的重视。文化教学同样重要，文化是语言学习的精神指向，对学习者的语言理解有很大的影响，甚至可直接影响学习者的话语表达。文化教学的内容是什么呢？它是依据国际中文教学的需求，从语言浅层到语言深层、由语言表面及精神内里的学习。对外国学习者而言，其应掌握的中国文化类型如下。

（1）中国的习俗文化。习俗文化是中国文化中相对容易理解的，课文中出现的一些词语，如"北京烤鸭""红娘""岭南""包粽子"等，教师一方面教学生这些词语的字面意义；另一方面，应根据学生的接受程度，教授学生理解这些词语蕴含的文化。例如"包粽子"，字面意思的教学很容易，教师可通过演示方式让学生理解，但"包粽子"的文化内涵，教师可讲给学生听。

（2）中国的传统节日。中国有很多传统节日，如春节、清明节、端午节等。在教学时，教师以问题的形式提问学生："中国人春节时吃什么？""清明节时，中国人有哪些习惯？""家家挂灯笼、贴对联，北方吃饺子，南方吃年糕，这是什么节日？"等等。伴随着问题的提出，学生对内容事实的好奇和兴趣逐渐增加。借此机会，教师顺理成章地为学生提供了词语背后的文化精神结构。

（3）中国人的交际文化。中国人之间有礼尚往来的交际文化。朋友之间互送礼物时，用中文如何表达？肢体行为是怎样的？教师在此可用情境演示的方式给学生展示中国朋友之间的礼尚往来，并用对比方式区分中外交际的相同与不同。在教学时，教师还应给学生指出，中国人的交际文化在沟通中所起的作用是很大的。

（4）跨文化沟通意识。教师教中国文化时，不但应让学生理解内容，还应引导学生发现不同文化之间的同质与异质关系，以此培养学生的跨文化沟通意识。以中国春节和西方圣诞节为例，过春节时，中国人会全家团聚，一起贴春联，吃年夜饭，放鞭炮，喻示团团圆圆；而在西方国家，人们在过圣诞节时，会团聚在一起过平安夜、狂欢夜。

在文化教学设计中，教师应遵循两个原则：第一，秉承文化与语言相辅相成的教学原则，对待文化应以语言内涵为宗旨，对待语言应培养学生的文化意识。以语言内涵为例，词语"意思"，人们常说"小意思、意思意思、有点意思、我不是那个意思"，这些"意思"虽然都有"意思"，但在不同情境或语境中，其语义和寓意差异非常大，因此体现的文化就不同。第二，教师应采取文化包容的教学原则，在文化教学中，应保持对不同文化尊重且包容的态度。以餐馆吃饭为例，有些国家的餐厅人声喧闹，而有些国家的餐厅则安安静静，对于这种情况的出现，不引导学生以"文明""修养"等看法进行主观判断。教师可与学生共同探讨：不同历史发展造成的文化语境，对人们的行为习惯有深刻的影响，这是文化教学的一部分。

总之,知识、技能、文化意识、学习者的情感态度和学习策略,四者共同建构了中文教学内容。由内容见目标,就是为了提高学习者综合运用中文的能力。

3.2 教学对象与教学目标

教学对象与教学目标是国际中文教学的前提和导向。教学对象特指接受教学内容的学习者,一般而言,就是指学生,凡是教学都有学生。国际中文教学的教学对象是外国学生,或第一语言非中文的学生。教学目标是教师的教学目标,也是学习者的习得目标。

3.2.1 教学对象的范围

国际中文教学的教学对象为外国学生。就目前情况而言,学习中文的外国学生既包括成年人,也包括儿童(未成年人),二者在语言习得上存在差异。

这些差异来自成年人与儿童的客观条件,有生理的,也有心理的。从语言学习视角来看,成年人和儿童的客观条件有以下三个方面:①学习者的初始能力,即学习者已经具备的语言技能,包括知识理解、情感态度、学习策略;②学习者的一般性特征,包括影响学习者习得的心理状态、生理条件以及社会环境等;③学习者的学习风格,就学习策略或方式而言,学习者具有自己的学习风格。

明确上述条件,我们方能分析成年学习者与儿童学习者的同质与差别,以便确定思路合适的教学设计方案。

成年学习者具备的客观共性条件包括以下五点:①成年学习者的学习目的非常明确。作为成年人,他们具备自我认知和分辨能力,就学习中文而言,一般都带着实际需要而来,如打算在中国工作或从事与中国有关的工作,与中国合作等。因此,成年人学习中文,其目标明确,针对性强。②成年学习者的实践经验丰富。成年人具备将理论转化为应用的能力,也就是实践能力。因此,教师针对成年人进行中文教学设计时,可充分考虑成年人具备学习经验的特点,在设计教学方案时，因地制宜，以情境促学习，加强学习者的中文实践。③成年学习者的自学能力强。成年人普遍具有自学精神，这是其生理特征、自身目的性、针对性所决定的。因此，教师在进行针对成年人的中文教学设计时，可适当布置课外任务，引导学习者进行自主训练。④成年学习者的主动参与意识较强。成年人有较强的自尊心，爱面子，不愿意被人笑话，生怕被人轻看。因此，成年学习者在学习时，往往态度积极、主动学习，能够积极主动寻求解决问题的方法。⑤成年学习者注重学习效率。由于成年人的学习目的明确，故成年人追求学习效果和效率。因此，针对成年人的中文教学设计务必讲求实效。学习者可以将所学内容迅速转化为实际交际，这要求教师将中文教学的环节安排紧凑且务实。

上述共性条件虽不能涵盖全部成年学习者的学习特征，但也较为全面地展示了成年学习者的语言习得的规律性特征，这对中文教学具有重要的参考价值。

相对于成年学习者而言，儿童学习者的客观条件则不同，甚至相反。分析儿童学习者，应从其行为和心理特征入手：①儿童学习者在学习时往往注意力不集中，这与儿童的生理发育尚不成熟有关。生理发育不成熟导致儿童的心理和智力发育也不够完善，因此他们往往不清楚自己的学习目的是什么，对他们而言，学习更像是一种被动接受的行为。因此，根本谈不上学习效率这回事。②儿童学习者的记忆力强，就大脑生理机制而言，儿童的记忆力强于成年人。但儿童的记忆往往停留在机械记忆上，对具象化的事物印象较深，抽象思维能力弱，不能形成完善的理解力。因此，儿童学习者在学习语言时会死记硬背，如词义组合、多语义理解、完整话语交际能力会比较差。③儿童学习者的形象思维能力强，给儿童学习者看一样东西，然后拿开，儿童会记住这个东西的形状，但如果让他们完整描述出来，就很吃力。毕竟儿童的抽象思维尚未发育完善，限制了他们的词语组合和话语表达能力。④儿童学习者的意志力薄弱和儿童的注意力维持特点有关，一节中文课堂时间通常在40—50分钟，儿童学习者一般能坚持10—20分钟。

分析而知，成年学习者与儿童学习者在学习行为方面差异很大。成年人的抽象思维强，儿童的形象思维强；成年人学习目的清晰，儿童不清楚自己的学习目的；成年人意志力强，儿童意志力弱。

目前而言，在学习中文的外国人中，成年学习者占绝大多数，故本书的中文教学设计均以成年学习者的客观条件为基准，儿童学习者是我们未来的研究目标。

3.2.2 教学目标的层次

中文教学是有目标的，目标具有层级性，层级属性是教学目标的特征之一。相同时间不同内容，或相同内容不同时间，其目标都会有所不同。那么，国际中文教学的目标是什么呢？国际中文教学目标的现实情况又是怎样的呢？

中文教学目标是经过教师"教"、学生"学"之后，中文学习者应表现出的、可见的、具体的、明确的中文习得效果。

以汉字"着"的教学目标为例。汉字"着"的教学目标是：让学生理解"着"作为助词时的语义和用法。其实现步骤分为以下五步：①教师设计教学方案，先明确学习"着"的目标：让学生理解"着"作为助词时的语义和用法。②教师提前备好教具（图片、视音频等），以便课堂演示"动词+着"使用时的状态。③设计实践环节：根据教材中"着"的教学内容，教师设计话语案例，让学生模仿举例，要求学生：务必使用"动词+着"，并至少含有五个本次课的新词或固定表达格式。④在学生进行话语实践时，教师观察学生的练习情况，并记录。⑤教师及时评估学生的实践结果。如果正确率达到80%以上，可被视为"着"的教学目标达成。

当然，"着"并不仅是"动词+着"的状态意义，还有其他意义，但其他意义并不是教师本次课的教学目标。"着"的其他意义是未来教学的目标之一。这说明，"着"的教学目标是分级的。由此而知，教学目标具有层级性，层级之间关联密切。

中文教学目标的层级来自教学内容，这说明学习者的目标也是有层级的。学习者的目标层级是根据学习者的主观条件——认知、情感、技能三方面综合限定的。以学习者的主观条件为起点，分析学习者的目标层级，从而建立阶段性的教学目标，这将有助力于教师抓住学习者的习得规律，择优选择中文教学方案。如表3-1所示，学习者的三个主观条件以及延伸出的学习目标层级。

表 3-1 学习者的主观条件与语言学习规律

领域	水平				
	1	2	3	4	5
认知	记忆	理解	简单应用	综合运用	自由运用
情感	接受	思考	有兴趣	十分热爱	形成日常行为
技能	模仿	理解	熟能生巧	自由应用	无误差地自由发挥

表 3-1 中呈现了学习者主观条件：认知、情感、技能，以及各条件下的目标层级规律。

（1）在认知条件中，学习者的目标层级依次为记忆、理解、简单应用、综合应用、自由运用。这是由学习者认知能力建构起的从易到难、从简单到复杂、依次递增的中文认知的五个阶梯。最低层级是记忆中文内容，稍高一些是理解中文内容，再高一些是简单地应用中文，更高要求是在相对复杂的语境中综合应用中文，最高则是在任何语境中都可以自由使用中文。

（2）在情感条件中，学习者的目标层级依次为接受、思考、有兴趣、十分热爱、形成日常行为。这是以学习者态度为基准建构的从易到难、从简单到复杂、依次递增的中文学习者的情感态度层级。其递增同认知条件一致。

（3）在技能条件中，学习者的目标层级依次为模仿、理解、熟能生巧、自由应用、无误差地自由发挥。这是围绕学习者的中文技能而依次展开的从易到难、从简单到复杂、依次递增的中文技能水平。其递增同认知条件一致。

综合学习者的这三个主观条件，每个条件后的学习目标层级都是逐步递增难度的，这符合学习者习得的过程性规律，即接受、消化、吸收、运用。掌握这些规律对教师制定教学计划、设计教学方案、实施教学具有非常现实的意义。

3.3　教学策略与教学媒体

国际中文教学的教学策略指的是，教师对中文教学全过程的把控；国际中文教学的教学媒体指的是，有效实现教师把控教学全过程的必要的技术辅助手段。教学策略决定教学媒体，教学媒体影响教学策略，二者缺一不可。

3.3.1　教学策略的类别

教学策略是国际中文教学中的首要策略，针对不同中文基础的外国学生，教师的教学策略尤为重要。教学策略的内涵是什么？

教学策略是指教师为完成特定的教学内容和目标而施行的策略，包括教学过程、教学方法、教学组织形式、必要的分组活动、所使用的教学媒介等。在详解教学策略前，我们需要区分一下策略与方法的异同。二者虽都有"方式、方法"之义，但亦存在差别。

方法，就教学而言，是在特定教学环境或空间条件中，教师与学生相互协作中所采用的手段或方式，突出两方面：一是师生共同参与，二是教与学结合。语言教学中熟知的如翻译法、直觉法、视听法、自觉对比法、认知法、功能法等，这些都是方法。

策略，就教学而言，是指在特定教学环境或空间条件中，教师为了达到教学目标而对所采取的方式、方法、媒介的融汇策略，如启发式教学策略、自主式教学策略、情境式教学策略、协作式教学策略等。这些策略都基于以教师为主导、以方法为手段、以教学媒介为辅助的教学融合，凸显了教师在教学中的先行组织者和领导者的意义。实施教学策略时，教师应考虑本次课的教学方法、教学环境、教学媒介、教学形式是什么，应包括哪些具体的教学问题等。

简单而言，策略是组织策划，方法是具体实践。国际中文教学中，策略与方法，一个是宏观的机会布局，另一个是微观的实践操作。

教师制定国际中文教学策略时，一般会融汇于教学组织和过程之中。如果教学策略是指挥部，那么教学组织和教学过程就是实战。研究教学策略，是对教学组织和教学过程的本质剖析。我们尝试以国际中文课型的教学组织、教学过程为案例，审视国际中文教学策略的实施。

1. 教学组织规范教学策略

教学组织有哪些形式呢？在语言教学中，教学组织体现为如下四方面。

（1）课堂授课。这是最为常见的教学组织形式，教师在课堂上讲授、讲解、板书展示等，向学生传递中文知识和信息。

（2）个别教学。教师布置给特定学生的特定任务，如阅读中文教科书，观看或聆听教师布置的中文资料、视频、音频等，使其获取中文知识。在此过程中，学生需及时记录所学的知识，以备教师复查。

（3）个性化教学。不同学生有不同的习得特点，教师根据不同学生的不同特点设定教学目标、教学内容、练习方式及评价标准等，让学生获得个性化的教学指导。一对一教学是个性化教学的主要形式之一。

（4）小组讨论。教师给出训练主题，并将学生分组，学生进行小组内主题讨论，学生之间交流知识，沟通心得，分享中文知识带来的学习信息。

在上述形式中，课堂授课、个别教学、个性化教学较为常见，小组讨论属于自主学习方式。小组讨论呼应了当下"以教师为主导、以学生为中心"的教育理念。下面我们分析一下小组讨论。

针对主题教学，教师可根据学生人数，将其分成几个小组。以20人班级为例，按每组4人计算，可分成5个小组；以10人班级为例，按每组2人计算，可分成5个小组。当然，教师应依据教学内容，灵活制定具体的人数和组数。

分组后进行小组活动。活动前，教师制定活动规则、活动目标、活动时间。课堂上，小组活动的时间一般以10分钟为宜，最多不超过20分钟，否则会出现学生讨论跑题现象。10—20分钟的小组活动效果最佳。学生在进行小组活动任务时，教师应在教室内走动巡视，并为个别小组提供针对性指导。

第一轮小组活动结束，教师打乱小组成员，重新分组，重新制定活动规则，再进行新一轮小组活动训练。如此往复，学生的中文交际场景越来越趋向于真实化。

我们以4人一组的学生小组活动之对话训练为例，解析小组活动对教学策略的作用，以及小组活动获得的教学效果。

某国际中文教学班内有17名外国学生，教师将学生分成4组，其中3组每组4人，余下1组为5人。分组后，教师提供详细的活动主题、活动规则和活动时间。为了让学生更好地理解活动内容和规则，教师还可以任意挑选一组学生进行示范，供全班观摩学习。至于活动时间，教师可在教室前方设置时钟，以起到提示作用。准备工作做好以后，教师宣布活动开始。表3-2展示了学生小组活动中对话训练的完整程序，对话主题是家庭成员。

表3-2 学生小组活动中对话训练的完整程序

序号	教师的"训"行为	学生的"练"活动
第一步	说明任务	你家有几口人？
第二步	说明使用的语言项目	词语：爸爸、妈妈、哥哥、姐姐、职业、工程师、教师 句型："你爸爸做什么工作？" 语法："有"字句、"是"字句
第三步	对学生进行分组	4人一组，每位学生都有分工：提问、记录、汇报、总结
第四步	说明检查方式	在全班面前进行对话展示

续表

序号	教师的"训"行为	学生的"练"活动
第五步	教师预先示范	挑选任意一小组,分角色,规范对话形式、内容、如何介绍家庭等
第六步	设定训练时间	组内学生对话练习时间为 10 分钟
第七步	宣布小组训练开始	学生开始练习对话,时不时请教师帮助
第八步	展示小组训练成果	小组学生展示对话内容
第九步	点评	学生认真听取优点及问题所在

第一步,教师说明任务。教师规定小组对话训练主题和要求,本次主题是"你家有几口人？"。

第二步,教师说明小组内对话训练应使用的语言项目,表 3-2 中已列出对话训练所涉及的词语项目、句型项目、语法项目等。词语项目有"爸爸、妈妈、哥哥、姐姐、职业、工程师、教师"等,句型项目如"你爸爸做什么工作？"等,语法项目包括"有"字句、"是"字句。

第三步,教师对学生进行分组。4 人为一组,对每个小组内部成员进行分工,小组内有提问的、记录的、汇报的、总结的。

第四步,教师说明检查方式。教师给全班学生说明检查小组对话训练成果的方式。一般情况下,教师课堂上检查学生语言训练效果的方式多为让学生在全班面前进行对话展示。

第五步,教师预先示范小组对话。教师可挑选任意一小组,给成员分角色,规范对话形式、内容、如何介绍家庭等。如此,可为全班学生提供对话训练示范。

第六步,教师设定小组训练时间。如组内学生的对话练习时间为 10 分钟。

第七步,教师宣布小组训练开始。学生开始练习对话,在此过程中,教师在课堂走动巡视,并为学生提供一定的语言帮助或建议。

第八步,展示小组训练成果。教师让小组逐个来到讲台前,进行对话内容展示。同时,教师让其他学生作为评委进行评分,最终评出最优小组。当然,除了对话展示,还可以是较为活泼的形式,如短剧表演等。

第九步,教师点评小组活动。所有小组展示完毕以后,教师点评小组展示。点评内容既有对优点的表扬,也有对不足的改进建议,同时纠正共性偏误。

小组活动具有很强的教学效果，对提高学生的中文表达能力有诸多好处。首先，小组练习利于为学生提供更多的中文输入的机会；小组对话利于为学生提供更多中文输出的机会，提高学生中文的流畅度；分组训练利于尊重学习者的个性，降低学习者的学习焦虑，增强信心，满足自尊，激发中文学习动力；以小组形式进行的教学实践，利于培养学生之间的合作精神，增强他们使用中文的自信。

当然，小组活动也存在小小的弊端。在小组活动中，学生的中文输入并不一定完全符合语法规则，但教师无法直接掌握这些情况；有时，学生在进行小组讨论的过程中，会使用自己的母语，这会加大教师的课堂管理难度。而且，性格内向的学生并不喜欢小组活动，这类活动很难提起他们对中文表达的兴趣。瑕不掩瑜，小组活动不失为一种好的教学组织方式。

2. 教学过程是教学策略的实施

教学过程源于分阶段教学法。18世纪，世界教育史上"科学教育学的奠基人"德国教育学家赫尔巴特提出了四段教学法：明了、联想、系统、方法。明了，就是了解知识，这是教学的第一步，教师在课堂上给学生示范新知识，让学生了解新知识；联想，就是在不同知识之间建立联系，这是教学的第二步，教师帮助学生将新知识与旧知识连接起来，在学生头脑中形成清晰的知识联想线索；系统，就是形成知识体系，这是教学的第三步，教师引导学生在新旧知识建立联系的基础上，寻求知识的整体脉络与解决方式；方法，是应用所学知识，这是教学的第四步，也即学生实践，学生将所学的新知识应用到实践中。19世纪，德国人齐勒尔（T. Ziller，1817—1882）和赖恩（W. Rein，1847—1929）对赫尔巴特的四段教学法进行了细分，将"了解"分解为"预备、提示"，"预备"指的是教师开始授课时，引导学生复习旧知识，以唤起与新知识的联系。"预备"和"提示"，连同原有的"联合、系统、应用"，形成了五段教学法。五段教学法启发了苏联教育家凯洛夫（И. А. Каиров，1893—1978），凯洛夫将五段教学法落实到课堂实施中。他将课堂教学分成五个阶段，它们依次是：组织教学、复习旧课、讲授新课、巩固新课（总结）、布置作业。

（1）组织教学。课堂开始时，教师提示学生做好上课的心理准备与物质准备，排除干扰，集中注意力，投入到本次课的学习之中。

（2）复习旧课。在学生准备好后，教师检查学生对旧课内容的掌握情况。教师带领学生复习已学过的内容，加强新知识与旧知识之间的联系，并且为接受新知识作好准备。

（3）讲授新课。教师引导学生进入新的知识体系。教师讲授新知识，引导学生理解、掌握新知识。讲授新课阶段是整个教学过程的重头戏，其间应分出若干个教学环节、教学步骤，环节与步骤我们将另章详述，此不赘言。

（4）巩固新课（总结）。教师总结课堂知识主要有两种方式：其一，教师分条理、系统地总结知识；其二，教师以问题形式引导学生回顾本课内容，引导学生条理化地回忆所学的新知识，并及时发现存在的问题，当堂巩固、当堂消化，不留后遗症。

（5）布置作业。课堂尾声，教师给学生布置课后作业（课后任务），让学生将所学的知识用于课后巩固，并进行主题实践。

五段法教学为国际中文教学的教学过程提供了借鉴，教师可运用中文的语言要素和课型特征，以五段教学法为基准，展示中文教学过程。

国际中文教学的教学过程可分为三个层次，此三层次呈现出从宏观到微观、从抽象到具体的递进关系：①国际中文的总体教学过程；②国际中文语言要素（词汇、语法、句法等）的教学过程；③中文的技能（听、说、读、写）培养过程。

国际中文的总体教学过程是宏观过程，是依据学习者需求而量身定制的抽象教学规划。总体教学过程包括学年、学期、教学单元，三者之间呈现出从上到下的层级计划关系。当然，总体教学过程也包含横向的总体布局，如对不同专业、不同教学方向、不同课程等的规划。

国际中文的语言要素（词汇、语法、句法等）的教学过程，是具体教学过程，指的是教师处理中文词汇、中文语法、中文句法的教学过程。

国际中文的技能（听、说、读、写）培养过程指的是国际中文的课型教学过程。根据不同课型目标，教师实施具体的教学过程。国际中文教学的课型一般分为综合课、听力课、口语课、阅读课（或报刊课）、写作课等。

下面我们以中文的语言要素词汇、语法为基础，展示其教学过程。理论依据来自五段教学法，实施过程则是内容上的扩充。

词汇要素教学过程如表 3-3 所示。

表 3-3　词汇要素教学过程

序号	教学程序	具体教学行为
1	引起学生注意	回忆旧词汇，引出新词汇
2	告知学生目标	
3	通过回忆来刺激新知识	利用旧词学习新词
4	呈现刺激材料	领读新词
5	教师指导学习	讲解词义，进行词语搭配
6	布置课堂任务	齐读新词，进行自主搭配
7	反馈任务完成情况	纠正发音，指出搭配错误
8	总结教学内容	对新词进行总结
9	布置课后作业（任务）	学生将新词用于交际

词汇要素教学过程如下。

教学程序 1：引起学生注意。

教学程序 2：告知学生目标。具体实施：教师引导学生回忆上次课的词汇内容，并呈现新词汇，呈现方式多种多样，例如教师板书新词汇，教师听写学生预习的新词汇，教师用备好的课件展示新词汇等。这些方式让学生对即将学习的新词汇有直观的认知。

教学程序 3：通过回忆来刺激新知识。具体实施：教师展出新词汇，并不马上进入讲授，而是提示学生回忆曾经学过的词汇，并引导学生建立新词汇与旧词汇的联系意识，这就是利用旧词学习新词。例如，教师引导学生回忆旧词"好"，然后帮助学生进入本次课的新词"好人、好吃、好看……"。

教学程序 4：呈现刺激材料。具体实施：教师使用一定的教学方法讲授这些新生词，并训练学生使用，以便让学生深入理解。例如，在教学程序 3 时，教师展示了新词"好人、好吃、好看……"。在此教学程序中，教师领读这些新词，学生齐声朗读，复读多遍，教师抽检，加深学生对新词汇的理解。

教学程序 5：教师指导学习。具体实施：教师通过举例、反复演练等方式，引导学生学习使用新词汇，如用新词进行词语搭配、词语组合、造简单句子等。

教学程序 6：布置课堂任务。具体实施：为巩固知识，教师给学生布置一定量的课堂练习，如齐读新词、学生自主搭配词组。练习前，教师提出练习要求，学生自主练习。课堂任务可以助力教师及时掌握学生的学习情况，对教学反馈有帮助。

教学程序 7：反馈任务完成情况。具体实施：教师纠正词汇发音，指出搭配错误，并对学生的完成情况进行评价，及时纠正发音问题、词语搭配问题等。

教学程序 8：总结教学内容。具体实施：教师总结本次课的新词汇，让学生对新词有系统性地记忆、理解，从而达到运用的目的。

教学程序 9：布置课后作业（任务）。具体实施：教师给学生布置课后作业或任务，让学生务必将所学的新词汇用于真实交际场景中，并记录下来，待下次课教师检查。

上述 9 个教学程序是五段教学法的扩充，对应关系为：组织教学对应教学程序 1，复习旧课对应教学程序 2，讲授新课对应教学程序 3、4、5，巩固新课（总结）对应教学程序 6、7、8，布置作业对应教学程序 9。

我们再看一下语法教学过程的演示，如表 3-4 所示。

表 3-4 语法教学过程

序号	教学程序	具体教学行为
1	引起学生注意	可进行情境创设
2	告知学生目标	复习旧语法，以课文例句形式展示新语法
3	刺激前提性学习	联系学过的语法，引导学生领悟新的语法
4	呈现刺激材料	用新语法造例句，领读、朗读
5	指导记忆和运用	分析例句，归纳总结 介词"在"："水果放在盘子里。""在货架上陈列着很多面包。""小明没在家。" "在+名词（物体）、不（没）+在……"
6	布置课堂任务	练习新语法（完成句子、填空）
7	反馈任务完成情况	纠正学生出现的问题
8	总结新语法内容	总结新语法的特征
9	布置课后作业（任务）	引导学生将新语法运用于课文

教学程序 1：引起学生注意。

教学程序 2：告知学生目标。具体实施：教师带领学生复习上次课的旧语法，并展示新语法,教师可用课文中的例句,也可用备课时设计好的例句,但无论用什么例句,都应具备典范性和现实意义。

教学程序 3:刺激前提性学习。具体实施:教师联系学过的语法知识,引导学生领悟新的语法知识。例如,旧语法介词"在"引出新语法"在……"方位表达法。

教学程序 4:呈现刺激材料。具体实施:教师举例"书放在桌子上",加强学生对"在……"的直观使用体验;教师领读例句,学生齐读例句;教师根据学生掌握情况,可再多举几个例子。

教学程序 5:指导记忆和运用。具体实施:教师通过举例句、分析例句、归纳使用规律等方式,详细讲解新语法"在……"的规律及使用。教师给学生举例:"水果放在盘子里","在货架上陈列着很多面包","小明没在家"。然后,教师归纳出"在……"的基本形式:"在+名词(物体)",否定形式"不(没)+在……"。

教学程序 6:布置课堂任务。具体实施:教师布置课堂任务,设置完成任务的条件,如用"在……"造句子,将"在……"填充在合适位置,营造任务语境等。

教学程序 7:反馈任务完成情况。具体实施:学生展示所完成的课堂任务,教师对展示进行一一点评,纠正错误,鼓励优点。

教学程序 8:总结新语法内容。具体实施:教师总结本次课的新语法知识"在……",总结其规律特征,加深学生印象。

教学程序 9:布置课后作业(任务)。具体实施:教师布置学生理解课文中新语法的用法的任务,模仿课文例句进行造句。牢记新语法的典范案例,并尝试交际。

同样,此 9 个教学程序也来自五段教学法,对应关系同上,此略。

教学组织和教学过程是教学策略的展示平台,为教学策略提供了真实有效的展示实体。

3.3.2 教学媒体手段

现代信息技术为教育带来诸多便利,语言教学也受益匪浅。国际中文教学的教学设计中,教学媒体的选择成为一种必然。教学媒体多种多样,表 3-5 对可用于教学的传统教具与现代媒介进行了比较，为我们提供国际中文教学媒体选择的依据。

表 3-5　教学工具比较

媒体		具体工具
传统教具	直观教具	仪器、实物、模型、黑板、教材等
	示意教具	图片、表格、卡片
现代媒介	视觉媒体	课件（PPT）、电脑
	听觉媒体	音频
	视听媒体	视频
	电子系统媒体	语言教学系统 App 等

传统教具以直观教具和示意教具为主。直观教具包括仪器、实物、模型、黑板、教材等，示意教具如图片、表格、卡片等。

在现代信息技术背景下，教学的媒介资源更加丰富。视觉媒体、听觉媒体、视听媒体、电子系统媒体等，正陆续成为教学工具的主力军。信息技术具有即时性、快捷性、直观性的特点，给教学带来了很多便利。课上，教师利用计算机优势，通过课件、音视频等方式展示教学内容，或者课下利用互联网工具进行网络直播教学。网络教学是传统课堂教学的延续，师生在网络课堂中实现教与学的即时发送、传递。课后，教师通过网络平台批阅作业、即时跟踪学生任务完成情况，并及时给予学习反馈。学生也可利用网络向老师求教。在现代信息技术背景下，教学已不再是面对面授课的单一形式，天涯也可以咫尺。目前，国内用于教学的课程平台如雨后春笋般涌现，如中国大学 MOOC、智慧树网、雨课堂（学堂在线）、国家智慧教育公共服务平台等。每个平台均有海量的课程视频、微格教学视频供学习者随时观摩学习，十分方便。在特殊情况时，腾讯会议、微信群组、ZOOM 等网络平台，也是教学的好帮手。

3.4　教学反馈与教学评价

3.4.1　教学反馈的作用

教学要落实到效果中，效果如何，直接作用于教学反馈上。教学反馈，就学生而言，一是学生掌握中文的情况，主要有课堂所学内容是否都听懂了，是否都掌握了所学内容，是否能恰当地运用所学内容进行实践；二是学生对教师的教学效果的意见或建议。从教师视角来看，教学反馈还包括学生的阶段测验、期中和期末成绩、水平考试成绩、教师对授课的自身感受等。教学反馈助力教师掌握学生的习得情况，细致了解学生的情况，也提示教师积极改进教学设计方案，及时更新教学策略、教学手段，及时调整教学目标，以便达到最佳的教学效果。教学反馈服务于教学评价，教学评价是检验教学效果好与坏的直观依据。

3.4.2 教学评价的环节

教学评价可以起到监督教学效果的作用，这体现在以下四个方面：教学计划是否有效完成？课程计划是否按时有效完成？教材、教具是否有效使用？教学方案是否有助于学生提高中文水平？四个方面集中体现为三个关键词：有效、按时、提高。

（1）有效。教学计划、课程计划是否有效推进？教学工具是否有效使用？教学计划和课程计划本质上是相同的，不同之处在于，教学计划具有宏观性，体现为对整个教学的规划，长则几年，短则为某次课的教学安排。课程计划则是针对一门课程的规划，如综合课、口语课、阅读课等，长则为该门课程的一个周期，如外国学生汉语言专业本科生的必修课——汉语综合，一般开设六个学期，这六个学期就是这门课程的一个周期；短则为课程的某一次课程计划，如汉语综合课在某一学期第某周第某节课。教学工具包括教材、教具、教学电子设备。教学工具为教学提供切实可行的帮助，很大程度上助力于教学实施的成效。

（2）按时。无论教学计划还是课程计划，都应在规定时间内完成，超出规定时间，就违背了教学计划；反之也是如此，时间不足，就不能很好地让学习者掌握知识和技能。因此，按时完成教学计划和课程计划，是教学评价内容之一。

（3）提高。教学目的在于提高学习者的中文水平和中国文化素质。评价学习者的中文水平是否有提高，最直接的方式就是测试。测试分水平测试和阶段测试：水平测试如 HSK；阶段测试如期末考试、期中考试、平日测验。测试是对学习者知识体系的检验，它在一定程度上可敦促学生主动学习中文，也成为检测教师教学情况的指标。因此，测试是检测学生中文水平是否提高的手段之一，更是衡量教学效果的尺度之一。

第 4 章　国际中文教学设计方法

国际中文教学设计围绕中文，将教学设计与实施方法贯穿于面向外国学生的教学全过程。这是"课前教学准备、撰写课程教案、组织课堂教学、课内课外关联"方法的融会贯通。

4.1　课前教学准备

教学设计实施的前提是：课前教学准备。课前教学准备工作包括了解与熟悉学习者、分析把握学习材料、合理规划重点教材。

4.1.1　了解与熟悉学习者

课前，教师需要了解学习者的基本情况。对国际中文教师而言，了解学习者的情况应着力于以下三方面：学习者的文化程度和文化常识、学习者的中文基础知识、学习者的中文技能（听、说、读、写）程度。

（1）了解学习者的文化程度和文化常识。教师应了解学习者在学习之前原有的文化素养程度和文化掌握情况，本书称之为学习者的"先在知识"。文化素养程度指的是学习者的基本认知素质，也即"文化修养"，文化掌握情况指的是学习者对中国文化常识的理解情况，本书称之为"中国文化常识程度"。教师为何需要了解学习者的这些情况呢？文化修养的高低决定了教师应使用的教学方法、课堂言行、内容进度等。受过高等教育与未受高等教育的学习者，他们在吸纳知识、领悟方面的能力是有差异的。学习者掌握中国文化常识的多寡，决定了教师的教学设计方案是深还是浅、结构层次是微观还是宏观。以汉字"红"为例,如果学习者已有关于"红"字文化的先在知识基础,教师在教学中,就可以在语义基础上,直接引出"红娘"以及与之相关的文化内容。反之,学习者完全没有"红"字文化的先在知识基础,教师的教学设计结构则是由浅入深、从易到难的渐进方案:第一阶段,讲解"红"的语义,第二阶段进入"红"的颜色文化,第三阶段才是"红"较为深入的文化特征。如果学习者具备先在知识,那么上述第二、三阶段可合并,一次性解析。

(2)掌握学习者的中文基础知识。学习者的中文水平是教师选择教学设计方案的前提条件,便于教师对学习者"因材施教"。一般而言,针对在华学习中文的外国人,国内做法通常是:首先,教育机构会根据学习者的实际中文水平进行分班,这是国内高校国际中文教育班制的通常方式。其次,教师了解学习者的中文水平,即便是同一班级同一水平,性格、策略、能力、方法等因素还是会影响接下来的教与学。有的学习者是外向型性格,课堂表现积极主动;有些学习者是内向型性格,往往羞于在众人前表现,故而错过实践机会。还有的学生中文口语虽好,但汉字写得却不尽如人意;反之,有的学生汉字写得好,口语表达却一言难尽。总之,教师精准掌握学生情况,便于规划下一步的实施方案。

(3)把握学习者的中文技能(听、说、读、写)程度。教师应了解学习者的中文能力,以及预测未来的学习可能达到的程度。学习者的中文能力主要从以下三个维度进行判断:理解能力和接受能力、概括能力和推理能力、同化中文语言知识的能力。把握这三个维度,教师不仅可以考察学习者现有的中文水平,还能预测学习者在未来学习中可能达到的程度。我们逐一解析学习者的上述能力。

第一,把握学习者的理解能力和接受能力。这两种能力是语言学习者应具备的基础能力。考察理解能力是指,学习者对中文技能(听、说、读、写)、中文知识、中国文化的理解能力。具备这些理解能力,学习者才能融会贯通,将知识学习融入语言文化沟通之中。理解能力是胜任中文学习任务的基本能力。理解能力关联到接受能力,理解能力越好,接受能力越高,反之亦然。教师只有充分了解学习者的理解能力和接受能力,方能选择合适的设计,实施方案才恰如其分。

第二,把握学习者的概括能力和推理能力。学习者具备概括能力和推理能力,是学习效果达到目标的关键。中文学习者,除了具备理解能力和接受能力,还应具备将所学内容用于话语实践之中的能力。实践过程是检验学习者概括能力和推理能力的试金石。学习者完成实践的关键在于其具备用中文描述或叙述事物（事务）的概括能力、使用中文时对语言内部结构重组构造的推理能力。了解学习者的这两项能力，有助于教师合理布置课上内容、课后实践任务。以教汉字"好"为例，"好"的词性为性质形容词，使用时多用于修饰名词，如"好人、好学生、好妈妈"。此时，如果学习者具备概括能力，会依据老师所提供的例句理解"好人、好学生、好妈妈"的语义，并能摸索出使用规律。如果学习者还具备推理能力，会在理解和摸索的基础上，更进一步地自行举例"好事、好东西"，甚至会说出"好看、好吃、很好、非常好"等相对难一些的组合。

第三，了解学习者同化中文语言知识的能力。同化中文语言知识的能力是学习者将所学中文融入日常生活的重要指标。学习者学习中文的目的就是进入中文日常语言环境，同化中文成为自己的日常话语、行为示范、思维体系，这是检验学习者语言综合能力的实践准则。只有了解学习者同化中文语言知识的能力，教师方能在训练学习者时，把握训练题目的难易度、训练节奏的轻重缓急、训练成效的适用度，甚至能为教师把握学生的任务量提供参照。

综上，学习者的文化程度和文化常识、学习者的中文基础知识和学习者的中文技能（听、说、读、写）程度，是助力教师预测教学对象、合理规划教学设计、选取教学方法的核心基础。

4.1.2　分析把握学习材料

分析把握学习材料，是教师择优选取教学方法的必要条件。学习材料一般指的是课程的指定教材，如无指定教材，任课教师也可根据学生的中文水平自编教学讲义。分析把握学习材料，从如下方面展开。

（1）确认本次课材料是前次课的后续知识。这是教师课前准备必须面对的问题，因为语言知识具有连贯性，彼此存在逻辑关联。无论是掌握中文技能，还是学习中文知识，中文的各个语言要素——词汇、语法、句法、课文等——都呈现出容量递增、难度递进、知识递序的关系。掌握这些，对教师课前准备有诸多启示。以中文的综合课为例，前次课讲了句式"你今天喝什么？"，那么，本次课的难度递进句式可能是："你今天怎么喝那么多？"。"你今天怎么喝那么多？"相对于"你今天喝什么？"，增加了疑问词"怎么"、程度副词"那么"、结果补语"喝那么多"。显然，前句是后句的后续知识。因此，句子"你今天怎么喝那么多？"与句子"你今天喝什么？"呈现容量递增、难度递进、知识递序的关系。其他教材素材也是如此，教师应关注教学材料之间的逻辑关联，从而在设计教学过程时，贯穿递增式、贯穿式、层级性原则。

（2）确认本课材料是培养中文技能的必要条件。教师应分辨教学材料所对应的是中文听说读写技能中的哪一方面。当然，这也可以通过具体的教材进行分辨。目前，国内公开发行的国际中文教材大部分都明确了所对应的技能类型。例如，康玉华和来思平编著的《汉语会话301句》（以下简称：《301句》），由北京语言大学出版社出版发行，是为零基础中文学习者编写的口语教材。《301句》分上下册，每册正式课文20课，另专门设置8课复习，共计48课。作为口语教材，《301句》以功能教学为中心，融汇语言结构、语言文化、主题交际等，将中文口语教学融入语言情境之中，体现了口语教学的功能特征。《301句》自1990年出版以来，受到广大师生欢迎，一版再版。1998年推出修订版，2005年发行第三版，2015年又由北京大学出版社推出第四版。与此同时，《301句》还出版多语言海外版，如英文版、俄文版、泰语版、阿拉伯语版等。2025年，国际中文口语教材中《301句》依然是实用性强、通用广泛的中文口语教材。

（3）确认本课材料中的交际文化是学习者必须具备的文化知识。语言与文化息息相关。中文教学过程中，遇到文化知识，尤其是与实际生活密切的交际文化，教师应有意识地将词汇、语法、句式，甚至典故提炼出来，在课堂中开辟专门时间讲解，如有必要，还应分阶段、分层次地讲解。以文化特征和交际特征都较为明显的中文成语为例，它们是中文语言教学中务必专门讲解的。以《汉语教程第三册》中的课文《滥竽充数》和《自相矛盾》[1]为例。教师在教学中，应讲解"滥竽充数"和"自相矛盾"的语义，更要带领学生探索"滥竽充数""自相矛盾"典故的来源、文化表征、应用语境，以及如何正确地用于交际等。

（4）确认本课材料是从知识向能力转化的关键。语言知识转化为交际功能，是语言教学材料应具备的体系。确认中文语言材料能够助力学生将语言知识转化为中文能力，是国际中文教师分辨教学材料时必备的"先见之明"。

教师不仅应分析学习材料，还应分解学习材料。分解学习材料指的是，在备

---

[1] 杨寄洲. 汉语教程（第三册上）[M]. 3版. 杜彪英译. 北京：北京语言大学出版社，2016：90-91.

课时，教师能将教学材料的内容进行合理地拆分、解构，并按教学方法、逻辑、顺序、规则等进行有序排列、组合、分列。分解学习材料的过程分为两步：第一，教师分清学习材料的基本构架和构件，并对这些构架和构件进行次序安排、环节制定、步骤分配等；第二，教师从学习材料中提炼出重点和难点，并将重难点进行重新再分配，按照单元、环节、步骤、行为等进行设计，并为其设置教学时间。

4.1.3 合理规划重点教材

教材是最基本的学习材料，无论是分析还是分解，都意味着教师应具备教学规划的能力。国际中文教学的教材种类繁多，名目多样。目前国内的国际中文教材按照课型分类有综合课教材、听说课教材、阅读课教材、写作课教材、汉字课教材、视听课教材等。很多教材因其实用性好，适用度高、应用广泛，无形之中，成为国际中文教育领域有口皆碑的重点教材，如前边提到的《301句》。名目方面，除了课程教材，还有很多辅助教学的读物类材料，例如，近年来相继出版了各类HSK考试辅导资料，辅助学生备考HSK。毋庸置疑，好教材是课程学习的重要参照和帮手，然而，教师发挥主观能动性，合理规划教材才是课前准备的重中之重。

合理规划教材，教师应从三条线索展开：①教师对教材中的难点词句进行充分解析；②教师分析教材中的语法规则时，所列例句应与教材中的语法规则相互呼应；③教师对教材进行分段解析、归纳总结后，还应引入一些教材外但与教材内容相关的语言案例，以体现教材内容的延展性。课堂教学内容的主力是教材，辅助部分就是教师延展出来的语言案例。教师应根据教材主体内容，合理延伸一些语言知识或实践情境，目的是锻炼学生应用中文的能力。

教师合理规划教材的目的是更好地进行课前准备。课前准备的充足与否会直接体现在教案之中。上述工作完成以后，教师就可以进入撰写课程教案阶段。

4.2 撰写课程教案

好的教学需要好的方案设计，撰写课程教案是教师教学设计的体现。所谓教案就是教学方案，对教师而言，就是基于教学内容、目的、对象等要素而撰写的内容方案。撰写课程教案，方便教师综合考虑教学内容、教学目的、教学对象等要素，从而构建条理清晰、层次分明的课程教学框架。课程教案中应体现教学总体目的与教学要求、阶段性目的与教学时间、教学重难点、教学方法等，教学内容则贯彻在上述各点之中。

4.2.1 确定教学总体目的和教学要求

毋庸讳言，教学总体目的和教学要求是教案的首要宗旨。教案中的教学总体目的应能体现教师对本次课程主体内容的总体规划、分阶段教学中的层次架构。教学要求指的是教学对提升学生能力的总要求，在教学总体目的前提下，教学要求与教学目的是"定目标、强要求"，二者密切关联、相辅相成，贯通到底。在教案中，每次课都有教学总体目的，也就是"学习者本次课应达到的中文理解和掌握程度"，那么，总体要求就是"学习者对本次内容的掌握程度、学习者可独立运用本课内容进行中文实践的程度"。教学实施中，教师借助教学目的，反观学习者情况，如理解、记忆、掌握、运用中文情况等。教学完成后，教师再观察学习者的提升程度，以此来追忆教学过程、审视教学效果、搜集教学反馈、进行教学反思，并与教学要求进行对照。教学目的明确，教学要求才能顺利达到。当然，教学目的与教学要求并非一成不变，在特定情况下，目的和要求可根据教学内容、教学对象进行调整，甚至转化。

4.2.2 分配阶段性目的及教学时间

教案中应规划阶段性教学目的与教学时间。一般情况下，教案中的阶段性教学目的，是按照教学内容进行的分阶段规划。从开始上课时的"导入，复习旧课"，一直到授课结束时的"布置作业"，各阶段性目的逐一呈现，同时，分配各阶段所用教学时间。

阶段性目的，一般体现为教学的过程性和分阶性。以国际中文教学为例，过程性是基于学生认知策略而进行的教学组织。例如，以某课汉语词汇教学为例，阶段教学的过程性指的是教师先圈定本课中的重点和难点词汇，然后据此设计环节：讲解释义、朗读词语（包括教师领读、学生齐读等）、组词举例、造句举例、学生训练、教师提问等教学步骤或环节。

分阶性是根据中文语言知识本身的难度递增特征而分阶段进行的教学。还是以词汇教学为例，例如某课出现词汇"表"，根据词义知识，"表"的基本义是"手表"，扩展义是"表哥、表格、代表"，那么，教师对该词汇的教学应秉承"先基本义，后扩展义"的原则，先教"手表"，再依据课文意义决定是否教"表哥、表格、代表"。如果"表"在本课中只是"手表"义，那么，"表哥、表格、代表"则待后边课文出现时再讲解。因此，对词汇"表"而言，教师将其分为多个阶段进行教学。再如，分阶性可从知识的一般性和典型性来考虑，以词"洗"为例，一般性如"洗衣服、洗脸"，为"谓语+宾语"，这是"洗"的一般性用法；典型性如"洗好了""洗不掉"，为"谓语+结果补语"，这是典型性，由典型性延伸，"洗"还可以用于变式表达："我怎么洗也洗不掉？""坚决打击洗钱行为。"从一般性、典型性，再到变式，体现为"洗"的难度递增。

过程性体现为教学环节的先后过程；分阶性体现为教学知识的从易到难。教师在撰写教案时，应充分注意这些特征。

在上述特征中，教师应兼顾教学时间的分配。过程性对时间要求更加强烈。以讲解某课词汇为例，本课词汇共计 10 个，其中重点和难点词汇有 4 个。讲解词汇时间共计 25 分钟，分配如下：

讲解释义重难点词汇 20 分钟，其他词汇 5 分钟。

重难点词汇 20 分钟细分如下：

教师释义 4 分钟，教师领读（包括学生齐读、自读）3 分钟，组词举例 3 分钟、造句举例 3 分钟、学生训练 7 分钟。

其他词汇领读 3 分钟，抽词（挑选其中某一个或某几个词）举例 2 分钟。

一般情况下，教学时间分配原则是：重难点的教学时间占 60%—70%、其他则占 30%—40%。

4.2.3 辨识教学重点与教学难点

教学重点与教学难点是教案撰写时务必关注的，教案内容应充分体现教师对教学内容重难点的把握。教学重点指的是课程教学的重点内容，需要教师花费较多精力和时间去教、去训练学生的。教学难点指的是课程教学的难点内容，它对学习者的综合能力有要求。教学难点可以筛选学生，能将学生水平进行分层。教学重点与教学难点有联系，也有区别。教学重点不一定是教学难点，教学难点也不一定是教学重点。当然，有的教学内容既是重点，又是难点，如语法"把字句""被动句"、中文语言中的关联词、各种补语用法等。

教师对待教学重点与难点应基于两方面：一是周密计划，课堂上的教学重点和教学难点是有比重的，一般而言，一次课的教学重点与教学难点合起来应占总体内容的 1/3 左右；二是课堂训练，对应于教学重点与教学难点，教师应计划足够量的训练内容。周密计划是教师撰写教案时就规划并布局好的，课堂训练一般是教师撰写教案时就安排好的，还有一些则是教师在讲课过程中根据情况临时增加的。

对于教学重点与教学难点方面，尤其是重点方面，学生的训练很重要。训练学生应以情境实践为保障。设计情境实践，也是撰写教案的一部分，是教案中的实践重点。中文语言的情境实践设计应秉承"重点为上、兼顾其他"的原则，所设计的情境应能体现语言知识的前后连贯，语境应具有启发性，尽可能赋予学生发挥中文的机会。以词"都"的实践情境设计为例，学生学习了句式"都是""都是我们的""这些都是我们的"，情境实践设计为：教师提问，学生回答。

  教师：都是你的吗？
    这些书都是你的吗？
    那些书都不是你们的吗？
  学生：都是我的。（或都不是我的。）
    这些书都是我的。
    那些书也都是我的。

在上述情境实践中，教师提问所用的语言知识连贯，语境颇具启发效应，在教师提问的启发下，学生的回答也充分体现了对新知识的实践效果。如此一来，教师可及时了解学生对词"都"的掌握情况，学生也复习了词"都"的使用。德国心理学家艾宾浩斯（H. Ebbinghaus，1850—1909）的"记忆遗忘曲线"认为，人在学习之后如果不复习，会立即产生遗忘，遗忘速度会随着不断重复而减慢，进而记忆被加强。情境实践虽不能完整地反映学生对中文知识的掌握，但对所学知识的复现会让学习者的遗忘速度减慢，进而强化记忆。因此，在教案中设计情境实践对加强学习者对重难点知识的记忆十分有益。当然，教师还可以在教案中加入一些机械性记忆、持续性练习、文化类语言等训练设计。这要求教师在撰写教案时合理地取舍教学内容、充分安排环节等。

4.2.4 安排主要的教学方法

教案中应体现教师所用的教学方法。教学虽说"法无定法"，但还是有方法可循的。国内外对教学方法的探讨多如牛毛，总结起来，宏观而言，就是教师的教法和学生的学法；微观上则是具体方法，如讲授法、情境法、演示法、实验法、呈现法、任务法、讲授法、自主学习法、强化训练法等。这些教学方法都不是教学唯一采纳或一成不变的法宝。对国际中文教学而言，教师可以以教学步骤、教学环节为基础，进行方法论分析。

一般而言，在课堂上，教学方法有总体方法和阶段性方法。总体方法对应教学总体目的，阶段性方法对应各教学阶段的目的。从教学总体目的来看，教学方法是归纳法、演绎法、总结法等宏观价值方法的呈现；从各教学阶段的目的来看，教学方法是讲授法、提问法、问答法、听写法、复述法、实践法等具体方法的运用。

所谓"法无定法"指的是教学方法应随教学内容、教学对象、教学环境而随时调整，这考验教师的教学水平和教学经验。教学水平是学识、经验、能力的综合，而教学经验则具有重要的参考价值。教师从经验中总结提炼出适合自己的教学方法，具体情况具体分析，总结出一般性方法和针对性方法，从而丰富自己的教法内涵。

中文语言教学贵在布局，重在实践。因此，教案中的教学方法应该体现出宏观规律和微观实践，如归纳法、演绎法、总结法的宏观教学布局，以及讲授法、提问法、问答法、听写法、复述法、实践法等微观教学实践。

教师在撰写教案时，为检验教学方法，应布置一些课堂任务和课后任务，让学生完成。课堂任务要规定完成时间；课后任务要规定完成的条件，并形成文字或视音频资料，从而形成对教学方法的反馈资料。

本节所探讨的教案撰写是教学准备的最后步骤，也是正式教学的第一步。教案对实际教学具有重要意义，教案实现课堂教学，课堂教学则可反映出教案撰写的好与坏。但教案不是一蹴而就的，好教案是不断修正的动态过程。即便是同一教学内容，不同的教学时期有不同的教学对象，教师应结合这些因素，及时分析、修正教案，做出同时期内的最佳教学方案。

4.3 组织课堂教学

组织课堂教学主要包括优选教学方法、突出教学重点、实现教学目的。

4.3.1 优选教学方法

导入教学是开启课堂教学的第一步，更是优选教学方法的基础。教学导入关系到教学方法的开展。

教学导入是什么？它涉及两方面：导入形式和导入方法。导入形式指的是正式上课时，教师导入教学内容时采用的导入形式，导入形式包括文化导入、知识导入、情景导入、图片导入、教具导入或者随机导入。导入方法指的是正式上课时，教师导入教学内容时所采用的方法，导入方法包括提问、回忆、复习、复述、对比、游戏、练习等。

教学导入是教学方法融入教学的开场白。好的教学导入能让教师充分发挥教学方法的作用，好的导入也可以让学生尽快进入学习状态。以词汇教学为例，在正式上课时，教师依据制定好的教案，展示图片，通过复习旧词语义（与即将学习的新词有关联）导入即将学习的新词。教师引导学生发现旧词与新词之间的联系，以旧词带新词。例如，本课即将学习新词"家人"和词组"……人"的使用。教师进行教学导入，先展示图片，图片上画了几个人的样子。教师带领学生复习旧词"人"，同时引入旧词"爸爸、妈妈、哥哥"等。教师提问学生，"这些是什么人？"（学生回答略）然后教师试探性地提示：这些"人"都是"家人"，如此，新词"家人"就顺理成章进入了学生的理解范畴。接着，教师写出"……人"，并鼓励学生组词：好人、大人（"好"和"大"为学生学过的旧词），从而让学生形成对"家人"和"……人"意义的理解。

由此例可以发现,教学导入是教学方法的铺垫。教学方法在教学导入的引导下,宏观布局与微观实践并举。"家人"和"……人"的教学过程体现了教师规划的宏观构建:逐层推进。各层级中的引导、提示、组词则是微观实践,充分赋予学生理解和实践的机会。方法直观,过程适用。

4.3.2 突出教学重点

教学应突出重点。如何突出教学重点呢?以教学内容为依据,教师按照"总体知识、分支知识、再分支知识、归纳总结知识"的原则,进行教学重点的优化,遵循"分解""合并""再分解""再合并"的过程。教师渐进式传授知识,学生渐进式掌握知识。

以词"做"的教学为例,对"做"的教学过程进行分解、合并、再分解、再合并。

第一,分解。教师对"做"进行总体剖析。根据语义,"做"的语义有如下层次。根据中国社会科学院语言研究所词典编辑室编撰的《现代汉语词典》(2016年,第七版)发现,"做"有八类语义,基本义是"制造","写作""举行庆祝或纪念活动";扩展义是"从事某种工作或活动""当作",再扩展义是"结成(某种关系)""假装出(某种模样)"等。

第二,合并。教师分解"做"的语义后,先进行教学布局总结,再展开教学。总结教学布局:"做"有基本义、扩展义、再扩展义。展开教学:"做"的基本义是"制造""写作""举行庆祝或纪念活动",扩展义是"从事某种工作或活动""当作",再扩展义是"结成(某种关系)""假装出(某种模样)"。

第三,再分解。教师开始教"做"。先进入基本义,举例:"我做饭,他做作业,妈妈做衣服",这几个例句是"做"的基本义。由基本义到扩展义,教师细分"做",例如,"作为老师,我想说几句","他把书当作了练习本",此两例都是扩展义,但彼此之间也有微小区别,因为此两例分别是"做"的分支知识。教师再细分"做",对前述扩展义"作为"进行再细分,可举例:"这是作为学生该做的事","你不能作为学生参加"。

第四,再合并。教师总结归纳"做"的语义和使用。总结方式:先让学生回忆并理解"做"的语义，然后让学生实践"做"的词汇转换。我们已经讲过语义理解，这里我们强调一下词汇转换。例如，教师举例"做饭"与"做好了饭"，学生可换词造句："做作业"与"做出了几道题"。通过这两种方式，教师总结了"做"，学生也学到了"做"的语义构造和使用规律。

作为补充知识，教师将"作"与"做"进行比较。"做"是基本义时，只能是动作"做"；"做"是扩展义时，有"当作"之义，例如"这个事迹可以做正面典型"。"作"是基本义时，有"劳动"义，例如"日出而作"，"作"扩展义时，有"创作"之义，例如"作诗、作画、作曲"。另外，在现代汉语中，"做"多用于"带口语色彩的"词汇中，"意义比较具体的多用'做'"；"作"多用于"传统的固定词语"，"带书面语色彩"，"意义比较抽象的多用'作'"。①

上述示例可见，教学重点已在"分解、合并、再分解、再合并"的过程中充分显现。对教学重点的突出，可以达到三个目的：理解、记忆、应用。让学生理解内容，这是学习知识的第一步，这一步让学生对即将学习的内容有粗略判断；让学生记忆内容，教师通过示范，加深学生对所学内容的记忆，并反复练习，加深印象，这是学习知识的第二步；让学生应用所学知识，让印象更加深刻，这是学习知识的第三步。

4.3.3 实现教学目的

要实现教学目的，除了注重教学内容，教学总结同样重要。教学内容应有一个好的总结，好的总结可以突出本次课的教学目的，从而走好教学"最后一公里"。

教学总结有小结式、思考式、归纳式、复述式、朗读式、讨论式等。

（1）小结式，教师对本次课的内容进行拆分，通过板书或课件展示，以"一、二、三……"或其他标识明显的条块化拆解，逐层汇总归纳。

（2）思考式，老师针对本次课的重点，提出问题，引导学生思考并回答，教师记下学生的正确答案，并梳理成条目，一一展示，作为总结。

（3）归纳式，同小结式有相似之处，不同之处在于，归纳式不需要拆分，一步到位进行总结。

---

① 林仲湘. 现代汉语字典[M]. 北京：外语教学与研究出版社，2013：852.

（4）复述式，教师依据本次课的内容，拆分出若干个主题让学生复述，学生按照教师的提示复述，教师旁听，挑选合理内容，梳理并展示给学生。

（5）朗读式，教师根据本次课的重点，让学生朗读重点词汇、列举重点语法范例、复述典型句式、重复重点内容，这样一方面可加强学生记忆，另一方面可进行客观总结。

（6）讨论式，教师将重点知识（词汇、语法、课文等）转化成主题，引导学生讨论。围绕知识点，教师给学生设置语境、布置题目，让学生使用所学知识进行表述或对话讨论，客观上实现了学生对知识的自我总结。

教师在组织教学总结时，可适当穿插提问与改错。提问形式包括以下内容：①提示性提问，在于教师所提问题中应带有适当的提示或启示；②复述式提问，教师围绕本次课的话题让学生进行口头复述；③剥笋式提问，教师就某问题对学生进行层层"追问式"提问；归纳性提问，教师归纳课上的某知识或知识类型，对关键部分可进行提问，适度提高学生的自主归纳能力。

无论采用何种方式提问，目的只有一个：加强学生的领悟力和应用能力。

改错，即改正学生的错误，对教师而言责无旁贷。但在改错时，教师应遵循一定的方法，也就是：大错必改、小错适当改，属于一时疏忽的失误则暗示学生自己修正。故而，这就给国际中文教师带来几个问题：当学生的错误发生时，什么错误不是有错必纠？什么样的错误又是有错必纠呢？

4.4　课内课外关联

语言教学与实践关系密切。国际中文课内与课外结合、学习中文的课堂小环境与社会大环境贯通、有意学习与无意学习关联，方能形成教学与实践、习得与实践的统一，从而让教学更具活力、学习更有动力。

4.4.1　引入不同场景教学

场景教学一般认为是课内与课外的两个教学场景。课堂教学场景指的是，在课堂教学中，教师营造有利于学生理解、实践中文知识或技能的情境氛围。课外教学场景主要是教师依据课堂知识给学生布置课外任务，学生主动寻找情境进行知识的实践，并记录实践全过程。场景教学以课堂教学语境为主场景、以课外实践为辅助场景。

我们以中文文化教学为例，解析课堂教学场景的引入。根据文化教学分层原则，教学场景是分层级的，层级依次是：文化知识本身、由知识引出的风俗、由风俗习惯积淀出的精神导向、由精神导向带来的稳定的生活方式。以汉字"红"的文化知识教学为例。作为颜色词，"红"是"红色"的意思，中国人以红为贵，这是第一层级教学场景，也是初级场景。"红娘"本源自文学典籍《西厢记》中的人物，后意义固化为"媒人"，这是第二层级教学场景，是风俗文化场景。"红得发紫"指的是人出名的程度，这是第三层级教学场景，是精神导向场景。"红红火火"指的是旺盛或富裕的持续态势，这是精神导向带来的稳定的生活方式。教师依据上述分层，设置场景，营造语境，让学生更好地理解"红"的文化意味。引入教学场景需遵循三个原则：知识原则、文化原则、交际原则。

（1）知识原则。场景需在一定的知识规范内，也就是所教语言知识应与课本中的语义有关。如"红"在课文中的意义为颜色，那么，教师在进行讲解时，应引入作为颜色的"红色""红花"场景，而非"红娘"。

（2）文化原则。场景应体现课本的文化信息。课本中"红"的文化意是"红娘"，那么，"大红人""红透半边天"就不应进入这个层级的教学场景。又如传统节日，课文中的信息是"春节"，教师围绕"春节"的教学场景，引导学生了解与春节相关的"鞭炮、春联、除夕、年夜饭"等，也可进一步扩展出其他传统节日"清明节、中秋节"。在这个过程中，教师应拿捏好尺度，"清明""中秋""端午"虽同为传统节日，但离课本信息"春节"较远，不利于凸显以"春节"为主题的文化信息。故而，教师要根据具体情况规划，免得课堂文化信息冗余，学生习得有负担。

（3）交际原则。语言教学的目的是学生能够交际，因此，场景的营造应趋近真实的情境。通常情况下，场景的营造应符合实际的社会交际。教师通过设定交际主题，引导学生领会这个主题下的交际宗旨、构建交际模式、划定交际话题、规范话语表达（词汇、语法、固定语言点等），帮助学生体会真实交际。为了确保交际场景的真实性，有条件的话，教师还可利用课余时间组织学生实地实践，以丰富学生的体验。

通过文化教学，可增强外国学生的跨文化交际意识，提升他们的跨文化交际能力。交际意识与交际能力离不开语言能力和行为能力。语言能力在于学习者阅读、理解、综合运用中文的能力；行为能力是学习者实践中的话语能力、符合中国交际习惯的沟通能力。语言能力与交际能力是考察外国学生中文水平的重要指标。

4.4.2 联系课内与课外学习

课内学习一般指的是课堂，是具有特定时间、特定地点的学习环境。课外学习指的是课堂之外的、适合语言实践的日常环境。如果以环境而论，课堂为传授知识的专门场所，是语言学习的小环境；而课外适合语言实践的日常环境都是语言学习的大环境。

课内与课外虽然体现为小环境与大环境的区别，但同时，二者具有意学习和无意学习的互补关系。对国际中文而言，外国学生在课堂上学习中文，这是在小环境的有意学习，除此以外，在社会层面实践中文，则是在大环境的无意学习。课内与课外、小环境与大环境、有意学习与无意学习，三对矛盾关系呈现出互为对照、彼此补充的辩证特征。教师只有意识到这些关系，才可以通过布局课内的知识教学和课外的实践任务，让课内与课外对照、互补、促进，形成闭环的教与学的循环系统，从而引导学生融汇专门学习与社会实践，以促进中文水平的全面提升。

课内与课外学习为中文学习与中文实践提供了完整的语言学习系统，缺一不可。教师应充分利用二者的互补特征，为学生的中文学习提供更加高效的环境。

4.4.3 融汇教学与实践安排

国际中文教学与实践涉及中文教师对课后实践任务的规划。通常情况下，课后实践任务是对课内知识的实践检验，很有必要。课后实践任务分两方面：一是课后作业，二是课后实践任务。

课后作业是课后实践中的常规操作，教师依据本次课的知识重难点进行布置。

在布置作业时，教师应考虑到不同学生的中文水平差异，对初级水平的学习者、中级水平的学习者、高级水平的学习者，在课后作业的形式、内容、要求方面都应体现出差异。教师应给初级水平的学习者布置一些组词、造句等作业；教师给中级水平的学习者布置用中文撰写作文、阅读中文资料等作业；教师给高级水平的学习者布置一些主题设计、社会调查、方案规划类的作业。

课后实践任务的布置会反映出教师是否灵活教学、学生是否及时更新学习。具体操作方面，教师可以充分利用现代信息技术，通过教育教学平台的中文资源、各种中文教学软件等，及时了解中文词汇发展、话语表达变动、新词语新构式的趋势信息、中文信息的前沿进展等。以此为基础，教师规划并制定课外实践活动，如网络问卷、社会专题调研、访谈名人、谈判活动文案设计等，让学生及时检验所学知识在真实语境中的应用，促进学生及时更新中文词汇、语法、句法。

综合而言，引入不同场景教学、联系课内与课外学习、融汇教学与实践安排这三对矛盾关系是对国际中文教学的合理配合，主要体现为以下两点：①直接性配合，学习者在课堂上学习中文知识，课后完成教师布置的课后作业，学习与复习相互配合，这是直接性配合；②间接性配合，学习者将课上内容用于课后，例如，在某次课上学习者学会了用中文完成快递邮寄全过程的表达方式，教师可给学生布置课后实践任务——寄快递，并要求学生记笔录或录制音视频全过程，并在下次课时复述，这种极具实践性的课后任务是间接性配合。间接性配合与直接性配合共同促使课堂教学知识和技能被延伸、被深化。

以课堂知识为基础，加速中文知识转化为中文能力，提升学生掌握中文、使用中文的能力，并激发运用中文思维的潜力。

第5章 国际中文教学设计元素：拼音教学设计

5.1 汉语拼音教学任务

5.1.1 熟悉拼音、声调及语调

在讲解前，我们先了解一下外国人的"洋腔洋调"问题。外国人在说中文时，往往会说出：

"大夫让我开我的嘴。"（*）
"你是服务员，应该服务我。"（*）
"今天下雨很大。"（*）
"我见面了我的朋友。"（*）

显然，上述中文例句都存在错误。根据中介语理论与偏误特征而知，出现错误的原因在于，外国人在学习中文时发生了偏误，这是由中文知识和技能掌握不牢固而导致的问题。在上述问题之中，发音是"洋腔洋调"的直接问题，因此，外国人的中文发音偏误问题需要重视。外国人的中文发音偏误，例如：

"你要买（三声）什么？"

这句话，偏偏总被外国学生说成：

"你要卖（四声）什么？"
"你好吗？"

"吗"发轻声，但外国人在发音时，往往会错发成：

"你好吗̌（三声）？"
"你好吗̄（一声）？"

再例如：

"愁眉苦脸"组词中，"苦"字应为第三声，却往往被外国学生说成"愁眉哭脸"（因发音而导致）。

上例据说是赵元任先生模仿外国人说中文的例子，虽无确切文献依据，但也充分说明，外国学生学习中文，语音最容易出现问题。因此，中文的拼音教学需引起教师足够重视。教拼音时，教师需在两方面投入精力：一是，进行中文语音教学时，应格外关注外国学生发音的准确性问题；二是，教师设计中文语音教学时，应格外注重方法问题。

我们先看一下现代中文的发音系统，也就是现代汉语拼音字母，现代汉语拼音字母是完整且成熟的发音系统——汉语拼音字母，如图5-1所示。

声母表

b	p	m	f	d	t	n	l
g	k	h	j	q	x	zh	ch
sh	r	z	c	s	y	w	

韵母表

a	o	e	i	u	ü	ai	ei
ui	ao	ou	iu	ie	üe	an	
en	in	un	ün	ang	eng	ing	ong

整体认读音节

zhi	chi	shi	ri	zi	ci	si	wu
yi	yu	ye	yue	yuan	yin	yun	ying

图 5-1　汉语拼音字母表

从图 5-1 可知，现代汉语拼音由两部分组成：声母、韵母。声母 23 个，韵母

24个,另外,还有由部分声母和部分韵母组合而成的"整体认读音节",共有16个音节。表中字母是中文发音系统的构成。

5.1.2 使用拼音、声调及语调

了解现代汉语拼音后,我们方可探讨汉语拼音的使用规则。本部分拟从现代汉语拼音的组合规则、汉语拼音的发音部位、汉语拼音的声调发音规则、汉语句子的语调(intonation)规则这四个方面详细解析。

(1)现代汉语拼音的组合规则。现代汉语拼音分声母和韵母,韵母是发音主体,韵母有单韵母和复韵母,单韵母有6个,它们分别是:

a o e i u ü

复韵母是由单韵母与一到两个声母构成的,共计18个,分别是:

ai、ei、ui、ao、ou、iu、ie、üe、er

an、en、in、un、ün

ang、eng、ing、ong

单韵母与复韵母在整个汉语拼音体系中占有绝对优势。

现代汉语拼音中没有复辅音,复辅音是什么呢?复辅音一般指的是"同一音节内连续出现的两个或多个辅音所组成的序列"[①]。两个或更多个辅音音素前后相连,出现在同一音节中,这种情况一般存在于印欧语系中,例如:

英语单词"spring"(春天)中,"spr"组合为复辅音;

意大利语"ascrivere"(将……归结于……),"scr"组合为复辅音;

法语"mercredi"(星期天)中,"cr"组合为复辅音;

俄语"Спутник"(同路人)中,"Спу"组合为复辅音。

印欧语系是拼音文字,拼音文字的复辅音现象较为普遍。现代汉语属汉藏语系,汉语拼音中并没有复辅音现象,但有辅音连缀现象,如zh、ch、sh、ng,但它们均属于音素,而非复辅音。

---

① 中国社会科学院语言研究所词典编辑室. 现代汉语词典[M]. 7版. 北京:商务印书馆,2016:410.

（2）汉语拼音的发音部位。如表 5-1 所示，汉语拼音根据发音部位，可分双唇音、唇齿音、舌尖前音、舌面音、舌根音、舌尖中音、舌尖后音。

表 5-1　汉语拼音的发音部位

发音部位	不送气清音	送气清音	浊音鼻音	清音擦音	浊音边音	音的种类
双唇、唇齿	b	p	m	f		塞音
舌中尖（舌尖中）	d	t	n	h	l	
舌根	g	k	(ng)	x		
舌面	j	q				
尖后（舌尖后）	zh	ch		sh　r		塞擦音
前（舌尖前）	z	c		s		

根据成阻方式，声母分为：清音和浊音、不送气清音和送气清音、浊音鼻音、清音擦音、浊音边音。既往教学实践证明，对外国人而言，构成其发音难度的一般是有声母"j q x z c s zh ch sh r"或有韵母"o e ü"的音节。

（3）汉语拼音的声调发音规则。汉语拼音系统中，起到发音作用的是声调（tone），声调是汉语音调现象。汉语拼音分为四个声调——阴平、阳平、上声、去声，俗称"一声、二声、三声、四声"。中国传统音韵学认为，现代汉语拼音的声调来自中古汉语"平、上、去、入"调，其"入"调在现代汉语中已经消失。汉语拼音的四声调发音主要取决于调值，调值由音高和音长构成。音高指的是发音时音阶（scale）的高低程度，音长指的是某一音阶形成后所保持的时间，而音高和音长的过程就是调值。赵元任先生将其以"五度调值标记法"（图 5-2）进行标记，也就是阴平为 55 调值，阳平为 35 调值，上声为 214 调值，去声为 51 调值，如图 5-2 最右边所示。

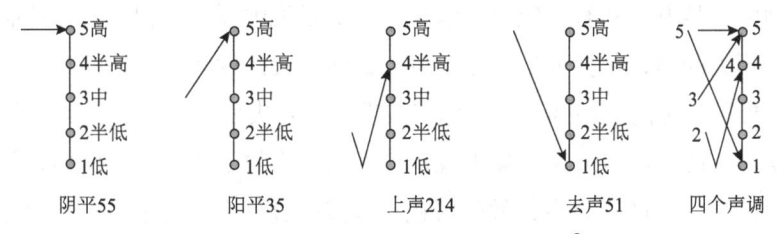

阴平55　　阳平35　　上声214　　去声51　　四个声调

图 5-2　汉语拼音的五度调值标记法[①]

[①] 黄伯荣，廖序东. 现代汉语（上册）[M]. 7 版. 高等教育出版社，2024：65.

（4）汉语句子的语调规则。语调是人在使用某种语言连续表达时出现的抑扬顿挫的语气或腔调。汉语语调较为复杂，主体分为语气停顿、句式重音。语气停顿指的是说话时的间歇，包括句内停顿、句与句之间停顿，具体停顿方式由表达内容决定。句式重音指的是说话人连续表达时，重读某个或某些词语，通常表现为强调话语表达中的意义重点。语调有区分语意的作用，也就是说，特定情况下，语调不同，所表达的意义也不一样，例如：

这是白老师的书房。（句式重音在"白老师"上，强调这是白老师的书房，而非其他人的书房。）

这是白老师的书房。（句式重音在"书房"上，强调这是书房，而非其他用途的房间。）

汉语语调规则是中文发音不可或缺的部分，教学时同样不能忽视。

5.2 汉语发音教学规则

汉语拼音的教学任务是让中文学习者掌握汉语拼音的发音规则，并说一口标准且流利的汉语普通话。拼音教学的意义在于，为中文学习者使用中文进行无障碍的跨国别、跨文化交际提供良好的指导。

汉语发音教学应遵循的原则主要体现为以下四个方面。

（1）因材施教。教学的实施与教学方式有密切关系。一般情况下，国内的国际中文教学是班级教学，班级教学属于集中教学。班级内部，因学生的国别不同，他们各自的拼音掌握状态不同，诸如发音问题、语音偏误都有差异，这些差异考验着教师的教学方法和教学应对。因此，在班级集中授课过程中，教师需要认真对待教法相关问题，包括分析问题类型、如何解决共性问题、如何对待个性问题等。例如外国学生的共性问题，他们普遍发不好舌尖后音"r"，那么，教师可在班级教学时，统一进行矫正，集中规范；外国学生的个性问题，例如某外国学生无法正确发出"j"的组合音，教师可在班级授课过程中，在巡视时间为这位学生提供帮助，或者利用课外时间进行个别化矫正。教师可充分利用现代信息资源和工具，为学生提供解决发音问题的渠道和思路。

（2）化整为零。汉语拼音发音有诸多一般性规则，但也存在不少特殊情况。发音的一般性规则如"儿化、轻声、变调"等，其特殊情况如：语流中的吞音现象。面对一般性规则和特殊情况，教师的教学不要急于求成，应采用渐次缓进、阶梯推进的方式训练学生的发音能力，如关于轻声的问题：

语气词的轻声（如啦、吧、吗、呢、呀、啊）
助词轻声（如地、得、着、了、过）
词尾轻声（如儿、子）、方位词轻声（如桌子上、屋子中、书包里）
有些双音节词的轻声（如起来、过来）
形容词重叠、动词重叠时第二个字或中间字的轻声（如干干净净、说一说、好好的）
句中动量补语的轻声（如走一趟、说一下、读了两遍）
句中趋向补语的轻声（如走上去、说出来、找回来）
……

上述轻声教学，教师可按照语义使用关系，进行从易到难的渐次推进。通常情况下，语气词、助词、词尾、双音节词的轻声用于较为容易的语义中，稍有难度的轻声为形容词重叠、动词重叠，更难些的则是作为句中动量补语、趋向补语的轻声，教师教学时可按照这个层次关系，进行教学结构区划。另外，不同轻声现象出现在教材中的前后次序对教师也是一种教学提示，而且教师在具体教学中对学生接受程度的了解，对轻声教学也有帮助。

（3）音义并行。根据既往经验，进行拼音教学时，教师应将发音与语义有意识地联系起来。训练某字母或音节的发音，一般需要 4 个学时左右，学生才能基本掌握。但如果在语义环境下进行发音训练，教学时间则可减少一半，差不多 2 个学时学生就能掌握其发音。例如拼音 ao/ou/iu 的教学：

教师可将其放入语义组合中：

shūbāo/xiǎoniǎo/xiǎoguǒ/dǎshuǐ（书包/小鸟/小果/打水）

教学时间大大缩短。

（4）特殊发音。如儿化、语调等特殊发音，教师可采用对比训练、区分语义等方式进行。例如对比：

这儿、那儿、哪儿 vs. 这里、那里、哪里；
　　你来啦。（陈述语调）vs. 你来了吗？（疑问语调）
　　你来了啊。（鄙夷、不屑）vs. 你到底来了啊。（惊异与不屑）

区分语义可在学生具备一定的汉字认读能力之后。不管以何种方式教学，对外国学生的发音问题，教师都应严格要求，及时纠正偏误。在可能的情况下，让学生多模仿、多重复、多语流训练，甚至让学生进行自我矫正。在语音教学中，教师应避免无效反复，否则容易引发学生的厌学情绪。

5.2.1 单音教学与语流教学

单音教学指的是单独的发音教学，也就是单个汉字或几个汉字的纯粹发音教学。单音教学被认为是发音的"静态系统"，"狭义的基于音节和音节组合的静态系统，如汉语中的单字音、两字组、三字组、四字组"[①]。语流，俗称"语句音流"[②]，指的是说出的词组、短语、成句、成段的话，被称为发音的"动态系统"，"基于语句音流的动态系统，如各种句型、语调升降、焦点突显"[③]。

事实证明，静态系统的发音教学是拼音教学的基础工作，单音教学（静态系统）示例：

　　单音节汉字：你、我、他、那
　　双音节汉字：你们、我们、他们、那里

当然，静态系统教学并非发音教学的全部，如果想全面提升学生的中文发音，还应通过动态系统也就是语流教学实现。动态系统的发音教学指的是将拼音放入语流中，让学生通过语流发音获得对语言意义的体验感，加深意义印象，从而激发发音状态。语流教学中，教师首先给出一些中文词组、短语的例子，这些例子从学生熟悉的环境中获取，如桌子、台灯、电脑、手机等，教师将它们编成短语或句子作为范例。然后，教师运用这些范例为学生进行发音示范，同时引导学生模仿，让学生在语流实践中感受语义和发音的魅力。即便是有些词语学生可能还

---

① 石锋. 作为第二语言的汉语语音教学研究[J]. 国际中文教育（中英文），2022（3）：3-4.
② 石锋. 作为第二语言的汉语语音教学研究[J]. 国际中文教育（中英文），2022（3）：3-4.
③ 石锋. 作为第二语言的汉语语音教学研究[J]. 国际中文教育（中英文），2022（3）：3-4.

未学过，但经不断重复、演示，学生也会感受到那个词语可能具有某种意义。语流教学（动态系统）示例：

  词组（或短语）：天气好　公园很大　我们去

  短句：你好吗？你最近好吗？

  成段：你好啊，小明，今儿个天气不错，我们去公园怎么样？说真的，这么好的天儿，不出去走走真是可惜了。

教学中，静态系统教学和动态系统教学可以切换。教师先带领学生进行机械重复的静态系统教学，当学生出现发音疲态时，教师可进行动态系统的语流教学，并引导学生重新组合语义，进行发音练习，例如：

  xīng　qī　tiān
  星　　期　天

教师以此三音节为基础，引导学生组词或造句：

  组词：星期天、天气、星星

  造句：明天就到星期天了，我的作业还没写呢！

强调一下，汉语拼音中的复韵母，例如：

  ai、ei、ao、ou、ia、ie、iao、iou、ua、uo、uai、uei、üe

带鼻音的韵母：

  前鼻韵母：an、ian、uan、üan、en、in、uen、ün；

  后鼻韵母：ang、iang、uang、eng、ing、ueng、ong、iong

这些静态系统教学的主体内容都可放入动态系统，也就是语流教学之中。

5.2.2　循序渐进与精讲多练

  拼音教学需掌握规律，"循序渐进"和"精讲多练"最有效。教学过程应遵循"循序渐进"的原则，我们会在后续的话语发音训练中详细解析。在此，我们重点谈一下"精讲多练"及由其引申的"语音迁移策略"和"以旧带新"的教学原则。

（1）"精讲多练"指的是，教师进行汉语拼音发音教学时，应详细讲解，反复练习，直到学生的发音有了一定模样为止。"精讲多练"中的重点是"精讲"，"多练"是对"精讲"的呼应。精，意味着"精细、精益求精"，就是对事物追求到了极致，拼音传授便是如此。教学中，教师为了对字母或音节的发音规则、某声调的发音规则等进行有效展示，可使用图片、音视频等方式。教师还需要引导学生关注发音时器官的变化，声音的高低、长短等。同时，教师对一些特殊发音，如"r"的特殊性、整体认读音节"yu、wu、yin、yun、ying"的独特规律。

（2）利用学生母语的正迁移。以母语为英语的学生为例，教师可利用英语中与汉语类似的发音，如英语的"in"与汉语的"in"，这样，学生可以模仿，且容易记忆。但此方法有限制，需要班级内的学生都来自同一母语区才可行。反之，学生来自不同国家，教师就不能只利用这种方法进行发音的正迁移引导。

（3）采用以旧带新方式。该方式对教拼音中韵母发音效果良好，例如，用o音带发e音，用"i"音带发"u"音。教师使用"以旧带新"方式时，尽可能给学生展示发音时的口腔动态，可以配合图例或音视频，让学生的视觉与听觉并行，这样可以提高学生的领悟效果。

与教师发音教学的"精细"示范相对，学生则应配之以"机械多练"。尤其对于中文基础为零的学生，教师的精讲，学生的多练，缺一不可。

5.2.3 突出发音重点与难点

汉语拼音教学应突出发音的重点与难点。有些拼音的发音对外国人而言，并不难，如 a、i、u、b、p、m、n，但也有一些发音是外国学生很难逾越的障碍，如 z、c、s、zh、ch、sh、r、j、q、x。因此，教师应将重难点挑出来，专门教学并训练。对于外国学生的发音难题，除了教师示范、学生模仿之外，还应对他们的问题难点进行专门讲解。如声母 z、c、s、zh、ch、sh、r、j、q、x 的发音，教学标准如下：

（1）发 z、c、s 时，舌尖轻轻抵住上牙，使气流从缝隙中出来。z 和 c 的区别是：z 没有气流，c 有气流，如兹、在、菜、此、思、赛。

（2）发 zh、ch、sh、r 时，舌尖翘起。zh 和 ch 的区别在于：zh 没有气流，ch

的气流大，如只、扎、吃、搔、师、沙、日、弱。

（3）发 j、q、x 时，舌尖轻轻抵住下牙，舌面与上颚留有缝隙，气流从缝隙间发出。j 和 q 的区别在于：j 没有气流，q 的气流大，如基、家、七、奇、西、虾。

对上述声母进行教学示范时，教师应配合动态图、手势、音视频演示等，引导学生模仿。必要时，教师请学生进行现场展示，以便及时发现问题并纠正。

5.2.4 发音技巧原则与实施

语言学习没有捷径，贵在坚持，汉语拼音尤是。拼音学习没有特殊技巧可言，但在教学实施过程中，一些好的引导对学习效果还是有帮助的。教师利用一些可视化的辅助手段，例如，纸张、图片、音视频，或现代信息技术 AI 音视频模拟器等，其形象化特征具有很强的引导效应。上述教学工具进行发音的图示或演示，对学生发音时的口型、声带震动、听音辨音等会产生正向引导的训练效果。例如，通过口腔动态演示图（图 5-3）可示范发"送气音"与"不送气音"时的口腔变化。

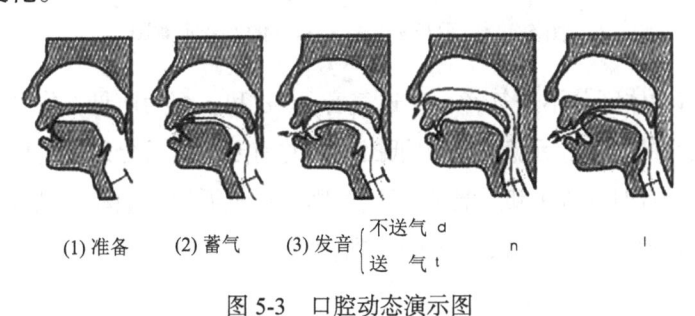

(1) 准备　(2) 蓄气　(3) 发音 { 不送气 d / 送　气 t }　　n　　l

图 5-3　口腔动态演示图

通过图示，让学生直接观察发音时的口腔动态，便于学生有意识地规范口腔发音动作。当然，一些发音教学中的小窍门，也是拼音教学中的亮点，例如：

1. 带音法教学，即"以旧带新"

（1）教 e 音时，先发 o，然后拖长 o 音，教师以手指嘴，嘴角再慢慢向两边咧开，唇形由圆而扁，e 音就出来了。o—e。

（2）教 u 前，先教 i，待 i 发音时，教师以手指嘴，并延长 i 的音长，逐渐带音，过程中，嘴唇收拢，由扁变圆，u 音便发出了。i—u。

2. 借助体态和实物的发音教学

（1）教卷舌音 zh、ch、sh、r 的时候，教师一边发音，一边用手示意口腔与嘴型，让学生看到它们的动态变化，如图 5-4 所示。

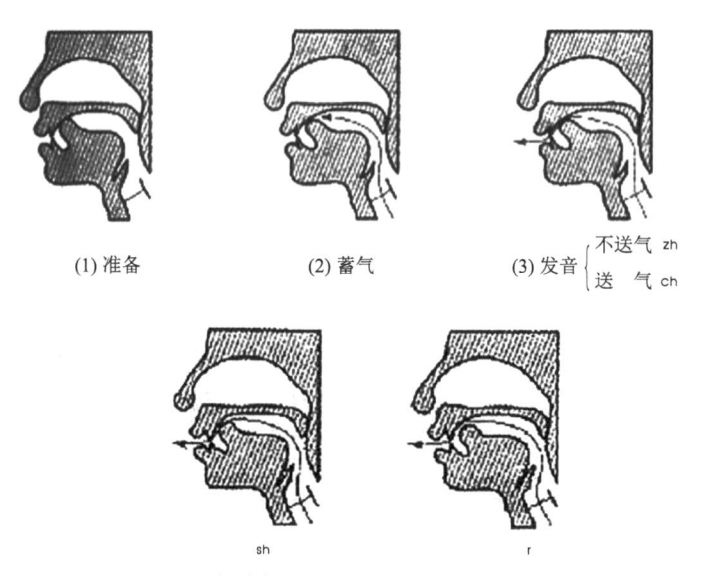

(1) 准备　　(2) 蓄气　　(3) 发音 { 不送气 zh / 送　气 ch

sh　　　　r

图 5-4　卷舌音 zh、ch、sh、r 的发音示意图

（2）借物体区分不送气音 b 和送气音 p。b 和 p 都为声母，发音时，教师拿一张 A4 大小的纸片，示意学生用纸挡在嘴的前方，然后分别发这两个音，让学生感觉发哪个音时前面的纸片颤动了，发哪个音时纸片不颤动。纸片颤动为送气音，纸片不颤动为不送气音，如图 5-5 所示。

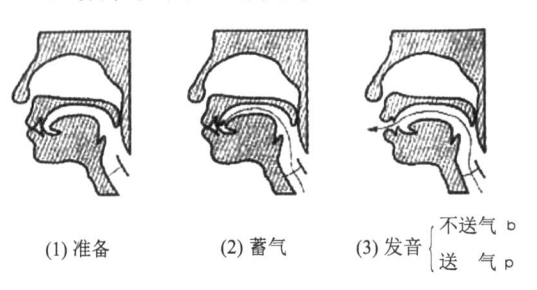

(1) 准备　　(2) 蓄气　　(3) 发音 { 不送气 b / 送　气 p

图 5-5　不送气音 b 和送气音 p 发音示意图

3. 单、复韵母的发音教学

（1）描述法：在进行发音教学时，教师先描述该字母的发音部位或发音方法，

让学生了解所使用的特定部位。如果学生的中文基础很薄弱的话，这种描述代之以肢体语言或动漫方式。例如，在教 i、u、ü 的时候，教师先描述其发音要领，以 u 为例：u 是圆唇音，发音时嘴巴突出，双唇拢圆，舌头向后缩，肌肉紧张。同时，教师通过音位图给学生做示范，让学生边看边发音，如图 5-6 所示。

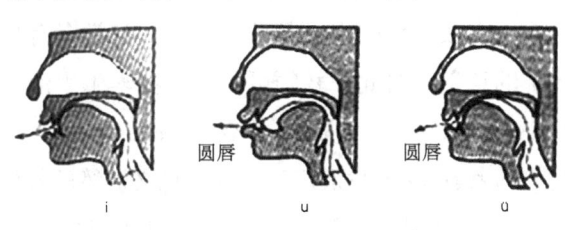

图 5-6　元音 i、u、ü 发音示意图

（2）夸张法：夸张法有如下形式。

第一，夸张板书：教复韵母如 a、o、e 时，可结合发音时的口形动作，教师在黑板上写出更大一些的 a、o、e，让学生直观地感受到这些复韵母的开口强度。

第二，夸张口形：教师示范发音时，把嘴巴张大，例如发 a 音时，教师给学生展示夸张的口形，让学生对发该音时的动作幅度有较为深刻的视觉印象。

第三，夸张音程：教学时，教师增高发出的音量，从而增加音高或音长，例如发 ai 音时，教师将"a"的音适当提高、延长，然后停于"ai"上。

第四，夸张响度：教复韵母时，如 ai、ei、ao、ou、ia、ie、ua、uo 时，教师把响度大的韵母夸张一些，并且板书出来，提示学生这些韵母发音的响度，以此加深听觉印象。

（3）对比法：汉语拼音与学生母语发音进行对比，找出两者之间的异同。例如，英语中 in/an 与汉语拼音 in/an 之间的发音相似，但"a"的英语发音却与"a"的汉语发音不同，故对比法在两种语言之间并不适用，而在一种语言内部进行对比可行。例如，在汉语内部进行发音的对比，主要以不同发音要素的对比为主，例如，不送气音 b 与送气音 p 的对比，发音相近，但发音部位和效果完全不同。教师教学时，可根据此前所述进行教学示范。

总而言之，我们发现，汉语的发音技巧始终离不开发音训练。发音训练对学生掌握正确拼音至关重要。发音训练可分为两个阶段，初级阶段为"机械训练"，进阶阶段为"意义训练"。机械训练指的是，多次重复某个或某类发音，配之以教师用教具演示、学生不断模仿，如此反复训练。机械训练的好处在于，建立学生的发音动作与发音器官之间的记忆关系，反复操练发音器官，有助于加强发音器官的肌肉记忆。当然，想要提高发音水平，仅靠机械训练并非长久之计。执行一段时间的机械训练后，教师应根据学生的训练情况，加入意义训练。例如，教师将所训练的发音放入有含义的词语、短语、语流中，引导学生发音，不断训练。意义训练要求学生有一点或少许的中文基础，对中文初学者有难度，毕竟初学者尚未理解词语或句子的意义。对此，教师可引入一些学生生活中常见且较为简单的词语或句式，如 nǐhǎo（你好）、shénme（什么）、xuéxí（学习）、kànjiàn（看见）、nǐhǎoma?（你好吗？）wǒhěnhǎo（我很好。）等。意义训练的好处在于，便于学生在未来的汉字、词语、句子学习时，见意而发音，可迅速恢复发音器官的肌肉记忆。

5.2.5　语音教学要贯穿始终

语音教学应贯穿于外国学生学习中文的全过程。对中文初学者而言，学习发音自不必说，具备一定甚至更高中文水平的学生，也要保持着对发音的关注和自我纠错能力。也就是说，只要学中文，无论处于什么水平阶段，语音都需随时学习、随时提升，始终不能松懈，这在心理语言学上又被称为"语音意识"（phonological awareness），就是对语言发音的自觉意识，是语言学习者发音时的感受、认知意识或能力。建立学生对中文发音的自觉意识，有助于他们在中文习得过程中主动感知并判断自己的发音，由此在个人语言发音体系中建构起自己的中文发音系统。

5.3　汉语声调教学原理

5.3.1　汉语声调类型及其重难点

现代汉语语音还有声调。汉语拼音有四个声调，它们分别是：阴平、阳平、上声、去声。以单韵母"a"的声调为例，分别是ā（一声）、á（二声）、ǎ（三声）、à（四声）。汉语的声调类型及使用在5.1.2节中已有探讨，本节重点谈一下汉语拼音声调的标注（以下简称"标调"）原则、特殊标调以及外国学生学习声调的习得方案。

（1）标调原则。声调应标注在音节上。中文汉字体系分为单音节汉字、双音节汉字、多音节汉字。总的说来，就是一个汉字代表一个单音节，这就意味着一个汉字必然有一个声调。那么，单音节汉字的声调应在哪个位置呢？在汉语声调教学中，标调无疑是教师首先明确给学生的教学点。目前，现代汉语的标调原则是：单音节汉字中出现复韵母，也就是几个韵母同时出现在一个音节中，则按 a→o→e→i→u→ü 的先后顺序进行标调。例如，máo 中有韵母 a 和 o，按照标调原则，其二声调就应标注在韵母 a 上。再如，lèi，其中有韵母 e 和 i，则四声调标注在 e 上。

（2）特殊标调。汉语拼音声调的标注还存在一些特殊情况。特殊情况一：iu 的声调要标在顺序靠后的 u 上，如 niú（牛）、liù，如果标成：níu、lìu，就是不对的，而且 ü 标调时，需要去掉上面的两个小圆点。特殊情况二：单韵母 i 在音节中标调时，要先去掉 i 上的小圆点，如 bǐ、pín、mìng、kuī。

（3）习得方案，相关技巧见 5.3.2 小节。总体而言，对外国学生而言，汉语声调教学应遵循"先基本"，也就是"标调原则"，"后特殊"，也就是"特殊标调"，再从易到难。此方案的目的在于帮助学生打好学习声调的基础，进而掌握标调的多种形式和复杂样态。

5.3.2 汉语声调训练技巧与关键

对外国学生而言，习得汉语声调的顺序一般遵循"阴平、阳平、上声、去声"的先后顺序。但在实践教学中，根据学生的感受度和接受程度，从易到难进行教学，教学效果会更显著。

就语言声调而言，指的是人在发声时，声带松紧程度不同所造成的音频不同情况，音频包括音高和音长。对外国人来说，习得每个汉语声调都是有难度的，但相比之下，难易程度有其规律特征。经研究发现，不同母语学习者在习得汉语声调时，所感觉到的难易度是有区别的。母语为英语的学生在习得汉语声调时，一般会出现两种感受：第一种，一声、四声难于二声、三声；第二种，二声、三声难于一声、四声。母语为日语或韩语的学生在习得汉语声调时，所感受的难易度是：二声、四声难于一声、三声。母语为泰语的学生在习得汉语声调时，其感受则是：一声、四声难于二声、三声[①]。但从习得规律和实践经验来看，无论哪个国家的学生，在习得汉语声调时，普遍情况是：二声、三声相对容易学习，一声、四声较难。据此，在归纳外国人习得汉语声调最佳顺序时，领域内学者最具代表性的三种观点如下：

（1）习得声调顺序是一声、四声、二声、三声；
（2）习得声调顺序是一声、四声、三声、二声；
（3）习得声调顺序是一声、半三声、四声、二声、全三声。[②]

这三种观点，其出发点都是根据外国学生的感受和接受程度，形成的从易到难的习得规律。需要说明的是，外国学生习得汉语声调的常见问题和最佳习得顺序并非固定不变，而是目前学界基于普遍规律在实践中总结的经验探索，还有很多实际情况有待学界继续深入挖掘。这也是笔者接下来努力的方向和心愿。

5.3.3 汉语声调常见问题及解决

针对外国学生的习得声调的问题，教师应如何应对呢？

对初学声调者而言，在单音节习得时，教师应从声调示范开始，对学生进行听音、辨音、变音的多次训练，这种训练是在中文发音的"静态系统"中进行的。在学生适应中文"静态系统"中的声调发音后，教师再增加双音节或多音节的声调发音训练，也就是中文发音"动态系统"中的声调发音训练。循环多次，让学生"从单到双、再到多"循环渐进发音，从而适应汉语声调在"静态系统"和"动态系统"中的发音规律和特征，进而掌握声调并适应变调现象。例如：

单音节：好 hǎo 多 duō
双音节组合：三声+一声，běijīng hǎochī hǎoduō
四声+二声：dìtú liànxí lìrú
多音节组合：二声+一声+四声+三声

[①] 易斌，梁洁. 作为第二语言的汉语声调习得研究回望[J]. 天津师范大学学报（社会科学版），2010（2）：77-80.
[②] 喻江. 声调教学新教案[J]. 语言教学与研究，2007（1）：77-81.

xuéshuōhànyǔ   túshūbàozhǐ   fúzhuāngshìchǎng

对有一定声调基础的学生而言，教师应着重进行规律性训练，例如，教师准备一定量的日常汉语声调发音范例，让学生模拟练习。到了一定阶段，教师营设一定的话语情境，让学生模仿发音，并以语流叙述方式，适应声调的变调现象。

需要强调的是，在实际教学中，汉语声调的习得经常被过分强调。往往出现这种情况：学生所学习的声调与实际话语表述的声调有很大差异，甚至不真实。为避免此类情况，教师在教学时，除了训练学生的标准声调发音之外，还应将声调训练放在日常话语之中，通过语流方式引导学生的声调发音，从而让学生的声调更加地道、真实。

5.4　汉语语调教学序列

语调指的是连贯话语（类似语流）中的重音，也就是"句重音"。汉语也有语调，然而，汉语的语调教学一直是薄弱环节。长期以来，汉语的语调教学一直停留在"陈述句是降调、疑问句是升调"的"升降调"体系中，例如：

他是<u>老师</u>。（陈述句，"老师"为降调）
我是从中国<u>来的</u>。（陈述句，"来的"为降调）
他是<u>谁</u>？（疑问句，"谁"为升调）
你是从<u>哪儿</u>来的？（疑问句，"哪儿"为升调）

上述例句，其语调就是套用了上述所言的习惯体系。然而，问题在于，此体系是建立在非声调语言基础之上的，对拥有四个声调的汉语而言，单纯以"陈述句降调""疑问句升调"区分句重音显然不够精确，而且易混淆句重音和声调。正如此前赵元任先生所举例句，其句重音：

这个东西我要买，你卖不卖？

如以"升降调"观念教这句话，很有可能学生会发出：

"这个东西我要卖，你买不买？"（*）

学生将逗号前的"买"读成了"卖",将逗号后的"卖"读成了"买",这就是学生将句重音与声调混为一谈所造成的。非但没能正确表达意图,反而让听话者误解了意图。显然,以"升降调"体系教汉语的句子语调,是不行的。

赵元任先生认为:声调跟语调属于两个相互独立的音高运动体系,但毕竟共用一个载体,这就决定了声调的音高运动跟这个声调所在位置和地位决定的语调音高运动的同时并存关系;而且,两者都是音高同时间所生的函数关系,这就决定了两者必须同时叠加(simultaneous addition),也可能是叠加的代数和关系[1]。赵元任先生的"代数和"指的就是"声调音阶跟语调调阶的相加"[2]。可见,语调与声调之间存在交迭关系,但教学不应让学生产生发音纠葛。汉语语调教学应让学生明白,声调是中文的音节重音,语调则是中文的句子(或语流)的重音。

5.4.1 汉语语调的范畴及其类型

汉语语调的范畴通常是语流中突出说话人的意图和情感特征的部分,一般认为是句重音。汉语语调有四种常见类型。

(1)高升调,箭头表示"↗",通常表达说话人的疑问、惊异、喜悦、兴奋、号召、鼓动、设问、反问、呼唤等语气。语调表现:句子开头低、句尾明显升高。常用于一般疑问句、反问句以及句子尚未终结时的中间停顿处,或出现在长句中的前半句。例如:

> 这是你的?↗(疑问)
> 玛丽!玛丽!↗(呼唤)
> 啊!↗你的成绩那么高!↗(惊异)
> 我们来了!↗(喜悦、兴奋)
> (注:人的感情比较强烈的情况下,也就是愤怒、急躁、高兴、激动时都会引起语调的提升)

(2)低降调,箭头表示"↘"。一般用来表示说话人的肯定、请求、感叹、祝愿等语气。语调表现:句子开头高、句尾明显降低。低降调在一般情况下为半

---

[1] 曹剑芬. 赵元任语调思想探微[J]. 中国语音学报, 2013(1):1-18.
[2] 曹剑芬. 赵元任语调思想探微[J]. 中国语音学报, 2013(1):1-18.

降调，需要加重语气时，则必须用全降调，常用于一般陈述句、感叹句、祈使句以及近距离对话等。例如：

　　我是老师。↘（陈述）

　　你来吧！↘（请求）

　　秋天来了，冬天近了！↘（表肯定，半降稍抑）

　　小明真是个网游高手啊！↘（表感叹语气，全降）

　　（注：人在情绪比较稳定、诚恳、耐心、沉重的时候，语气会出现下降的趋势）

（3）平直调，箭头表示"→"。一般表示说话人庄重、严肃、平淡、冷淡，甚至鄙夷等语气。语调表现：平直舒缓，叙述或说明时多用平直调。例如：

　　想说服我，那你是想错了→。（鄙视、冷淡）

　　让我帮你，想得美→。（冷淡）

（4）曲折调，符号表示"～"。一般表示说话人讽刺、含蓄、烦躁，甚至轻薄、厌恶、怀疑、意外等语气。语调表现：先降后升，或先升后降。句子语势有抑扬升降的曲折变化，呈波浪式，多在表达特殊感情时出现。例如：

　　你说呀！～你倒是说话呀！～（烦躁）

　　你是老板，～你可不能死。（讽刺）

上述四种常见汉语语调，也就是句重音，基本涵盖汉语所能表达的情绪或情感特征，比"升降调"更全面。

5.4.2　汉语语调训练技巧及实施

教师在教外国学生上述四种语调类型时，不必分类过细、讲解过于复杂。尤其对初学者，如果分类过细、讲解过于复杂，反而会造成学生混淆汉语语调。

那么，该如何教呢？教师可根据教材中已有的语调资料，将需要用语调表达的部分专门标注出来，并与语义教学联系起来。具体做法：首先，教师先引导学生分析该句子或句段的内容和意义，接着教师将句中或段中的语调及其发音部分呈现给学生。其次，教师带领学生进行模仿朗读，学生自主练习发音，教师巡视并监督学生的发音效果。直到学生的朗读已能体现语调特征、语义内涵为止。最后，教师以语调特征引导学生体会内容意义。如此，以后遇到相类似的语言内容，学生的语调就会自然而然地流出。

语调学习不是一蹴而就的，教学也是如此。教好中文句子语调，是一个循序渐进过程。一方面，教师重视语调教学，可就地取材，通过语流、语篇，指导学生的语调；另一方面，教师引导学生多融入实际的交际语境，多听多说，积累成自觉发音意识。当然，语调教学也是语义教学的一部分。对于语调和语义的关系规律，教师是可以让学生了解的。例如：

（1）汉语的语言信息一般规律是：已知信息往往先于新知信息。作为语调重点的新知信息一般呈现在句尾，例如：

　　约翰是我的名字。约翰是我的名字。
　　这是我的书。这是我的书。
　　（注：句中划线部分为说话人表达的新知信息）

（2）说话人的信息重点往往落在话语意群尾部，但不一定在最后一个词上，例如：

　　我把手提包落在汽车ˋ上了。
　　她放下提包ˋ，跑过去拿牛奶ˋ给小宝吃。

再比如：

　　他不在，看朋友ˋ去了。
　　（注：句中划线部分为说话人要表达的信息重点）

5.4.3 汉语语调与声调间的关系

汉语语调与声调的关系是什么？

声调是单个音节的音阶高低升降形式，主要是由发音的音高决定。语调是人在进行语流表达时的腔调，是句子中音阶的高低、抑扬、轻重的配制与变化。汉语中，声调与语调共存，二者相互依靠，又彼此制约。语调依存于声调之中，它的总体音阶走势必须通过声调这个实体来体现；声调的实现又受语调的限制，声调是在语调总体框架内发挥它的音阶作用的。综上所述，语调与声调是音阶的叠加，本质上既对立又统一。二者依存，共同构建汉语的发音系统。

当然，对于汉语的语调与声调教学，笔者虽进行了范例解析，但未能涵盖所有情况。但这些范例可为国际中文教学提供教学启示，以范例为根本，深入实践，不断思考，其教学就会不断完善，其规律就愈发显著。

5.5 拼音教学设计案例

初级汉语综合课语音教学

一、教学对象：汉语水平为零起点的外国留学生（母语为非汉语）

二、教材：综合汉语教材——《新实用汉语课本》（第一册）[①]。

使用对象：英语为母语或媒介语的成人汉语学习者。

三、教学内容：第 1 课 你好（本课文为语音预备课，案例素材摘自 5—8 页内容）

语音 1. g、k、h

语音 2. 三声变调

四、教学目标：

1. 掌握 g、k、h 的发音；

2. 三声变调，读准变调后的字音；

3. 学会中文打招呼、问候的用语；

4. 其间训练学生的语调。

五、教学重点和难点：

1. 重点：掌握 g、k、h 的发音。

2. 难点：生字调型以及在语流（词组或句子）中的变调。

六、教学方法：图片演示、听说、实践练习

七、教学工具：图片、教学课件

---

① 刘珣. 新实用汉语课本（第一册）[M]. 3 版. 北京：北京语言大学出版社，2015：1-20.

八、教学时间：一节课（约 40 分钟）

九、教学步骤：

1. 导入：复习上次课学习的声母：b、p、m、f、d、t、n、l（3 分钟）

教师展示这些声母，并带领学生齐读，然后点名抽读。例如：

  b、p、m、f、d、t、n、l

复习上次课使用这些声母进行的意义组合，例如：

  mā、dú、lì、fǎ、nǐ、bàba、māma、dìdi

2. 进入新课知识：g、k、h 的学习（10 分钟）

1）教师展示 g、k、h，开始示范它们的发音，让学生仔细听音。

2）教师领读声母 g、k、h，让学生不断重复，在重复中模仿强化。

3）学生跟读，集体读、分组读、个人读，教师仔细聆听学生发音，并及时纠正错误的发音。如果学生始终发音困难，教师可以用手掌模拟口腔中的发音部位，分别解释 g、k、h 的发音特点，让学生在发音中感受发音部位的变化。

[注意：教师的讲解（口型和手势配合示范，必要时播放事先备好的音视频）]

  "g"发音时，将舌后抬起，靠近软腭，然后发出气流音，但不释放气流。发音时，喉部声带振动。"g"是不送气音，没有气流爆破声。

  "k"的发音与"g"类似，舌面部位与"g"相同，但发音需释放气流，同时发出爆破声。（教师在发此音时将白纸放在面前，通过纸张吹动感受"g"和"k"的发音区别）

  发"h"音时，舌部位与发"g"和"k"相似，后部抬起靠近软腭，但没有爆破声。"h"主要通过气流摩擦而发出声音。

4）教师持续训练学生的发音。教师展示"g、k、h""a、e、u"的发音，随后指导学生完成事先备好的练习（机械性练习和有意义练习），教师领读声母、韵母，并带领学生进行声母、韵母、声调的随意组合，开展声韵调拼读的训练。

3. 三声变调的规律讲解（5 分钟）

重复拼音的四个声调发音并引出第三声在语流中的变调现象，可画图示范其变调情况。在此期间，读句子时，启发学生的语调发音。

变调情况之一：两个第三声连读时，第一个第三声发生变调，从三声"214"变为二声"211"，但音调符号书写仍为"V"。例如：

很好 hěn hǎo→hén hǎo

你好 nǐ hǎo→ní hǎo

语法 yǔ fǎ→yú fǎ

可以 kě yǐ→ké yǐ

训练：教师领读，学生跟读，随机点读，然后全班齐读。

变调情况之二：当第三声后连接第一、二、四声或轻声时，此第三声发生变调，变为半个三声"212"。例如：

很高 hěn gāo

很白 hěn bái

很大 hěn dà

奶奶 nǎi nai

训练：教师带领学生练习三声变调规律，教师领读，学生跟读，随机点读，然后全班齐读。

4. 学生做课后练习（20 分钟）

1）学生朗读（齐读、点读），如图 5-7 所示。

1. Read aloud and pay attention to the tones

nī	ní	nǐ	nì	
hāo	háo	hǎo	hào	nǐ hǎo
mēn	mén		mèn	nǐmen
tā		tǎ	tà	tāmen
	hén	hěn	hèn	
māng	máng	mǎng		hěn máng

图 5-7　教材中语音练习 1[①]

2）学生朗读易混淆音，如图 5-8 所示，教师监督并及时纠正错误的发音。

[①] 刘珣. 新实用汉语课本（第一册）[M]. 3 版. 北京：北京语言大学出版社，2015：8.

2. Sound discrimination

kàn (to look) —— gàn (to do)   kǒu (mouth) —— gǒu (dog)
fēi (to fly) —— hēi (black)   bǎi (hundred) —— běi (north)
dāo (knife) —— dōu (all)   tán (to talk) —— táng (sugar)
fēn (minute) —— fēng (wind)   dōng (east) —— dēng (lamp)

图 5-8　教材中语音练习 2[①]

3）学生完成课后练习，如图 5-9 所示。

4. Third-tone sandhi

děng tā　　　　hěn gāo
nǐ máng　　　　hěn máng
nǐ hǎo　　　　 hěn hǎo
kělè　　　　　 hǎokàn
nǎinai　　　　 hǎo ma

图 5-9　教材中语音练习 4[②]

4）看图说话。教师用课件展示事先备好的图片，请学生看图片，用如下拼音练习说话：

gēge　　chànggē
guā　　kèběn
kàn　　kùn　　kǎ
hēkělè　　huà
huā　　hǔ

（注：此练习可引导学生关注语调）

5）角色扮演。学生两人一组，并按照课文示例（图 5-10、图 5-11）分角色表演，教师纠音。

---

① 刘珣. 新实用汉语课本（第一册）[M]. 3 版. 北京：北京语言大学出版社，2015：8.
② 刘珣. 新实用汉语课本（第一册）[M]. 3 版. 北京：北京语言大学出版社，2015：8.

第 5 章　国际中文教学设计元素：拼音教学设计

一、课文 TEXT

（一） 1-01-05

A: Nǐmen hǎo!
　　你们 好！
B: Nǐ hǎo!
　　你 好！

A: Hello, everyone!
B: Hello!

图 5-10　教材中的课文对话（一）[1]

新实用汉语课本（第 3 版）课本 1
New Practical Chinese Reader (3rd Edition) Textbook 1

（二） 1-01-06

A: Nǐ máng ma?
　　你 忙 吗？
B: Hěn máng.
　　很 忙。

A: Are you busy?
B: Very busy.

图 5-11　教材中的课文对话（二）[2]

6）看图完成对话。学生看图，教师引导学生填充图中（图 5-12）空白。

---

[1] 刘珣. 新实用汉语课本（第一册）[M]. 3 版. 北京：北京语言大学出版社，2015：5.
[2] 刘珣. 新实用汉语课本（第一册）[M]. 3 版. 北京：北京语言大学出版社，2015：6.

Communication activity

Based on the pictures and scenes below, complete the dialogues, using the designated words.

(1) A: ＿＿＿＿＿＿！　(2) A: ＿＿＿＿＿＿！　(3) A: Bàba, ＿＿＿＿？ (máng)
　　B: ＿＿＿＿＿＿！　　　B: ＿＿＿＿＿＿！　　　B: ＿＿＿＿＿＿. (máng)

图 5-12　教材中的对话练习①

5. 课堂活动（5 分钟）（下列活动任选其一）

教师组织学生利用本课所学的汉语拼音进行发音练习，并关注学生的语调情况。

（1）猜发音

形式：两人一组；道具：拼音卡片

教师提出规则：一人以口型发音（不出音），一人看口型猜发音，教师请一位学生配合，示范"猜发音"。然后，班级学生分组活动。

（2）找"朋友"

道具：拼音卡片

规则：学生分组，每组学生手中持有声母及韵母卡片，各自进行简单读音练习；然后，以小组为单位，组与组之间进行发音和听音，直到全部组都找到与自己组相同的拼音。

（注：两种活动进行过程中，教师巡视监督学生发音，并及时纠正错误）

十、课后作业：

1）课后反复读本次课学习的声母和词语，并录音发到教师提供的邮箱地址。

2）使用本次课所学的打招呼用语，让每个学生分别与其他班的五位学生进行训练，并记下五位学生的名字。训练过程以文字形式发送给教师。

3）预习下一课的"语音知识"，试试"zh、ch、sh、r"的发音。

注意：上述拼音教案使用后，根据课堂实践情况，教师进行教学反思：

---

① 刘珣. 新实用汉语课本（第一册）[M]. 3 版. 北京：北京语言大学出版社，2015：6.

1. 教学中时刻关注学生的发音、单独发音,以及语流发音。
2. 避免采用单一的练习方式,机械性练习与有意义练习相结合。
3. 教学对象为零起点的外国留学生,要注意媒介语的使用,不能过度。

(本设计参考书籍:刘珣. 新实用汉语课本(第一册)[M]. 3版. 北京:北京语言大学出版社,2015)

第6章　国际中文教学设计元素：汉字教学设计

6.1　汉字的历史与特点

汉字是世界几大古老文字之一，至今仍保持着旺盛的生命力。汉字是中华民族历史和文化的见证者，承载并传递着民族悠久的历史、灿烂的文化。研究汉字、传播汉字，是对华夏文明历史和文化的继承与致敬。国际中文教学的使命之一，就是让外国学生了解汉字、学习汉字，从而运用汉字，让汉字灿烂的历史文化特征，被更多的人了解、传播。

6.1.1　汉字的历史

关于汉字的起源，流行着三种说法：神话传说、甲骨文说、相关考古发现。

（1）神话传说。流传至今的神话传说主要包括"河图洛书说、神农结绳记事说、仓颉造字说"。①河图洛书说，《周易·系辞上》载"河出图，洛出书，圣人则之"[1]，传说华夏始祖伏羲氏时期，黄河出现一匹龙马，马背有纹，伏羲按照马背上的纹路画成八卦；夏禹时期洛水浮出一头神龟，背上刻着文字，大禹根据这些文字作成治理国家的《九畴》。②神农结绳记事说，《周易·系辞下》载"上古结绳而治，后世圣人易之以书契，百官以治，万民以察"[2]。③仓颉造字说，这个传说在春秋战国时代开始流行，《淮南子·本经训》记载"昔者仓颉作书，而

---

[1] 思履. 周易全解[M]. 北京：北京联合出版公司，2015：418.
[2] 思履. 周易全解[M]. 北京：北京联合出版公司，2015：420.

天雨粟，鬼夜哭"①，意即仓颉造出了汉字，天空下起了稻谷，鬼在夜里哭泣，因为仓颉解锁了上天密码，让鬼神无所适从。关于仓颉造字说，在先秦诸子百家经典文献中如《荀子》《韩非子》等中都能找到文字记载。东汉许慎《说文解字·序》中描述更为详细："古者庖羲氏之王天下也，仰则观象于天，俯则观法于地，视鸟兽之文与地之宜，近取诸身，远取诸物，于是始作《易》八卦，以垂宪象。及神农氏，结绳为治，而统其事，庶业其繁，饰伪萌生。黄帝之史仓颉，见鸟兽蹄迒之迹，知分理之可相别异也，初造书契。"②

（2）甲骨文说。这是迄今为止古文物发现中关于汉字的最早起源物证。1899年，金石学家王懿荣在从药店买回的药材"龙骨"上发现了图形，他敏锐地觉察到这些图形来历不简单。于是，王懿荣从药店收购了大量带有此类图形的药材。经过仔细分析并甄别，王懿荣认为这些图形为古汉字，因其多刻于龟甲、兽骨上，故称"甲骨文"。王懿荣发现甲骨文，是汉字发展史上开天辟地的大事。这一发现将汉字历史整体提前到公元前一千多年的殷商时期，且从人类文字起源历史来看，甲骨文也是迄今世界上发现的最早的成熟文字。王懿荣之后，学界相继对其展开了研究。古文字学家王襄（1876—1965）在1920年出版的《簠室殷契类纂》为中国第一部甲骨文研究的著述，之后陆续有著述刊出或问世，如"商承祚的《殷墟文字类编》（1923年）、朱芳圃的《甲骨学文字编》（1933年）、孙海波的《甲骨文编》（1934年初版，1965年修订）、金祥恒的《续甲骨文编》（1959年）、徐中舒的《甲骨文字典》（1989年）。"③"岛邦男编著的《殷墟卜辞综类》（1967年）以及姚孝遂、肖丁合作主编的《殷墟甲骨刻辞类纂》（1989年）"④等，为甲骨文研究扩宽了学术视野，之后的研究愈发细致，还细分出甲骨文文字学、甲骨文文献学等。甲骨文文字学方面的重要著述有很多，如"赵诚的《甲骨文字学纲要》（1993年）、李圃的《甲骨文文字学》（1995年）、郑振峰的《甲骨文字构形系统研究》（2006年）"⑤。商务印书馆2010年出版了国内著名学者于省吾先生的《甲骨文字释林》，该书是甲骨文文字学研究的巅峰之作。该书辑录了190篇关于甲骨文的文字详解，阐述了甲骨文字的构形特性，并提出了汉字起源及造字方法的

---

① 陈广忠译注. 淮南子[M]. 北京：中华书局，2012：390.
② （清）吴颖芳. 继修四库全书·说文解字理董（存9卷）[M]. 缪氏艺风堂抄本：351.
③ 陈婷珠. 殷商甲骨文字形系统再研究[M]. 上海：上海人民出版社，2010：1.
④ 陈婷珠. 殷商甲骨文字形系统再研究[M]. 上海：上海人民出版社，2010：3.
⑤ 陈婷珠. 殷商甲骨文字形系统再研究[M]. 上海：上海人民出版社，2010：5.

新观点。甲骨文说是目前国内学界关于汉字起源的重要观点。

（3）相关考古发现。近百年来，中国先后出土了很多古器物，这些古器物多集中于距今6000—8000年前的新石器时代。这些新石器时代的古器物是中原古文化发展的物证，如大汶口文化、龙山文化、仰韶文化、良渚文化、河姆渡文化等，也成为研究华夏文明的重要依据。这些古器物普遍有一个共性，就是很多陶器和陶片上都刻着带有线条状的符号。经专业辨考后，考古学家认为这些线条是远古时代人们用来记事的符号。这些线条状的符号普遍早于殷墟甲骨文，如果以此为依据，汉字起源又被提前了将近两千年。但因其缺乏有效的内在关联依据，故学界较少采纳此说法。

殷商甲骨文为现代汉字的起源，这一说法已被学界公认。如以甲骨文为汉字起源，汉字的发展历程为"甲骨文—金文—篆书—秦书—楷书—行书—草书—印刷字体"。其中，大篆小篆合称"篆书"。那么，就书写历史看，汉字演进为甲骨文、篆文、隶书、草书、楷书、行书。这都充分表明，汉字是目前世界上最古老、最稳定的文字书写系统之一。国际中文教学中的汉字教学是中文教学的必经之路，也是外国学生学好中文的关键所在。

6.1.2　汉字的特点

汉字历史悠久、结构稳定，是世界上现存最早、最独特的文字系统之一。汉字的结构、形态、内涵颇具文化性、形象性，充分展示了汉民族的思维意识、生活智慧。

汉字的数量十分庞大，汉字的特点极为鲜明。汉字结构呈方块形，内涵为表意兼表音文字（即意音文字①）。汉字在发展过程中逐渐分化出独体字和合体字。汉字有六书：象形、指事、会意、形声、转注、假借。

（1）汉字因其方块形构造，结构具有可拆解的特点。汉字中的合体字，有的由两个以上汉字构形而成，如"歪"，可拆分为两个汉字"不"和"正"，意为不正则歪。有的汉字由形旁和声旁组合成形声字，如"境"，左为形旁"土"，右为声旁"竟"。有的汉字最初是形声字，但随着历史的发展，其形声字的声旁

---

① 周有光. 汉字和文化问题[M]. 沈阳：辽宁人民出版社，2000：29-30.

已经失去了其原本的发音，如"坎"，右边的"欠"是声旁，但现代"坎"音已与"欠"音相去甚远。另外，有的汉字构型本身就有内涵指向性，如"盒"，从"皿"，"合"声，一人、一口、一皿，最初指的是盛食物的器皿，后衍生为盛东西的器皿。有的汉字偏旁部首已经显示出其意义，如偏旁为"氵"的汉字多与水相关，如"江、河、流"；偏旁"讠"（繁体为"言"）的汉字多与人在说话有关，如"说、话、讲"；偏旁"亻"的汉字多与"人"类似，如"他、们、俩、化"等。

（2）汉字内在结构虽复杂，但有规律可循，构型写法上可分为"笔画、笔顺、间架结构"。

第一，汉字的笔画。汉字笔画又称笔形，是构成汉字的、不间断的、不同形状的点线。汉字笔画丰富、形状多样，因此，汉字书写也是一种艺术——书法艺术。一般而言，汉字有 8 个基本笔画（笔形），如表 6-1 所示。汉字"永"具有汉字 8 种笔画的全部写法，因此书写汉字也有"永字八法"之说。

表 6-1　汉字基本笔画

笔画	名称	笔画	名称
横	一	点	丶
竖	丨	提	ノ
撇	丿	折	一
捺	乀	钩	亅

"永字八法"被公认为汉字 8 个笔画的基本写法。1988 年，中华人民共和国国家新闻出版署发行了《现代汉语通用字表》，将汉字笔画归为五类：横类、竖类、撇类、点类、折类[1]。2013 年，国务院公布《通用规范汉字表》，规范并细化了汉字简体字的笔画检字法。2021 年，中华人民共和国教育部、国家语言文字工作委员发布《通用规范汉字笔顺规范》，指出"楷书汉字最基本的笔形有五种，其排列顺序为横（一）、竖（丨）、撇（丿）、点（丶）、折（一）"[2]，这五个

---

[1] https://journal.scnu.edu.cn/supplement/b15e027a-0411-4499-972e-f57dcd7d2f7e/%E3%80%8A%E7%8E%B0%E4%BB%A3%E6%B1%89%E8%AF%AD%E9%80%9A%E7%94%A8%E5%AD%97%E8%A1%A8(1988)%E3%80%8B.pdf.

[2] 中华人民共和国教育部,国家语言文字工作委员会.通用规范汉字笔顺规范[M].北京：商务印书馆,2021：1.

笔形被称为"主笔形","与主笔形对应的从属笔形(除撇外的主笔形都有相对应的从属笔形)称为附笔形"①,这里笔形即笔画,也就是附笔画,如表6-2所示。

表6-2 汉字笔画的附笔画(笔形)

笔画	名称	例字	笔画	名称	例字
㇛	撇点	巡	㇌	横撇弯钩	那
㇚	竖提	农	㇡	横折折折钩	奶
㇜	横折提	论	㇠	竖折折钩	与
㇈	弯钩	承	㇗	竖弯	四
亅	竖钩	小	㇍	横折弯	沿
㇉	竖弯钩	屯	㇆	横折	口
㇂	斜钩	浅	㇄	竖折	山
㇃	卧钩	心	㇊	撇折	云
㇀	横钩	写	㇇	横撇	水
㇅	横折钩	月	㇋	横折折撇	建
㇎	横折弯钩	九	㇏	竖折撇	专

汉字笔画会影响到汉字的意义。以笔画横"一"为例,在上或在下的位置不同,汉字意义也就不同,如"未"和"末"、"士"和"土"、"天"和"夫"。再如,笔画撇"丿"和捺"㇏",其起笔落笔高低不同,分别构成汉字"人"和"人"。因此,学好汉字笔画,是国际中文教学中汉字教学的基础步骤。

第二,汉字的笔顺。汉字的笔顺,顾名思义,就是写汉字笔画时的次序和方向。书写汉字时,有一定的下笔、运笔、收笔的顺序。汉字笔顺是遵循一定规律的:

先横后竖,如"十"

从上到下,如"吉"

从左到右,如"相"

先撇后捺,如"人"

先外后内,如"四"

---

① 中华人民共和国教育部,国家语言文字工作委员会. 通用规范汉字笔顺规范[M]. 北京:商务印书馆,2021:1.

先中间后两边，如"永" ㇏ 丁 永 永 永

第三，汉字的间架结构。间架结构是汉字的构造。每个汉字都有一定的间架构造。前面我们说过，汉字构型上可分为独体字、合体字。独体字单独成字，很多独体字也是合体字的构成部件，因此，合体字与独体字关系密切。故而，汉字的间架结构在一定程度上也体现为独体字与合体字之间的关系结构。

汉字独体字早于合体字。因为，独体字来自远古时期人们为记事所画的简单图形，因此，现代汉字的独体字多来自象形字、指事字。象形字，如"人、口、日、月、山"，是从远古人们所画的图形演变而来；指事字，如"上、下、天、大、一、二、三"，是由带有一定指事意义的图形构成。关于象形字、指事字的内涵之后将详解，此不赘言。

独体字的基础结构是笔画，每个独体字都是一个整字，无法拆解，拆后则不成字。独体字在整个汉字系统中所占比例极小，中华人民共和国教育部、国家语言文字工作委员会于 2009 年 3 月发布的《现代常用独体字规范》（GF 0013—2009），收独体字 256 个。"在线新华字典"发布的《简化汉字独体字表》共收独体汉字 280 个，如下所示：

一画：一 乙

二画：二 十 丁 厂 七 卜 八 人 入 乂 儿 九 匕 几 刁 了 乃 刀 力 又 乜

三画：三 于 干 亏 士 土 工 才 下 寸 丈 大 兀 与 万 弋 上 小 口 山 巾 千 川 彳 个 么 久 丸 夕 及 广 亡 门 丫 义 之 尸 已 巳 弓 己 卫 子 孑 孓 也 女 飞 刃 习 叉 马 乡 幺

四画：丰 王 井 开 夫 天 无 韦 专 丐 廿 木 五 卅 不 太 犬 歹 尤 车 巨 牙 屯 戈 互 瓦 止 少 日 曰 中 贝 内 水 见 手 午 牛 毛 气 壬 升 夭 长 片 币 斤 爪 父 月 氏 勿 欠 丹 乌 卞 文 方 火 为 斗 户 心 尹 尺 夬 丑 爿 巴 办 予 书 毋

五画：玉 末 未 示 戋 正 甘 世 本 术 石 龙 戊 平 东 凸 业 目 且 甲 申 电 田 由 央 史 冉 皿 凹 民 弗 出 皮 矛 母 生 失 矢 乍 禾 丘 白 斥 瓜 乎 用 甩 氐 乐 匆 册 鸟 主 立 半 头 必 永

六画：耒 耳 亚 臣 吏 再 西 百 而 页 夹 夷 曳 虫 曲 肉 年 朱 缶 乒 乓 臼 自 血 角 舟 兆 产 亥 羊 米 州 农 聿 艮

七画：严 求 甫 更 束 两 酉 豕 来 毕 里 串 我 身 豸 系 羌 良

八画：事 雨 果 垂 秉 史 肃 隶 承

九画：柬 面 韭 禺 重 鬼 禹 食 象

十三画：鼠

当然，目前，独体字的标准数量尚待学界进一步厘清和细化。但是，无论256个还是280个，这些数量相对于汉字总量而言，都是沧海一粟。然而，独体字总量虽小，地位却非同一般。一方面，很多独体字都是合体字的构成成分之一，有的独体字演化成偏旁、部首等构字部件，再按照一定的组合规律再次组合，就生成了合体字。另一方面，独体字的构字能力极为强大，构字频率也极高，以汉字"日"为例，作为偏旁，"日"可与其他汉字部件构成合体字，如"晒、明、春、晶、晴"等。以此类推，数量十分庞大。

合体字是由两个或两个以上的独体字衍生出的偏旁、部首共同构成的汉字。合体字多为：形声字、会意字。形声字由形旁和声旁组成，如"江、湖、海、河"，它们都有偏旁"氵"，该偏旁是由独体字"水"演化而来的，为形旁，其余"工、胡、每、可"为声旁。需要说明的是，在历史发展过程中，很多声旁逐渐失去了表音功能。会意字是独体字演化的偏旁、部首，依据一定的意义关系组合而成的合体字，如"休、林、双、森"等。

因合体字是组合而成，所以，合体字的结构区分，也就是间架结构，十分明显。合体字的间架结构类型及示例如下：

上下结构，如"爸"；

上中下结构，如"带、高"；

左右结构，如"你"；

左中右结构，如"树"；

半包围结构，如"边、凶、区"；

全包围结构，如"国"；

品字结构，如"森、淼"；

对称结构，如"乘、乖"；

强调一下，在汉字发展过程中，独体字和合体字之间也出现了混淆甚至转化的现象。混淆问题，以"鹿"为例，"鹿"字本是由甲骨文（图6-1）的象形发展而来，也就是说，"鹿"为象形文字的独体字。

图6-1 汉字"鹿"的甲骨文（左）[①]

但在演变过程中，"鹿"的下半部却因有形似"比"字，往往被误认为是合体字。转化现象，以"果"字为例，《说文解字》载"木实也，从木，象果形在木之上"[②]，可见，为合体字，但现在却被当作独体字使用。再如，在不同的书写阶段，某些汉字是独体还是合体，也会发生转变。如汉字"食"，它在甲骨文中是独体字，到了楷书阶段，却是合体字；汉字"年"在篆书中是合体字，到了隶书中却变成了独体字。

汉字的间架结构带来了"六书"理论。无论是独体字还是合体字，它们都离不开"六书"造字法。什么是"六书"？"六书"指的是汉字的构形理论，来自许慎的《说文解字》。许慎在总结前人观点的基础上创立了汉字的"六书"构形理论。按照"六书"理论，汉字按构形分为指事、象形、形声、会意、转注、假借六种类型。其中，象形、指事、会意、形声是构字法；转注、假借则是汉字用字法，解析如下。

象形，"象形者，画成其物，随体诘诎，日月是也"[③]（许慎）。意思是，汉字字形来自它所代表的事物的形状，如"日、月、木、人、山、水"，这些汉字都来自事物本身的形状。其中，"日、人"的字形演进过程如图6-2所示。

---

① https://www.zdic.net/hans/鹿.
②（汉）许慎撰. 说文解字：三十卷[M]. 北京：中华书局，1963：118.
③ 苏宝荣.《说文解字》今注[M]. 西安：陕西人民出版社，2000：494.

| 甲骨文 | 金文 | 小篆 | 楷书 |

| 甲骨文 | 金文 | 小篆 | 楷书 |

图 6-2　汉字"日、人"的字形演进过程

指事，"指事者，视而可识，察而可见，上下是也"①（许慎），指汉字在象形基础上增加了指示事物意义的东西，如"上、下、刃、本、末、旦"等，这些汉字的构造都具有对事物意义的解析功能。

会意，"会意者，比类合谊，以见指㧑，武信是也"②（许慎），指一个汉字由两个或两个以上的构字部件根据意义关系组合而成，如汉字"明、晶、众、休、歪、尖、从、析、砍、比"。

形声，"形声者，以事为名，取譬相成，江河是也"③（许慎），指一个汉字分别由形旁和声旁构成，清朝段玉裁（1735—1815）进一步解析："以事为名，谓半义也，取譬相成，谓半声也。"④现代汉字的形声字原理大致趋同，如"江、河、湖、站、空、泡、扶"。形声字是汉字的主体，所占比例超过总量的80%。

转注，"转注者，建类一首，同意相受，考老是也"⑤（许慎），是汉字与汉字之间构形关系的重要体现。一般指，两个或多个汉字作为基础汉字，依据意义或发音而加入相关元素进行构形，后构成新生成的汉字，基础字与生成字的意义往往没有变化。例如，汉字"考"和"老"，"考"是由"老"字的构形引申出来的，"老"是基础字，"考"是生成字。"老"的偏旁"耂"作义符，加入音符"丂"，形成"考"。"考"原指过世的父亲，后引申为"考试"。"老"与"考"在文言文中同义释义互训。用转注方式可以考察出很多汉字的同源本义。当然，随着汉字的简体化，转注汉字越来越少。

假借，"假借者，本无其字，依声托事，令长是也"⑥（许慎），指的是某现

---

① 苏宝荣.《说文解字》今注[M]. 西安：陕西人民出版社，2000：494.
② 苏宝荣.《说文解字》今注[M]. 西安：陕西人民出版社，2000：494.
③ 苏宝荣.《说文解字》今注[M]. 西安：陕西人民出版社，2000：494.
④ （汉）许慎撰，（清）段玉裁注. 说文解字注[M]. 上海：上海古籍出版社，1981：755.
⑤ 苏宝荣.《说文解字》今注[M]. 西安：陕西人民出版社，2000：494.
⑥ 苏宝荣.《说文解字》今注[M]. 西安：陕西人民出版社，2000：494.

象或事物的描述并没有其字，于是，古人就在已有文字中选取音近或形近的汉字代用，通俗而言，就是把别的字"借"过来代指事物，时间长了，就成了后者的专用字。这种现象在文言文中比较多，如"北"被借用为表示人的后背，"某头左角刃痏一所，北（背）二所"[①]。"汤"被借用来表达芦苇丛之意，如《诗经》中的"子之汤兮，宛丘之上兮"（《诗经·国风·陈风·宛丘》）。假借文字沿用至今的有很多，如"长"，本义与长度相关，后被假借来表示长度、长久等概念，并沿用至今；"来"本义为麦，后指人的行为动作，或彼此关系；"豆"本义为古代一种盛食物的器皿，后为植物的专有名称，等等，诸如此类。

　　汉字的"六书"理论进一步验证了汉字的构字部件原理。汉字部件是在笔画基础上形成的。汉字部件有"偏旁"和"部首"，通称"偏旁部首"，因此，人们误以为二者是一回事。其实，二者有交集，也有区别，部首可以是偏旁，偏旁却未必是部首。如"氵"（读"三点水"）是偏旁，而不是部首；"耳"既是部首，也是偏旁，如"耳"作为偏旁构成汉字"聆"，作为部首构成汉字"洱"。依据中华人民共和国教育部和国家语言文字工作委员会于2009年1月12日发布、同年5月1日实施的《汉字部首表》，汉字主部首为201个，附形部首100个[②]。该数据充分说明，由此排列组合出的汉字，其数量是极为庞大的。

　　中国到底有多少汉字？迄今为止，并没有一个绝对权威的数据统计结果。但是，我们仍然可以凭借流传下来的历史典籍获取一些重要数据。东汉许慎的《说文解字》收汉字9353个。三国时期魏国音韵学家李登编著的《声类》，以"宫、商、角、徵、羽"五声辨字，收字12 520个，《声类》是迄今为止发现的最早的汉韵书。南朝梁太学博士顾野王撰写的《玉篇》，以部首编字，初收字16 917，后经唐代孙强等人修订完善，存字增加到22 561个，《玉篇》是目前最早一部以部首进行分类的汉字文献。另外，唐代著名书法家颜真卿主持编纂的大型类书《韵海镜源》，依韵收字26 261个，该书大部分内容已失传，尚少量存余，它为汉字数量发展提供了历史依据。北宋仁宗时期，丁度等人编纂的《集韵》，收汉字53 525个。清代，张玉书等人编纂的《康熙字典》，收字47 035个，《康熙字典》是目前发现的收字最权威的古籍文献。1994年，中华书局和中国友谊出版公司出版的《中华字海》，收字约8.7万个，为目前收录汉字最多的现代典籍。林林总总，

[①] 睡虎地秦墓竹简整理小组. 睡虎地秦墓竹简[M]. 北京：文物出版社，1990：71.
[②] http://www.moe.gov.cn/ewebeditor/uploadfile/2015/01/13/20150113090108815.pdf.

文献众多，因篇幅所限，本书未能一一尽言。但所列史料足以表明，汉字在历史发展过程中，不断积累、成长，其体系完备、数量可观。

汉字总量虽多，但常用汉字并不多。只需几千汉字，其内容覆盖率、使用频率就已很高。1986年，北京语言学院语言教学研究所编制的《现代汉语频率字典》，所收前1000个高频率汉字，其日常内容覆盖率已达91.36%以上。2013年国务院发布的《通用规范汉字表》，收字8105个，其日常覆盖率甚至达到99.99%以上。

6.2　汉字教学内容与策略

国际中文教学中的汉字教学是必需的，外国学生学习汉字也是中文学习的必经之路。汉字作为有别于字母文字的表意（音意音节）文字，其独有的特性是中国传统文化的一部分。外国学生通过学习汉字，可以理解其中所隐含的中国文化。因此，学习汉字也是外国学生学习文化的要义之一。然而，就目前国际中文课程设置而言，汉字课的设置与其地位并不匹配，甚至落后于国际中文教学的整体发展水平和需求。重视汉字教学，是摆在国际中文人面前的紧迫任务。

那么，如何展开国际中文的汉字教学呢？教师应有清晰判断：对外国学生的汉字教学与对中国学生的汉字教学是不同的。对外国学生进行汉字教学，应遵循专门的教学原则。原则一：应加强对外国学生的笔画与笔顺训练，对外国学生而言，掌握笔画、熟悉笔顺，对他们写好汉字至关重要。原则二，教师需教给学生一些必要的汉字构形知识，我们知道，汉字的构成有一定的规则，教一些必要的汉字构形知识，对学生理解汉字内涵、写好汉字有帮助，从而可以提高写汉字的准确率和效率。另外，对外国学生而言，汉字的书写规范是汉字教学整个过程的基础。

6.2.1　汉字教学内容

汉字教学关系到学生掌握汉字的情况，因此，汉字教学内容应体现其全面性，且突出重点。汉字教学内容涉及与汉字相关的笔画、部件、笔顺、间架结构四要素的教学。针对此四要素，应秉承"三层次、四方面"的教学架构。"三层次"

针对汉字的书写，"四方面"针对汉字的构字。

"三层次"之第一层是汉字笔画的书写规范。汉字的最基础结构是笔画，笔画也是教师在授课时应首先让学生熟练的。学生掌握汉字的基本笔画，也就是"永字八法"，是学好书写汉字的基本内容。

"三层次"之第二层是汉字有部件的概念，汉字部件就是偏旁和部首，学生应学会认识汉字的基本部件，这关系到学生对汉字内部结构及其比例的认知，是学好书写汉字的关键内容。

"三层次"之第三层是汉字的书写遵循一定的次序和方向，也就是笔顺。笔顺教学关系到学生对汉字书写秩序的理解，是学好书写整字的重要体现。

此三层次共有的特征是汉字的间架结构。就次意义而言，汉字教学内容的重点应是笔画、笔顺、部件、间架结构，这也就是上面所说的"四方面"。其中，笔画、笔顺、部件是间架结构的组成部分，间架结构本身就体现了汉字组合的共性规律。

"四方面"之第一方面，掌握汉字的笔画。笔画是汉字的最低级单位，是理解汉字内部规律的基础。对学生而言，熟练汉字的基本笔画，是理解汉字构字的第一步。汉字笔画教学的基本标准是：学生可以说出笔画的名称，并能用笔遵循一定的次序书写出来。

"四方面"之第二方面，牢记汉字的笔顺。正确的笔顺正确关系到学生写汉字时的笔画走向、书写规范。掌握正确的笔顺，有助于学生记忆汉字、提高书写速度，并能写出美观大方的汉字。汉字笔顺教学的基本要求是：让学生牢记汉字运笔顺序，并正确运用。

"四方面"之第三方面，了解汉字的部件。学生要掌握组配汉字的单位：偏旁与部首。以汉字"休"为例，其构成部件是："亻+木"，偏旁为"亻"，部首为"木"。偏旁和部首是汉字的构成部件。汉字构成部件中涉及独体字，独体字既可独立成字，也可作为偏旁或部首，与其他汉字成分组合构成新的汉字，例如，汉字"休"，偏旁"亻"是独体字"人"的变体，它与独体字"木"组合成"休"。汉字部件教学的基本要求是：帮助学生认清汉字内部的部件，掌握可以组合成字的独体字，并能触类旁通，不断学习。

"四方面"之第四方面，清楚汉字的间架结构。间架结构是汉字内部的部件布局规律。间架结构的教学目的是让学生记住合体字的结构规律，如"上下结构、左右结构、各种包围结构、品字结构、对称结构"等。教学时，教师引导学生关注汉字内部的部件（偏旁和部首），以及部件位置、大小、宽窄、长短比例等。对汉字间架结构教学的基本要求是：引导学生认识汉字的内部结构，帮助学生写出一手漂亮的汉字。

"三层次、四方面"基本涵盖了对外国学生的汉字教学内容。除此，教师还应让学生掌握汉字的认、读、写。认，是让学生能够正确地识别某一汉字，如"口、上、下、谢谢、不客气"，以及这些汉字的意思是什么等等。认汉字，有助于启发学生结合结构理解汉字意义。读，是让学生能正确地读出某一汉字，这要求学生掌握汉字的正确发音。读汉字，可以帮助学生将汉字字形与发音结合起来。写，是让学生应能熟练书写某一汉字，且书写过程中，可以做到：笔画正确、笔顺标准、部件比例符合规范。

6.2.2 汉字教学策略

教学有策略，汉字教学内容才能得以施展，因此，汉字教学策略很关键。实施时，可从以下几个角度进行探讨：字形策略、字义联系策略、字音相近策略、会意字分析策略。下面我们逐一探讨。

第一，字形策略。如前文所述，汉字有特定构形和构形规则，汉字构形主要体现在偏旁、部首、独体字三要素，这是外国学生学习汉字时的重点和难点。这三要素的教学策略直接影响到学生掌握汉字的熟悉程度。教师教学时，应充分利用三要素之间的字形关联规律，实施教学。

（1）字群衍生的教学策略。筛选汉字构形中具有相同偏旁或部首的汉字作为字群系列放在一起，例如：

人字系列：个、大、太、天、夫、从、众、介
木字系列：木、本、末、未、林、森、休、体、树

实施教学时，教师按照上述书写难易程度，将上述汉字逐次展示给学生，并指出这些汉字之间的共性规律。"人字系列"中都有"人"字作为偏旁或部首，"木字系列"中都有"木"字作为偏旁或部首。然后，教师再逐一引导学生认识：同一字群内部字与字的差别。认识这些汉字以后，教师带领学生一笔一画地模仿书写，并认读。强调一下，在带领学生书写时，教师应观察学生的笔顺情况、笔

画大小、部件位置与比例等。

（2）形近字对比策略。教师筛选汉字构形中书写形态相似的汉字，组成一个字群系列，按照一定的规则放在一起展示，例如：

  按照笔画的增减：日—目、大—太
  按照笔画变化：贝—见，千—千；土—士，已—己
  依据部件的位置变化：玉—主，太—犬、办—为，庄—压
  按照部件的不同：蓝—篮、圆—园、没—设

这种展示给学生带来视觉上的直观效应，同时教师让学生进行对比，比较在一个规则范围内，字与字之间在形态上的相同之处或不同之处。

（3）同形规律字。教师筛选构形为同一偏旁或部首的汉字组成一个字群系列，放在一起展示教学，例如：

  提、拉、把；武、式、代
  边、近、进、遍、选、这
  说、话、讲、谈、词、记

一般情况下，同一偏旁或部首的汉字会有意义上的相似性或相关性，教师可通过这些相似性或相关性，提示学生记忆汉字。例如，以"讠"（"言"）作为偏旁的汉字，一般表示与说话或说话动作有关联。

（4）按照部件一致、意义或声音相通原则。教师筛选部件相同且意义或发音趋于一致的汉字，归为一个字群系列，例如：

  偏旁"口"构成的汉字：口，吃、喝、叫、吵、吹、哭、骂

上述汉字都有偏旁"口"，其字意都与嘴的动作或行为有关。
部首"甫"构成汉字时，一般都是作为声旁存在，例如：

  蒲、浦、葡、铺、埔、脯

上述汉字发音，声调虽有异，但都为"pu"音。

（5）部件组合成字。教师将可以组合成为一个汉字的各个部件单独提取出来，展示给学生，再组合成一个汉字，构成指称事物的效果，例如：

人—从—众、木—对—树、禾—火—秋、口—十—叶

这种展示以部件形式呈现指事字，将其形象化，以便让学生对汉字的指事意义理解更加直观快速。汉字"众"，它由三个"人"组合而成，代表人多，指的是三人成"众"。

第二，字义联系策略。在教学中，教师可有意识地将意义关联紧密的汉字放在一起教学。边教书写，边教意义，引导学生建立汉字构形与意义之间的关联意识。当学生看到某一汉字的字形，马上可以联想到它的意义，反之亦然。具体可分三种方式。

（1）同义字联系策略。教师将意义完全相同或部分相同的汉字成对放在一起，进行启发式教学，例如：

"胖"的同义字"肥"

"低"的同义字"矮"

"父"的同义字"爸"

"母"的同义字"妈"

（2）反义字联系策略。教师将意义完全相反或部分相反的汉字成对放在一起，进行反向启发式教学，例如：

"多"的反义字是"少"

"好"的反义字是"坏"

"高"的反义字是"矮"

"瘦"的反义字是"胖"

"长"的反义字是"短"

"宽"的反义字是"窄"

（3）同类字义联想策略。教师以汉字的构形类型为基础，将之进行系统归类，引导学生通过字形联想其意义，这就是字形与意义叠加的教学，例如：

与水相关的"氵"汉字：江、河、湖、海、洋

颜色类的汉字：黑、白、红、绿、蓝、黄、粉

第三，字音相近策略。该方式实施的基础是，教师将共用同一声旁的形声字进行归类，且这些汉字的声韵调相同或相近，可分两种情况。

（1）声韵调都相同的字，例如：

  换、唤、焕（声旁为"奂"）

  消、销、宵（声旁"肖"）

（2）声韵调相近的字，例如：

  方、芳、放、房、访（声旁"方"）

第四，会意字分析策略。该策略指的是，教师引导学生对会意字或指事字进行拆分，分析其内部结构，以拆解的方式，让学生理解汉字的内部构成，从而加深意义理解。例如：

  "人"（单立人"亻"）靠在"木"旁就是"休"；

  "小"在"大"上成了"尖"；

  "竹"（竹字头"⺮"）在"毛"上是"笔"；

  "水"（三点水"氵"）与"目"组合成了"泪"；

  "小"在"土"上形成"尘"；

  "日"与"月"合二为一就是"明"。

6.3　汉字教学过程与训练

汉字教学过程与训练，可以提升学生对汉字的理解、熟悉，提高书写速度和效率。

6.3.1　汉字教学过程

国际中文的汉字教学是由"呈现汉字、展示书写、排列顺序"三个过程连贯而成。

（1）呈现汉字。这是教汉字的第一步，教师板书汉字，边写边念，让学生看到汉字笔画的写法和次序，同时能听到笔画的名称。写出完整汉字后，教师引导学生进行该汉字的发音，理解其语义。例如汉字"江"，教师板书"江"，同时，教师按次序念出组成"江"字的全部笔画名称"点、点、提、横、竖、横"。写好后，教师领读"江"字的发音"jiāng"，再解释其意义。当然，可以借助现代信息技术（如 AI）代替教师进行书写和发音，前提是教师应事先检查好这些技术手段下的课件、软件所展示内容是否书写正确，发音是否有示范性。

（2）展示书写。板书汉字以后，教师引导学生解析汉字的偏旁部首所占位置、比例大小、笔画顺序、笔力轻重等。引导学生注意这些书写关系的目的在于：让学生了解写汉字不但应正确，还要规范，如此方能写出好看的汉字，用笔写汉字是一门书写艺术。教师还应知道，面向外国学生的汉字教学是有顺序的，也就是简单的汉字先教，较复杂的汉字后教。对于较复杂的汉字，教师甚至需要反复教和示范。这就要求教师仔细研磨汉字的类型，找到内部规律，重视汉字书写的先后次序和教学的先后次序。

（3）排列顺序。这里展开介绍汉字的习得顺序。汉字的习得顺序需要教师依据教学内容、学生情况、教材编排等情况综合制定。一般情况下，可参考以下这几种情况：第一，按课文生词出现的顺序进行汉字教学；第二，按照汉字相同部件排列，进行教学；第三，按照汉字同音字排列，进行教学；第四，按照汉字的间架结构排列，进行教学。总之，按规律可循的顺序教学，能帮助学生更有效地掌握汉字。但教师万万不可做的是：不区分汉字情况，一股脑儿输出给学生。

强调一下，在学生识汉字的初期阶段，教师的教学重点应是：介绍每个汉字的笔画、笔顺、部件、间架结构；在学生识汉字的中级阶段，教师应帮助学生区分汉字的重难点，教师应挑选出重点汉字或难写易错的汉字进行教学，有条件的话，还可利用现代信息技术进行教学。互联网让世界成为一个大家庭，教学也是如此，汉字教学随之更加便捷。市面上涌出的海量电子书、电子资源、教学软件等，都可助力于汉字教学。如图 6-3 所示的电子资料，仅为冰山一角。教师可依据课堂教学内容，选择软件、图片、动画、视频等，为教学服务。当然，一些传统的教学工具，如识字卡片，也可解燃眉之急。

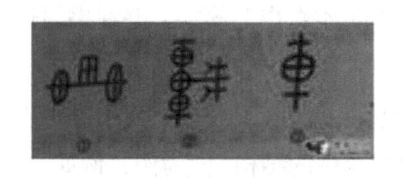

图 6-3 一些汉字电子资料

6.3.2 汉字教学训练

汉字是教出来的，更是练出来的。训练外国学生书写汉字，应是汉字教学的常态。汉字训练没有捷径，最佳的方式就是"反复练习"。教师不但要让学生写，自己也要"写"。教师写汉字的目的只有一个：反复示范。只有教师"写"到位，学生才能"学"到位。反复下来，学生的汉字书写才会进步。当然，师生在"写"的过程中，一些很现实的技巧也是可用的，我们在此列举一二。

（1）训练学生拆写笔顺。教师用颜色笔标注某一汉字的笔顺序号，再用箭头标出运笔的方向，教师写出整字，这一过程也可用动态图（图 6-4）演示。其他汉字，如"日、月、山、天、大、出、办、本、白"，教师引导学生关注这些汉字的笔画、笔画顺序、运笔方向，教给学生书写规律和规范。

图 6-4 汉字"山"的动态演示图①

（2）训练学生拆写独体字。独体字是合体字的基础，教师带领学生写独体字，边写边念，写笔画，念笔画名称，然后教师带领学生数一数，这个独体字有多少个笔画。在这个过程中，教师也可采用汉字动态图演示。教师可布置汉字拆写任

---

① https://hanyu.baidu.com/zici/s?from=aladdin&query=山的笔顺动态图&srcid=51368&wd=山.

务，要求学生书写"日、月、山、天、大、出、办、本、白"等字，并在书写过程中边念笔画名称边规范书写。

（3）训练学生拆解合体字。教师先画出某合体字的间架结构，然后引导学生按照间架结构，找出与之相近的合体字。以间架结构中的结构▯▯为例，例如：

示例1：教师示范汉字"讲"，左边是偏旁"讠"，右边是部首"井"，教师引导学生写与"讲"为同一间架结构、偏旁是"讠"的汉字，如说、话、谈。

示例2：教师写出三点水旁"氵"，提示学生写出带三点水旁"氵"的汉字，如江、河、海、洋、流。

示例3：教师写出部首"青"，让学生写出带有此部首的汉字，如晴、清、请、情。

此策略旨在让学生领悟合体字的内部结构，发现其认知规律、书写规则。

（4）汉字缺项训练。这种训练分两种：

第一种，学生根据教师给出的汉字部件，按拼音写出整字，例如：

教师给出偏旁"辶"，然后标上拼音，让学生根据拼音补充完整对应于偏旁"辶"的汉字。

第二种，补充词组，教师给出某一汉字，再给出另一汉字或两汉字的拼音，让学生根据拼音写出汉字，例如：

词组"hē 水"，根据拼音，学生写出汉字"喝"。
词组"三人 xíng"，根据拼音，学生写出汉字"行"。

通过反复练习，强化学生的大脑记忆和肌肉记忆，实现从单个汉字识记到对词或词组的理解的发展。

（5）利用语境拆写汉字。此项训练的目的在于培养学生的组词能力。教师给出某一汉字，引导学生用这个汉字进行组词扩展。此项训练需要教师给出前提，例如：

同音字组词（前提条件）："换、焕、唤"

易混字组词（前提条件）："大、太、天、夫"
同部件组词（前提条件）："房、扇、肩"
同义字组词（前提条件）："乌、黑""黯、暗""父、爸"

此项训练的关键在于，教师应建立有效的激励机制，如口头表扬、平时成绩奖励、测试加分等，以激发学生使用汉字的主动性。

6.4 汉字教学之关键技巧

作为经验提炼，汉字教学还是有很多经验（或技巧）供后来者借鉴的。这些教学经验（或技巧）是建立在汉字特征基础上的，其教学经验（或技巧）有：图释法、形释法、意释法、对比法。

6.4.1 汉字教学的图释法

顾名思义，图释法就是用图片或音视频等方法展示汉字。这种方法主要针对象形特征明显的汉字，象形汉字与图形的关系十分密切。用图释法进行汉字教学，直观、生动、易懂易学。例如，"山、日、从"的演进过程（图6-5—图6-7），从最初的象形到现在的楷体，能让学生理解汉字的进化过程。

图6-5 汉字"山"的象形来源

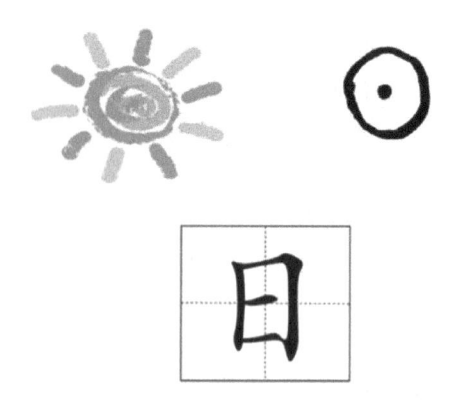

图 6-6 汉字"日"的象形来源

图 6-7 汉字"从"的象形来源

6.4.2 汉字教学的形释法

形释法教学主要依靠的是汉字构形、汉字构形与意义的关系、汉字溯源。故形释法教学可分为依形释义、依形解字、依形溯源释字。

（1）依形释义。针对的是独体字。教师根据汉字独体字的象形进行解释，如图 6-8 所示，汉字独体字"口"，左为汉字"口"，右是张开的嘴，意为"口"字形的来源。

（2）依形解字。针对的是合体字。教师依据汉字合体字的内部构形关系，进行解释。合体字"明"，是由"日"和"月"组成，其本义是清晰明亮，如图 6-9 所示。

第 6 章　国际中文教学设计元素：汉字教学设计

图 6-8　汉字"口"的象形演示

图 6-9　汉字"明"的组合演示[1]

同时，汉字偏旁具有表意功能，教师对构形的解析可以让学生理解这个汉字的基本意义。例如，偏旁三点水"氵"，表示此字意义来自"水"；"木"字旁"木"表示此字意义来自"木"；足字旁"𧾷"表示此字意义来自"脚"。

三点水：江、河、湖、海

木字旁：树、林、材、桥

足字旁：踢、踩、跳、跑

汉字中存在相当数量的形声字，教师依形解字时，可通过相同的声旁，引导学生利用形声字的声符，猜出为同一声符的汉字发音，引导学生类推音域。例如：

"方"作为声旁的汉字有芳、放、房

知道"芳"的发音，可类推"放、房"的音域范围。

"青"作为声旁的汉字有清、请、晴

知道"青"的发音，可类推出"清、请、晴"的音域范围。然而，汉字发音并不能完全依赖同一声旁进行类推的方式，毕竟在汉字发展过程中，很多声旁已失去其声符作用。有一点启示，声旁的好处在于，它可以提示学生某一汉字的大概发音区域，学生根据这一大概猜测，可划定语音的下一步检索范围。

---

[1] https://www.zdic.net/hans/明.

（3）依形溯源释字。这是根据汉字的来源与演化进行的解释教学，以汉字"酒"为例，如图6-10所示。"酒"字左边是偏旁三点水"氵"，意为水样液体，右边是古人器皿"酉"，二者合在一起就是"酒"。从图6-10也可看出汉字"酒"的构成。以此加深学生理解汉字"酒"。

图6-10　汉字"酒"的构成来源演示

再例如，汉字"册"，远古时代没发明纸以前，古人将文字写在竹片上，然后用绳子将竹片缠在一起（图6-11），这就是汉字"册"（图6-12）的母体。"册"在现代汉语中可做量词，表示书籍数量，也可做名词，如"花名册"。

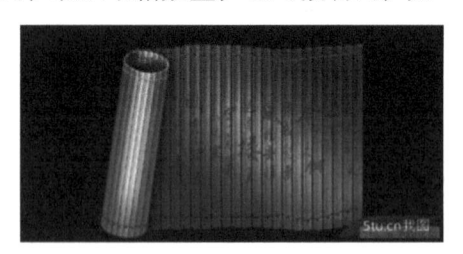

图6-11　汉字"册"的构成来源

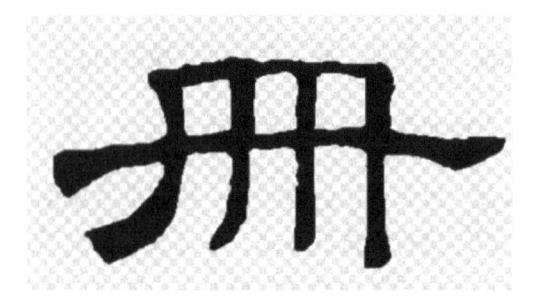

图6-12　汉字"册"的隶书[①]

---

① http://sf.zdic.net/sf/ls/0405/1c71735108db7afdf7bf37e9f55cf46f.html.

6.4.3 汉字教学的意释法

意释法指的是教师进行汉字教学时，采用汉字意义与字形并用的方法，也就是"语义+字形"的组合，引导学生根据组合规律理解汉字。这种方法一箭双雕，既帮助学生记忆新汉字，又让教师及时发现并纠正学生对汉字的错误理解。

意释法常见用于根据风俗习惯而构形的汉字，这些汉字多来自日常行为或地方习俗，例如：

安：有女人在房子里，觉得安全、平安
好：有妻子（女）有孩子（子），真好
灭——火上盖了个盖子，火就灭了

当然，意释法还可以"类推释字"，也就是教师根据学生已掌握的汉字，从音、形、意三元素出发，训练学生对汉字进行类推的能力，例如：

音近类推，教师给出汉字"青"，学生类推汉字"清、晴、请"。
形近类推，教师给出汉字"羊"，学生类推汉字"样、洋、详、痒"。
意反或意近类推，教师给出指事字"上"，学生类推出与其意义相反的汉字"下"；教师给出汉字"刀"，学生类推出"刃"。
组合类推，教师给出"木"，学生类推出"林、森"；教师给出"人"，学生类推出"从、众"；教师给出"日"，学生类推出"晶"。
品字结构类推，教师给出"品"字的间架结构，学生类推出"众、鑫、森、晶、淼"。

类推原则在实施中需要满足两个教学条件：一是，教师所引导的类推应来自课本知识，尽量不要超纲；二是，教师应根据学生的汉字接受能力和潜力进行教学，不要在学生完全不懂的情况下强制类推，需要注意的是，类推原则仅适用于有一定汉字储备的学生。

6.4.4 汉字教学对比法

对比法是由前述汉字教学方法引申出的方法。该方法指的是，教师依据某一类型汉字的知识系统，用旧的汉字引出新的汉字，并对二者进行知识共性总结，达到温故而知新的目的，加深记忆。例如：

利用笔画知识，从旧汉字引出新汉字，如"字"引出"学"。

利用部件知识，从旧汉字引出新汉字，如"杨"引出"场、肠"，"边"引出"过、近、遍"。

利用意义知识，从旧汉字引出新汉字，如"江"，引出与地理环境的"湖、海、洋、河"。

6.4.5 汉字教学注意事项

汉字教学无论是策略还是技巧，在实际运用中都需注意以下几点：笔画规范、笔顺不乱、关注部件、遵循体系。

（1）笔画规范。教师在教学生写汉字的时候，务必强调笔画书写应规范，其重要性不言而喻。教师提醒学生要关注三点：一是笔画相近的汉字，如汉字"已、己、巳"。二是汉字之间的笔画区别，如竖撇"丿"和竖"丨"、竖钩"亅"和竖提"𠄌"。三是汉字笔画之间存在相连、相交、相离的位置关系，如汉字"人"，撇"丿"与捺"㇏"相连；汉字"义"，撇"丿"与捺"㇏"相交；汉字"八"，撇"丿"与捺"㇏"相离。这些区别务必让学生看清楚，并仔细分辨。

（2）笔顺不乱。教师应时时提醒学生的汉字笔顺，例如：

撇（丿）和捺"㇏"，应是先"丿"后"㇏"

点（丶）在汉字中有不同位置，位置不同，丶的先后顺序也不同，汉字"燕"下面的四个点，就是笔顺不同的典型情况。

（3）关注部件。关注部件，是理解汉字构形的最重要过程。

第一，关注独体字的写法。有的独体字虽笔画不同，但构造很相似，如：

九、几、儿

木、禾、才

上述汉字的笔画不同，但结构很相近，容易混淆。

有的独体字笔画相同，但结构区别尺度很细微，需仔细辨析，例如：

"日"和"曰"
"士"和"土"
"未"与"末"
"天"与"夫"

上述汉字容易造成视觉上的错觉，甚至疏忽。

第二，关注合体字内部的偏旁和部首。合体字内部部件的数量、大小、位置都会对整字有影响，例如：

"炎"与"焱"
"竟"与"竞"
"来"与"夹"

第三，利用汉字的表意功能和组词能力，"以义解词""由形析字"，以此培养学生的"望字猜义"能力。例如，从"人"字义猜测"行人"义，以"休"的构形猜测所指事物为何。此方式教学是有局限的，仅适用于类似汉字之间。

（4）遵循体系。体系指的是，教与学的顺序体系具体体现在以下两方面。

一是，在认读和识记的教与学体系中，教师应遵循"先认读，后识记"的步骤。首先，教师教学生从视觉上认知汉字，再从听觉角度感受发音；认读以后，教师向学生发放汉字图片或播放汉字视频，要求学生依据图片或视频选出指定的汉字。二是，针对汉字知识的教与学体系，当学生具备一定的汉字基础后，教师可以教给学生一些汉字知识，如汉字的演变史、结构规律、构成规则等。这些知识可以帮助学生从文化、来源、规律等方面把握汉字，从而尽快找到掌握汉字的感觉，建立熟记汉字的体系。除了这两方面，为活跃课堂气氛，教师还可利用文化故事进行汉字解释。

除了上述四项注意事项，在课堂上，学生写汉字的时候，教师应进行监督、巡视，关注学生的握笔姿势、书写规范。教师要善于利用听写训练规范学生的汉字书写，提升其汉字运用能力。教师及时布置课后的汉字书写任务，并认真批改，及时讲评反馈。

6.5　汉字教学设计案例

一、课型：初级汉字课

二、教学对象：汉语水平入门级的外国留学生

三、教材：综合课的汉语教材：《新实用汉语课本》（第一册）。

使用对象：英语为母语或媒介语的成人汉语学习者。

四、教学内容：第 2 课《你是哪国人？》[1]（课文的汉字部分，83 页—86 页）

1. 掌握知识：了解"妈、爸、国"的结构与认读。

2. 汉字认写：（1）认识并书写 84 页—85 页的"基本汉字"：

匕、又、贝、玉、见、米、目、心、上、云、王。

（2）认识并书写 85 页—86 页的"课文汉字"：

老师、朋友、贵姓、国、米饭、看。

五、教学目标：

1. 掌握汉字的结构知识：左右结构、上下结构、包围结构。

2. 学习汉字的偏旁：食字旁（饣）、国字框（囗）。

3. 认写：84 页—85 页的"基本汉字"；85 页—86 页的"课本汉字"。

六、教学重点和难点：

1. 重点：培养学生写汉字的笔顺意识、间架结构意识。

2. 难点：写汉字时应注意笔顺问题、间架结构比例。

七、教学方法和教学工具：

1. 图片演示法、实践演示法。

2. 教学工具：

基本教具：卡片、教学课件。

技术工具：有助于汉字教学的小程序、App 软件等。

八、教学时间：45 分钟

---

[1] 刘珣. 新实用汉语课本（第一册）[M]. 3 版. 北京：北京语言大学出版社，2015：83-86.

九、教学步骤：

1. 师生导入新课（5分钟）

（1）复习上次课的基本笔画和偏旁：

单人旁（亻）、言字旁（讠）、木字旁（木）等

（2）教师引导学生回忆上次课学过的汉字"什么、认识、怎么样、林、进、做、最近、名字、叫、姓"，让学生指出这些汉字的偏旁或部首及其位置比例。

（3）教师引导学生认清下述汉字的间架结构及部件之间的关联，例如：

上下结构：歪、只
半包围结构：进、近

2. 教师讲解本课新汉字（30分钟）

（1）汉字的间架结构（汉字来自教材84页）

上下结构：爸
左右结构：妈
包围结构：国

讲解：教师展示这些汉字的结构关系，并演示其书写笔顺。
（注：可由备好的课件或软件展示、演示）

训练1：教师讲解后，打乱汉字的顺序，随意指出某一汉字，让学生说出该汉字是什么结构，让学生感受汉字结构，体会汉字的魅力。

训练2：教师让学生根据汉字偏旁写出今天学习的汉字，例如：

教师给出"女"字旁，让学生写"女"字旁的汉字"妈"。

（2）汉字的偏旁部首（汉字来自教材84页）

食字旁（饣）：饭、饼、饿
国字框（囗）：国、困

讲解1：教师展示汉字"饭、饼、饿"，告诉学生这些字都与食物相关，启发学生联想其他带有偏旁"饣"的汉字。

讲解2：讲解汉字"国"的来源，繁体字为"國"，中间有"戈"表示武器，外有"囗（wéi）"表示边境，用武器保卫四方的意思。由繁体字"國"演化为现在的简体字"国"。再举例：汉字"困"，其"囗"表示四面有墙，里面是一棵树，一棵树被"囗"关住了，表示"被困其中"。

训练1：教师将学生分组，小组成员在规定时间内书写"国"和"困"，然后，教师带领学生比一比，看哪一组写得多、写得好。

训练2：教师让学生根据食字旁（饣）和国字框（囗），写出今天学习的新汉字。

（3）认写汉字。认识并书写84页—85页的"基本汉字"：

　　　七、又、贝、玉、见、米、目、心、上、云、王。

讲解：教师用事先备好的图片展示汉字，并以动态图的方式给学生演示这些汉字从古字形发展到现在的过程，帮助学生建立字形与意义之间的关联。

训练1：教师给学生演示这些汉字的书写规范，然后教师在黑板上进行书写操作，同时，让学生在纸上或练字App上与教师同步书写，其间，让学生注意书写时的笔顺，例如"玉"的笔顺（图6-13）：

图6-13　汉字"玉"的笔顺演示

在书写过程中，教师带领学生边写边念，依次读出构成汉字的笔画名称"横、横、竖、横、点"，学生跟读，模仿写字，并记忆。

训练2：教师说汉字的笔顺，让学生猜出是哪个汉字，例如：

教师说汉字"上"的笔顺"竖、横、横"，学生听后说出汉字"上"。
（其他汉字根据教学时间可适当训练）

（4）认识并书写85—86页的"课文汉字"：

　　　老师、朋友、贵姓、国、米饭、看。

讲解：教师展示上述汉字，让学生观察这些汉字与方才所学汉字之间的间架结构关系，例如：

"匕"是"老"的部件。

"贝"是"贵"的部件，"贝"古代用作钱币，因此"贵"与价格有关系，后延伸意义如"贵姓"。

"王"是"国"的部件，表示"王"统治国家。

"目"是"看"的部件，表示用"目"（眼睛）看东西。

训练1：教师用动态图展示这些汉字的演变过程，再让学生朗读这些汉字，训练学生的认字能力，然后让学生在田字格本上书写汉字楷书。

训练2：学生两人一组，用上述汉字扩展成短语或句子，并对话。

学生练习前，教师进行示范，例如：

——"你是老师吗？"——"我是老师。"

——"我妈妈和爸爸来了。"——"他们是老师吗？"

——"您贵姓？"——"免贵姓张。"

——"你吃什么？"——"我吃米饭。"

（练习时间，教师可根据教学时间临时制定，但不应超过本环节时间的1/3。）

3. 教师组织课堂活动（8分钟）

（1）猜汉字游戏

教师拿出事先备好的汉字卡片，卡片上为本次课所学全部汉字。教师将班级学生分组，2—3人一组，教师给小组分发卡片，并讲解活动规则。小组学生拿着卡片，教师读汉字，学生举起相应的卡片，看哪组举得快、对得多。

（2）汉字接力

教师将班级学生分组，5人一组。小组内5人依次排开，教师拿出事先备好的汉字卡片。小组内只有最后一位学生能看到卡片上的汉字，然后他（她）在前一位学生的后背上用手指写看到的汉字，被写汉字的学生再在前一位学生后背上写感受到的汉字，依次传递。最后，由第一位学生猜出所感受到的汉字是什么。根据速度和准确率，决定小组胜负。

十、教师布置课后作业（2分钟）

1. 书写汉字："爸、妈、老、友、贵、国、饭、看"（每字写5遍，朗读3遍）。

2. 理解并书写汉字：老师、朋友、贵姓、国、米饭、看。

3. 预习第3课"你家有几口人"中的汉字，按偏旁、间架结构，对它们进行分类。

注意：汉字教案在实际使用后，可根据课堂教与学的情况进行反思：

汉字教学应给学生建立笔顺意识、间架结构意识，为汉字书写、记忆、理解奠定基础。

（本设计参考书籍：刘珣. 新实用汉语课本（第一册）[M]. 3版. 北京：北京语言大学出版社，2015）

第 7 章　国际中文教学设计元素：语法教学设计

在现代汉语语法研究领域，国内普遍以黄伯荣、廖序东先生主编的教材《现代汉语》（上、下册）为范本，该教材完整地梳理了现代汉语语法体系。

语法是语言的组合法则，专指组成词、短语、句子等有意义的语言单位的规则。①

语法单位主要有四级：语素、词、短语、句子。它们都是语言中的音义结合体。语素是语言中最小的音义结合体。语素可以组合成合成词，有的可单独成词。词是最小的能够独立运用的语言单位，是组织短语和句子的备用单位。一部分词加上句调可以单独成句。短语是由词组成的、没有句调的语言单位，是造句的备用单位。大多数短语可以加上句调成为句子。句子是具有一个句调、能够表达一个相对完整的意思的语言单位，句子前后有隔离性停顿。②

在四级语法单位中，语素是最稳定的语言单位，也就是一个个汉字或单音节词。词具有相对的固定性，少数词与其他汉字或词组合成新词。绝大部分短语依赖一定的规则进行组合。句子是四级语法单位中组合最为复杂的系统。国际中文教学中的语法教学主要体现为中文词、短语组合规则和句子组合规则，也就是词法和句法。

汉语词法是以词类为基础的。汉语词分两类：实词和虚词。实词包括名词、动词、形容词、区别词、数词、量词、副词、代词，以及特殊实词（拟声词、叹词）；虚词有介词、连词、助词、语声词。实词具有实际意义，可以单独充当句

---

① 黄伯荣，廖序东. 现代汉语（下册）[M]. 6 版. 北京：高等教育出版社，2017：1.
② 黄伯荣，廖序东. 现代汉语（下册）[M]. 6 版. 北京：高等教育出版社，2017：4.

子成分；虚词主要起语法作用，不能充当句子成分。现代汉语语法有形态变化、语序变化，以及虚词使用。因此，虚词承担着重要的语法功能。总体而言，词法涉及实词的构词规则、虚词的语法功能。国际中文的语法教学主要探讨实词组合规则与虚词的语法功能。

汉语句法是短语或句子内部结构成分的规则。只要句法能够表达完整的意思，就可以形成一次完整的交际任务。汉语句法体现了中文句型、语序、句子成分等的规则。句型如主谓句、非主谓句等；语序如主+谓+宾、定+状+补等；句子成分如主语、谓语、宾语、定语、状语、补语。

7.1 词法教学内容与设计

国际中文教学中，词法教学涉及两方面：实词组合规则、虚词的语法功能。实词是自由的，虚词必须依附于其他词尤其是句子之中，因此虚词的词汇组合特征不突出，故列入句法教学。本节以实词为例，探究国际中文的词法教学设计。强调一下，国际中文教学偏重技能（听说读写）方面，故而，词法教学很难脱离句法，因此，本节的词法教学设计多有句子作为示例。

7.1.1 实词教学设计

汉语实词有名词、动词、形容词、区别词、数词、量词、副词、代词、拟声词、叹词。在实词中，动词、形容词的组合能力十分强，量词为汉语的显著特征之一，因而动词、形容词、量词是国际中文词法教学的重点。

动词与其他词的组合很活跃，一般的组合如：

动词+名词："吃饭、洗衣服、晒被子"

稍微复杂的组合如：

名词+动词+名词："我吃饭""妈妈洗衣服"

上面的组合已具备句法特性。

更复杂些,在前述组合基础上附加了其他词语(成分),例如:

"我吃一碗饭"

"妈妈洗好了衣服"

"她在院子里晒被子"。

(注:以句法而论,一般情况下,动词在句中做谓语,可带宾语,例如:我吃饭。"吃"为及物动词,"饭"是宾语)

我们以动词中的助动词为例,探讨其教学设计思路。

助动词,又称"能愿动词",表达"可能、意愿、必要,或者评估"等的意义,带有主观意愿或评价色彩。助动词不能单独使用,一般与动词或形容词组合。以意义划分助动词,主要有三类:表可能,如"能、能够、会、可能、可以、可";表必要,如"要、应、应该、应当";表意愿,如"肯、敢、愿、愿意"。在日常交际中,使用频率较高的是"能、要、想、应该、值得"[①],它们一般会出现在初中级汉语中。

助动词的教学设计遵循"教师示范、学生训练"的原则,从易到难、逐层推进。

(1)能,表示"可能、有能力实现"之意。教师举例如下:

表示可能:能+动词(教师展示出来),如:

能写。(短语)

我能写。(简单句)

(注:第一个是"能"的短语组合,在特定语境中可作为句子使用。教师将上述例子展示给学生,让学生清晰地理解其结构规则,并给学生提炼使用规则)

(2)要,作为助动词时,"要"表示"快要、想要"之意,后可加形容词、动词,教师举例如下:

要+形容词:(天)要亮了。(表示客观情况"快要、即将"。)

[①] 国家汉语水平考试委员会办公室考试中心编制的《汉语水平词汇与汉字等级大纲》将助动词"能、要、想、应该"划为甲级词,"值得"划归乙级词。

要+动词：(我)要去。(表示主观意愿"想要"。)

教"要"时，教师应根据课文语境对"要"进行处理。例如，出现"要+形容词"，例如：

(天)要晴了。
(水)要凉了。
(饭)要坏了。

当表达情况发生了变化的意义时，教师一定应将此意义，以实例形式进行反复讲解和训练，让学生理解透彻。

(3)想，作为助动词时，表示"想要、希望"之意，教师举例如下：
想+动词：

想去。(短语)
不想去。(短语否定形式)

教"想"的助动词意义时，教师应注意，作为助动词的"想"与作为动词的"想"是不同的，并以实例形式展示助动词"想"的用法，强化其"想要"之意。在学生学有余力的情况下，教师可适当展示作为动词"想"的意义及其使用用法，一般情况下，动词"想"后通常加名词，例如：

想家。("家"是名词)

(4)应该，作为助动词，表示"理应如此，或理所当然"之意，例如：
应该+动词：

应该学习。(陈述式短语)
应该执行。(陈述式短语)
不应该耽搁时间。(否定式短语)
(应)该走了。(口语中，"应"可省略，意义不变)

讲解"应该"时，教师应重点解决"应该"的使用问题。"应该"后并非一定是动词，有时会出现作为状语的形容词或介词词组，然后才是动词，例如：

应该好好吃饭。

上例中有状语"好好",然后才是动词"吃"。

(5)值得,作为助动词时,表示"认为有价值,合算"之意,一般"值得"后加动词,例如:

值得讨论。(陈述式短语)

不值(得)一提。(否定式短语)

教"值得"时,教师应指出:这个"值得"不是物品价值的"值得",作为物品价值的"值得"后不加动词,使用时可省略"得",意义无变化。例如:

这件毛衣100块,很值(得)。

综合而言,助动词的词法特征体现了它与其他动词的关系,以及动词与其他实词的关系。进行教学时,以"教师举例、学生学习、学生训练"为核心。另外,教师在讲助动词用法时,还应展示助动词的重要特性,例如,否定形式"不能、不想、不应该、不值得"等;讲解助动词时要注意不能重叠,绝对不可以说"能能、应应该该、要要、想想"等。

说到重叠,汉语很多动词都是可以重叠的。动词重叠式在中文交际语境中经常出现,如"走走、说说""走一走、说一说、看一看"。

动词重叠有其固定格式和适用范围,其固定格式主要有:

AA式:看看、走走、说说

AABB式:来来往往、走走停停

ABAB式:学习学习、休息休息

AAB式:帮帮忙、说说话、聊聊天

A一B式:说一说、看一看、想一想

A了B式:听了听、问了问

动词重叠式一般表示短时的、尝试或反复多次的行为,带有一种轻松的语气,例如:

我看了看表,说:"没关系。"

我们出去走走吧。
他问了问情况，没再说什么。
太累了，我们休息休息吧。
街上行人来来往往，有的人走走停停。

动词重叠式的适用范围与非重叠时基本相同，一般在句中做谓语。例如：

她看了看我，没说什么。
她洗洗衣服，刷刷碗，看看书，就这样过了一天。

非及物类动词重叠后，其后不能带宾语，例如：

你休息休息吧。
我们出去走走。

当然，也有特例，例如：

这事我们得说道说道。

教师可分步骤讲解动词重叠式。第一步，教师展示动词重叠式的一般形式及例子，带领学生朗读例子，并提示其形式特征；第二步，教师展示动词重叠式的适用范围，并带领学生提炼其适用范围特征；第三步，教师请学生模仿举例，并进行点评；第四步，教师归纳动词重叠式的形式特征和适用范围特征。

除了动词重叠式，形容词也有重叠式。汉语形容词一般在句中做定语，有时做谓语、补语、状语等，例如：

形容词作定语：

美丽的花朵。
他是个大忙人。

形容词作谓语：

（女孩）很漂亮。
（风景）很美（丽）。

（最近我）很忙。

（屋子）很干净。

形容词作补语：

（你）做得太漂亮了！

（那个小男孩自己把手）洗得干干净净。

形容词作状语：

（她）兴奋地跑了（出去）。

形容词的使用特征鲜明，易区分，因此，形容词是汉语词法的重点，但不难。教学时，教师先将典型用法展示给学生，再安排适量练习即可。需要关注的是，形容词重叠式的固定格式和适用范围。形容词重叠式的固定格式，例如：

AA 的：长长的、亮亮的

ABB：亮晶晶、绿油油、黄澄澄

AABB：干干净净、漂漂亮亮、老老实实

ABAB：雪白雪白、通红通红、油亮油亮

A 里 AB：糊里糊涂、土里土气、娇里娇气

形容词重叠式一般表示程度加深、意义加强，其适用范围，例如：
用于形容词谓语：

（毛衣颜色）雪白雪白的。

（柿子）黄澄澄的。

（眼睛）亮晶晶的。

用于修饰性定语：

干干净净的房间（显得很大）。

（孩子仰起）通红通红的小脸蛋。

绿油油的庄稼长高了。

用于修饰性状语：

(你)老老实实交代(吧)。
(她)糊里糊涂地写了(几个字)。

同时，教师应指出，形容词重叠式前不可出现程度副词，例如：

形容词"马虎"重叠式"马马虎虎"，可说"非常马虎"，
不能说"非常马马虎虎"。
形容词"干净"重叠式"干干净净"，可说"很干净"，
不能说"很干干净净"。

与动词重叠式讲解类同，教师可分步骤讲解形容词重叠式及使用：第一步，教师展示形容词重叠式的一般形式及例子，带领学生朗读例子，并提示其形式特征；第二步，教师展示形容词重叠式的适用范围，并带领学生提炼其适用范围特征；第三步，教师请学生模仿举例，并进行点评；第四步，教师归纳形容词重叠式的形式特征和适用范围特征。

量词是中文中较为常见的实词。外语中也有量词，但相对较少，且"一量打天下"，也就是，一种量词可在多类语境中使用。例如：英语单词 piece

a piece of bread（一块面包）
a piece of furniture（一件家具）

piece 能"量化"很多事物。中文量词很多，且功能多样，可区分语境，也可区分人、事物或动作。中文量词有名量词、动量词。名量词主要具有如下特征：
表明同一事物不同方面的特征，例如：

一只鸡、一块鸡肉、三根头发、一头黑发

突出事物的主要形状特征，例如：

一串葡萄、一粒米、一条皮带、一双筷子、一张纸

区分那些本质相同但外表不同的事物，例如：

一朵花、一片花瓣、一簇花

动量词表示动作的数量或次数，例如：

去了五趟、读了三遍、走了三圈

对外国学生而言，学习名量词最重要的是记忆。教师的教学设计可助力学生的记忆。具体教学中，教师可根据课文语境指出量词的基本属性（与人相关或与事物相关的属性），然后引导学生进行搭配训练，例如：

个：一个人、一个学生
块：一块面包、一块钱、一块金子、一块布
颗：一颗种子、一颗糖

教师带领学生反复练习，然后引导他们提炼规律。同时，教学中，教师应指出一些量词使用上的特殊性，例如，名词"老师"用量词，不能说"一个老师"，而是"一位老师"。针对这种情况，教师提示学生反复练习、反复记忆。

名量词是重点，但不难。难度相对较大的是动量词，它难在不同量词的不同搭配上，更需反复记忆。除了记忆，教师在教动量词搭配时，还可分步骤进行。教师可以从基础组合入手，逐渐增加搭配难度，让学生明白量词在其中的搭配作用。例如：

我去北京。
我去了北京。
我去了一趟北京。

在这三句话中，搭配难度依次递增，最后动量词"趟"出现，表示"我"去了一次北京且返回出发点。

另外，教学中，教师要重视那些易混淆的动量词，例如：

到底是"这本书我看了三遍"还是"这本书我看了三次"？

从形式看，这两句话都是对的，但所传递的意义却大不相同。第一句话意在说明，这本书"我"从头到尾都看过；第二句话意在说明，这本书"我"看了，但不一定从头到尾，也许只是翻了翻，翻了三次。

动量词还分专门动量词、借用动量词。专门动量词，例如：

趟、次、回、遍、顿、遭
……

借用动量词一般来自名量词、名词、动词，例如：

顿，一顿饭（名量词），"她做饭做了三顿"（动量）
阵，一阵风（名量词），"她搞了好一阵，也没搞清楚"（动量）
场，一场雨（名量词），"演员们演了五场，还没演够"（动量）
口，樱桃小口（名词），"她咬了一口"（动量）
针，一根针（名词），"护士给我打了三针"（动量）
笔，毛笔（名词），"她在本子上画了几笔，就停下来了"（动量）
下，下去（动词），"她跳了两下，然后就摔倒了"（动量）
……

借用动量词的使用十分灵活，教学时教师可根据语境，指出其意义和使用方法。

除了以上各类量词，还有一类较为特殊的量词——复合量词。复合量词由名量词与动量词组合而成，表示人、事物、动作的总数量，如"人次、架次、吨公里"等。

现代汉语量词是一个较繁琐的词语系统，其组合内容和规则需要专门记忆。但总体而言，汉语量词的使用并不难，教师应将重心放在引导学生记忆、助力学生建立信心上，并及时指导和纠偏。

7.1.2 虚词教学设计

汉语虚词包括副词、介词、连词、助词、叹词、象声词。虚词没有实际词汇意义，大部分虚词承担着语法中的句法功能，少部分虚词则只具备加强情感色彩的作用，如叹词、象声词等。加强情感色彩的虚词，举例如下：

叹词，多表示感叹、应答、招呼，例如：

啊、呀、哈、哎哟、嗨、嗯、哦、呸、哼……

哎哟，是你啊，小明。（表惊讶、意料之外）

象声词，模拟自然界或人类的声音的词汇，例如：

汪汪、哗哗、淅淅沥沥、噼里啪啦、叮叮当当……

与叹词不同的是，象声词可修饰动词或名词，例如：

淅淅沥沥地下起雨来。
火烧得很旺，噼里啪啦地响。
汪汪的叫声传来。

承担语法功能的虚词有副词、介词、连词、助词。它们对中文的句法规则有重要意义。由于虚词的教学设计离不开语境，语境往往是句法的集合，因此虚词教学离不开句法。例如，表达时态的动态助词"着、了、过"，想要理解它们就必须有句法的助力。故而，对虚词的教学设计与 7.2 节相关联，此不赘述。

7.2 句法教学内容与设计

中文句法的内容涵盖：语法规则、句型结构、词语功能、语用规范。国际中文教学的句法教学设计重点在于：实际应用、逐步增难、互动与练习。

句法内容包括：（1）语法规则，如词序、语序、时态、语态等，这些规则帮助外国学生理解中文句子的构成和表达方式。教学设计应集中于句法的词序、语序，以及具有时态意义的动态助词"着、了、过"的使用上。

（2）句型结构，如肯定句、否定句、疑问句、条件句等，外国学生可以通过掌握中文的各个句型结构及其用法，达到能自如使用中文交际的效果。教学设计应集中于一般句型、特殊句型上。针对特殊句型或固定句型，教师可进行有针对性的设计。

（3）词语功能，是指词语在句子中的功能和角色，词语在句子中充当主语、谓语、宾语、状语、定语、补语。理解这些，有助于外国学生正确组织句子结构。教学设计可集中在整句教学，用整句进行听说读写等的实践。进行词语功能教学设计时，教师切记勿将其当作知识讲解或术语记忆。

（4）语用规范，如礼貌用语、情感宣泄、长幼尊卑、职业场合、私人空间等。理解语用规范，有助于外国学生更加得体地交际。教学设计可集中于语境教学，教师呈现句型、词语功能，营造语境，让学生从语境中找到语用感觉。

句法教学设计重点包括：（1）实际应用：教师的教学设计应体现真实语境。这些真实语境可助力外国学生进行交际实践。让他们通过学习、练习，在真实语境中感受到句子的交际功能，从而达到对句法的理解、掌握、运用。

（2）逐步增难：教师的教学设计应体现从简单到复杂的知识递增趋势，以确保外国学生能循序渐进地掌握更加复杂的句法使用，为真实交际打下坚实的基本功。

（3）互动与练习：教师的教学设计务必包含互动式教学活动和训练，如造句子、复述语篇、主题表达、句子改错等。教师还可借助现代信息技术，将训练多样化，如看动漫写句子、听音视频进行复述、给中文电影配音等。

对外国学生而言，句法内容是交际训练的基础，通过训练可以巩固学生的句法学习。在教学设计中，教师应引导学生记忆句法知识，更要注重培养在训练学生使用句子规则进行交际。

7.2.1　句型教学内容及设计

中文句型分为主谓句和非主谓句。主谓句包括名词谓语句、动词谓语句、形容词谓语句。非主谓句有名词非谓语句、动词非谓语句、形容词非谓语句、叹词句、象声词句。

对外国学生而言，这些句型可以记忆，但其使用规则务必通过真实语境的训练才可以得到加强。因此，对教学设计来说，如何让学生准确恰当地使用句型，显得更为紧迫而重要。教学设计重在引导记忆、营造情境、训练学生交际。我们以单句句型"比较句""存现句"为例，进行教学设计分析。

1. 单句句型教学设计

（1）比较句的固定格式通常是"……比……"，例如：

我比你高。

我比你高 10 厘米。

教学过程可分三个步骤：
第一步，教师选取可用于教学的情境素材，例如：

> 我们班的同学是从世界各地来的。约翰是从美国来的，24 岁，身高 1.82 米；朋子是日本东京人，大学刚毕业，22 岁，身高 1.58 米；安娜是丹麦人，20 岁，身高 1.78 米；汉斯是瑞士学生，26 岁，身高 1.85 米；玛丽是漂亮的法国姑娘，25 岁，身高 1.66 米。我们在一起学习、一起玩儿，像兄弟姐妹一样。

第二步，教师带领学生阅读这些素材，引导学生提炼其中的基本信息，例如：

26 岁	汉斯	1.85 米
25 岁	玛丽	1.66 米
20 岁	安娜	1.78 米
24 岁	约翰	1.82 米
22 岁	朋子	1.58 米

第三步，按照从简单到复杂的原则，逐层展开教学：

A. 打基础，教师展示归纳结果，让学生熟悉几分钟，然后拿掉，开始师生问答：

师：他们谁最高？谁最矮？
生：汉斯最高，朋子最矮。
师：汉斯 1.85 米，朋子 1.58 米，谁比谁高？
生：汉斯比朋子高。

上述对话中，教师引导学生熟悉了本次教学的重点：比较句的基本形式。

B. 进阶，开始稍复杂的比较句学习，教师让学生看第二步的归纳结果，并用"……比……多少？"提问：

师：安娜比玛丽高多少？
生：安娜比玛丽高 12 厘米。

师：汉斯和约翰，谁高？
生：汉斯高，汉斯比约翰高3厘米。

上述对话中，"12厘米""3厘米"都是作为比较结果而出现的，它们的存在让比较句固定格式的基本形式发生变化，从而增加了句式的复杂程度。

C. 再进阶，难度进一步提高。教师引导学生理解更加复杂多样的比较句形式、用法，以及否定用法。教师继续提问：

师：朋子高吗？
生：朋子不高。
师：朋子有玛丽高吗？
生：朋子没有玛丽高。
师：朋子比玛丽矮8厘米。

上述对话中，第三个例句的比较形式发生了显著变化，不是"……比……"而是"……有……"，虽然没有"比"，但它也是比较句，只不过该句不能体现比较结果，不可以说：

朋子有玛丽高3厘米吗？

"……有……"多用于问句中，答句为"……（没）有……"形式，也就是"朋子没有玛丽高"。另例如：

今天有昨天冷吗？
今天（没）有昨天冷。（也可简短回答"没有"或"有"）

上述比较句的三步骤教学法为学生提供了比较句"由易到难、从简到繁、语境提升"的实践机会，不仅帮助学生理解比较句的结构，还通过师生互动强化了实际运用能力。这个方法只是参考，具体教学中，教师还需根据教学对象和教学环境，通过营造语境、设计互动、情境练习，促进学生的理解、巩固实践、挖掘潜力。

（2）存现句。中文的存现句一般表示人或事物的存在状态或状况、人或事物出现或消失的状态或状况。存现句的现场感很强烈，因此教学设计应集中于情境营造，同样分三个步骤。

第一步，教师展示存现句。教师将事先划分好难度等级的存现句展示给学生。

  存现句基本形式，表处所或存在："山中有座房子"，"座位上坐着人"；

  存现句复杂形式，表示出现且持续："她的脸上挂满了泪花"；

  存现句更复杂形式，表示隐去或出现："书包里少了几本书"，"昨天家里来了几个陌生人"。

此展示方式，条理清晰，也给学生带来了习得的条理性。

第二步，教师按照第一步的展示顺序，营设情境，引导学生进入语境，感受其使用，形成语感，例如：

  师：教室里有什么？
  生：教室里有老师和学生。
  师：教室的座位上坐着谁？
  生：座位上坐着学生。
  师：黑板上写了什么？
  生：黑板上写了很多汉字。

第三步，教师加大难度，营造更加复杂的情境，引导学生用存现句表达。

  师：你家里昨天来了什么人？
  生：昨天我家没来人。
  师：墙上挂着地图吗？
  生：墙上挂的不是地图，是画。
  师：下课时，教室里少了学生吗？
  生：是的，下课时，几位学生走出了教室。

三步骤教学设计使存现句的句法功能一目了然。

除了存现句，"是"字句、兼语句、"被"字句、"把"字句、双宾句等会相继出现在授课内容中。针对这些句式的教学设计理念同样秉承"实际应用、逐步增难、互动与练习"。

2. 复句句型教学设计

除了单句，还有复句句型。复句句型离不开关联词，因此，复句句型教学意味着首先要教关联词如何使用。一般而言，中文关联词表达内部关系，如因果关系、并列关系、承接关系、递进关系、转折关系、假设关系、选择关系、条件关系等。关联词离不开语境，只有在有意义的中文环境中，关联词的意义和功能方能被理解。

我们以日常交际中使用频率较高的选择关系、转折关系、因果关系、假设关系的关联词为例，进行教学设计示范。

（1）选择关系，"不是……就是……"。设计不同语境，分别进行练习。

语境A. 每日早餐，例句：

　　早饭不是馒头就是面条，早吃腻了。

语境B. 上课恰逢下雨，例句：

　　哎呀，这几天不是刮风就是下雨。

语境C. 日常对话，体会交际中使用选择关系复句，例句：

　　——：他怎么不跟我打招呼呢？
　　——：算了，他不是没听见就是不想理你。

（2）转折关系，"虽然……但是……"。设计一个关于"吃货"的话题，以下情境可供参考：

语境A. 几个朋友在旅游，听说当地有很多小吃，例如：

　　——：走，出去吃好吃的，你想吃什么？
　　——：（喃喃自语）虽然下着雨，但是小明想去宵夜，看来，得跟他们走了。

语境B. 日常常见的交际，例如：

　　小明：玛丽，虽然小明没来，但（是）他已经托我给你带了礼物。

（3）因果关系，"因为……所以……"。设计与原因和结果相关的交际语境：
语境 A. 一个人对另一个人说，例如：

因为你没去，所以他不高兴了。

语境 B. 同学相互转告学校的通知，例如：

学校通知说，因为今天刮台风，所以学生都放假了。

（4）假设关系，如"如果……就……"。设计表结果可能性的语境：
语境 A. 好友约定，例如：

如果明天不下雨，我们就去商场。

语境 B. 最后警告，例如：

如果你再不交作业，平时成绩就记为零分。

通过示范可知，关联词教学是复句句法的重要部分，其设计应集中于处理好与语境的关系。

还有一些关联词，例如，表并列关系的"一边……一边……"、表承接关系的"一……就……"、表递进关系的"不但……而且……"、表条件关系的"只要……就……"等，针对它们的教学也是如此。教师采用营造情境的方式，通过语境设计例句，让关联词的交际功能被学生理解，从而促使学生快速掌握关联词的句法特征，并通过师生、生生互动达到交际目的。

强调一点，关联词教学时，教师应引导学生多做互动训练。每学一个关联词，教师都带领学生互动。通过师生、生生合作，将训练提升到实践层面，让学生有勇气面对真实交际。在有条件的情况下，互动训练可通过小组对话、讨论等方式实现，甚至将学生带到真实交际场合，感受真实语境的交际。

学生对关联词的掌握和使用成熟后，教师可尝试创造机会，让学生独立设计语境。教师用竞赛方式让各小组展示自己的设计方案，教师打分，从而增强学生学习语言的竞争意识。

7.2.2 语序教学内容及设计

汉语句法讲究句内词语要素的组合顺序，也就是通常所说的语序。对外国学生而言，汉语语序是学习重点，也是难点。在句法教学中，语序教学是重点之一。理解语序应遵循如下步骤。

（1）让学生理解基本语序。此步骤的目的在于，让学生对汉语语序的基本结构有清晰的认识。汉语语序的基本结构是"主语+谓语+宾语"，也就是学界所说的"SVO"结构，S 为主词（主语），V 是动词（谓语），O 是受词（宾语）。"主语+谓语+宾语"的结构是稳固的，但有时会因语境而调整，形成语序的特殊结构。例如：

主谓宾：我洗了那件衣服。（基本结构）
宾主谓：那件衣服我洗干净了。（特殊结构，宾语"那件衣服"前置，表强调。）
主谓宾：我吃饭。（基本结构）
宾主谓：饭我吃了。（特殊结构，宾语"饭"前置，表强调）

语序会影响听话人的理解，因此，教师在教学中，首要条件是讲解语序的基本结构。然后，在基本结构基础上，教师营设语境，进行语序变式结构的教学。语序的基本结构是保证交际成功的保障，变式结构则是交际中获取精准信息的渠道之一。例如：

我吃完饭了。（基本语序结构）
饭我吃完了。（特殊语序结构）

上述两个例句，其意思相同，第二句中宾语"饭"前置到句首，表达说话人对"饭"信息的强调，从而吸引听话人获取重点话语信息。除了上述宾语前置情况，汉语语序还有一些特殊结构，教师可依据内容，关注其教学设计。

（2）让学生理解更复杂的语序结构和功能。此步骤的目的在于，让学生理解更复杂的语序信息，这对理解句意是有帮助的。以状语在句中位置为例，一般情况下，状语位于谓语动词前，例如：

时间状语：我明天去。
地点状语：我在学校学习。
方式状语：我慢慢走。

如果状语位置发生变化，极易导致信息错误，甚至无法传递信息。例如：

我去明天。（*）
我学习在学校。（*）
我走得慢慢的。（*）

上述三例都是错误的。前两句是病句，它们的状语位置都被后移，导致信息错误，听话人无法获取正确信息。第三句中增加了"得"和"的"，表示"我"的走路特征是"很慢的"，但其意义并非"我慢慢走"所传递的意义。另外，"我走得慢慢的"也不是现代汉语普通话的正确表达方式。

在汉语存现句"是"字句中，也存在这种情况：语序变化，意义也随之改变。

存现句，例如：

在桌子上有一本书。
一本书放在桌子上。（*）
墙上挂着地图。
地图挂在墙上。（*）
小孩子们躲在大门里。
大门口里躲着小孩子们。（*）
主席台上坐着几位代表。
几位代表坐在主席台上。（*）
我坐在椅子上。
椅子坐在我上。（*）

"是"字句：

我是老师。
老师是我。（*）
他吃的是面包。

面包是他吃的。（*）

上述例句中，前句为正常语序，后带"*"句为前句语序的变体。对比后发现，这些变体有以下两种情况。

第一，语序变化导致意义变化。例如，"他吃的是面包"和"面包是他吃的"两句，第一句强调他吃的东西"是面包"而非其他食物，第二句则强调面包是"他吃的"，而非别的什么人吃了。虽然都有"面包"和"他"，但意义已完全不同。

第二，语序变化导致意义错误，例如，"我坐在椅子上"变成"椅子坐在我上"，第二句显然是错的，内容逻辑也不存在。在教学中，教师设置一定量的练习，让学生练习安排句内各词语的位置，尤其是那些对句义影响较大的，如状语、定语、补语等，让学生在练习中感受语序对信息正误的影响。另外，教师设置话语情境，让学生了解语序对交际沟通的重要意义。

（3）让学生理解语序在口语和书面语（或正式场合）中是有区别的。教师在训练语序的时候，应让学生关注到口语语序与书面语语序是有区别的。一般情况下，口语语序较为灵活，倒装或省略较多；书面语语序通常极为规范，极少出现倒装、省略现象。训练中，教师分别提供口语语序和书面语语序的实例，让学生熟悉其语序差别。熟悉这些差异，会让学生适应中文不同场合的交际，例如：

这是一次非常愉快的旅行。（书面语）

这次旅行，太开心了。（口语）

你准备好了吗？（书面语）

准备好了吗？你。（口语）

上述例句中，口语语序相对灵活。对学生而言，口语交际更常用，因而，教学时，教师带领学生多熟悉口语语序，如倒装句、强调句、省略句等，让学生掌握口语语序对特定信息的强调，从而在中文社交中得心应手。例如：

倒装句：高兴，的确。（正常语序"的确高兴"）

老师？他才是呢。（正常语序"他才是老师"）

强调句：说的就是你。（强调"说的是"）

省略句：A：你好，最近怎么样？

B：还行。（省略了"最近我"）

上述例句的展示与练习有利于帮助学生在社交中获取说话人的真正意图。

在中文中，有一些表达语法关系的特定句式，其语序也是教学重点，教学设计时应关注。例如：

趋向补语：动词+出来、动词+下去、动词+过来

其中，表达趋向的词语"出来、下去、过来、过去"，在句中位置是特定的，不能随意变化，例如：

他走出图书馆（来）。
他说出来了。
他跑下去。
他跑下楼（去）。
他醒了过来。

如果发生变化，就极易违背现代汉语语法规范，导致表达错误。例如：

"他走出图书馆（来）"变成"他走出来图书馆"

第二句中将"来"放在"图书馆"之前，不符合现代汉语语法规则。
再如：

"他跑下楼（去）"说成"他跑下去楼"

其中，第二句也是错的，不符合现代汉语语法规则。教师在教学中应引导学生关注这些问题。再如，具有语法功能的词语在句中的使用也有规则可循，否则意义完全不同。例如：副词"不都"和"都不"的使用：

班级里不都是外国学生，还有中国学生。（班级学生有外国的，也有中国的）
班级里都不是外国学生，都是中国学生。（班级学生没有外国的，都是中国的）

针对语序教学，教师应采取教学方法与教学资源结合的方式。教学方法方面，教师通过示范典型、讲解结构、训练表达、师生互动等方法，让学生理解和运用。

教学资源方面，教师适当融入教材之外的语言资源，如词语小知识、日常对话练习、介绍语法书籍等，或利用现代信息技术，如在线演示、模拟场景等，达到教学目的。同时，教师鼓励学生进行日常交际，巩固所学知识。

语序是外国学生语法学习的重点，也是教学的重任。教学设计要保持连续性、连贯性，一个基本语序结构可衍生出若干特殊语序结构。教学设计要有全局视野，贯通脉络。同时，语序教学应体现在教学中的随处和随时，一旦遇到语序问题，教师立即带领学生着手解决，不拖延。

7.2.3 句子成分教学及设计

句子成分是中高级汉语阶段的外国学生应具备的语言意识。针对外国学生的句子成分教学，要突出实用性特征，可从如下情况入手。

（1）教学中引入句子成分的名称。到了中高级汉语阶段，学生的听说读写技能较高，运用中文能力也较好，所以，在此阶段教师应向学生介绍汉语句子的基本构成要素及其名称。内容主要包括句子基本构成要素"主语、谓语、宾语、定语、状语、补语"，以及这些构成要素的语义功能和作用。教师可用实例展示，帮助学生认识这些成分，引导学生理解这些成分要素在句中的功能特征、位置关系。例如：

主语：我
谓语：吃
宾语：面条

教师展示例句"我吃面条"，提示学生，这是"主语+谓语+宾语"句式结构，然后引导学生模仿造句，让学生在强化训练中理解其功能和位置关系。

（2）教学中突出主语和谓语功能。主语、谓语是学生理解句子成分的关键。主语和谓语对内容理解、话语表达都至关重要。教学中，教师展示例句，引导学生弄清主语、谓语在句子中的位置，例如：

主语：小狗
谓语：跳跃

句子：小狗跳跃着。

上述例句中，主语和谓语之间具有语义粘附关系，这是它们的位置和功能共同决定的。位置方面，主语"小狗"在前，是动作的发出者；谓语"跳跃"在后，是动作本身。功能方面，"小狗"发出动作，才会出现动作"跳跃"。

教师还应引导学生关注复杂句式中主语和谓语的关系，例如：

复杂句式：我们几天内都不能再去博物馆了。
这不是我给你的，是给他的。

上述例句中，第一句中的"我们"是主语，"去"是谓语；第二句是复句，有两套主语和谓语，其中"这不是给你的"中的"这"是主语，"是"为谓语，"是给他的"中，主语省略，谓语为"是"。就上述两句及其同类型句式的教学，教师首先提示学生挑出句子的主语和谓语，然后再引导学生理解其句义。

（3）教学中辨识宾语、定语、状语。三者是接受句之完整信息的必要条件。教师展示例句，帮助学生分别认识句中的宾语、定语、状语；然后进行组合，帮助学生理解它们在句中的各项功能。宾语是动作的接收者，定语一般修饰主语或宾语，状语通常修饰谓语。例如：

宾语：面条
定语：美味的
状语：津津有味
句子：他津津有味地尝着美味的面条。

教师引导学生辨识三者在句中的位置，并深入发现三者的话语功能特征。

（4）教学中多训练复杂句子以及连接词、关联词的使用。汉语复杂句子多数是复句，如并列复句、假设复句、条件复句、因果复句等。教师以例句作为示范，帮助学生认识复句的构造，让学生理解其语句功能。然后，教师专门指出其中的特定连接词，如"和""与""及"、关联词"因为……所以……""虽然……但是……""与其……不如……"等。挖掘学生复杂话语的思维潜力，提升学生应对复杂交际环境的能力。

并列复句：我喜欢吃面条，但我不喜欢吃米饭。

假设复句：如果不是你，他根本不能准时到达。

条件复句：只要你的作品说得过去，都能及格。

因果复句：因为人类的不断思考，所以科学技术才一直在进步。

训练学生认识复句、运用复句，对提高写作能力和口语能力都很有帮助。

（5）教学中加强中文实践和创作能力，是学生胜任中文交际的终极目标。教学中，教师营造情境，引导学生进行口语对话练习、写文章练习，或模拟真实交际，分组训练甚至情景剧表演。现代信息技术发达，对语言学习帮助很大，教师充分利用信息技术，如网络课堂、微格课堂、App等虚拟语境，进行模拟训练。而且，教师应经常鼓励学生独立创作，如造句子、成段写作、篇章创作。这些实践和训练一方面提高了学生运用复杂句子的能力，另一方面也是教师测评学生的方式之一。

国际中文教学中的句法学习不仅是技能层面的学习，对有更高要求的学生而言，掌握其知识内涵也是必要的。因此，句法教学设计中添加一些知识内涵的教学设计就顺理成章了。

7.3 语法点教学设计过程

语法点教学设计过程的主线是：展示、解释、练习、归纳，以及教师对语法教学规律的总结。

7.3.1 语法点的展示

展示语法涉及两方面：展示的方式、展示应注意的事项。

1. 展示语法点的方式

类似上课开场，展示语法点的方式主要包括听写、师生对话、实物引导、图片展示。我们以案例来探讨展示方式。

（1）听写。上课开始，教师听写，以考查学生的学习情况。通过听写，教师

第7章　国际中文教学设计元素：语法教学设计

可检查学生对旧知识的记忆情况，同时也能检测学生的预习情况。

教师听写用的素材，可选择旧语法元素，此旧语法元素应与本次课的新语法知识有关联，或是新知识的前提，或是新知识的铺垫等。听写的形式是：教师说，学生写。学生在写的过程中，同时进行输入（听）和输出（写）两个技能的训练，一方面唤醒对旧知识的记忆，同时为新知识学习做铺垫。听写这种训练形式属于语言机械训练，对展示语法点而言，简单且便捷。

（2）师生对话。上课开始，教师通过引导师生对话引出新语法知识。教师应在备课时准备好所进行的对话。教师选择旧知识中与即将学习的新语法知识有关联的内容，以此引出新知识话题。举个例子，本课的新语法知识是"除了……以外，还（都）……"的关联词结构，教师将这个结构写在黑板上，然后用旧知识进行提问，开启师生对话：

师：我们的学生都是日本学生吗？
生：不是，我们班还有一个加拿大学生。
师：谁知道用"除了……以外，还……"怎么说？
生：我们班除了日本学生以外，还有一名加拿大学生。
师：很好，现在请大家跟我说，……

上述例子，前两句都是旧知识，在这两个句子中，教师通过班级成员的实际构成，引导学生理解这个关联词结构的意义。然后举一反三，让学生模仿练习，从而强化应用训练，学生举例：

这几天天气不好，除了昨天，一直都有雨。
她除了要复习考试，还有几个活动计划要做。

（3）实物引导。上课开始，教师用身边实物举例，从而引出新语法知识，例如，本次课即将学习"的"字用法，教师以书作为道具，边展示边说：

这是我的书，这是她的书，这是老师的书。

教师的展示让学生明白了"的"的意义和使用。实物引导多用于较为简单或容易理解的语法。

（4）图片展示。图片展示指的是印刷品、地图、图片、图像、视频等的图片或图像展示，且展示图应与新语法知识有关，例如：

"在"的使用，可出示图片（图7-1），并说出句子"她坐在椅子上"。

图 7-1　"在"的语法实用演示

这些展示是打开新语法知识的"正确方式"。展示是教学内容的导向，在它们的引导下，教师的教学才有章可循。展示后，教师引导学生观察新语法知识的结构。教师举实例，带领学生齐读、轮流朗读、点读这些实例，加深学生的印象。展示新语法知识是有时间要求的，中等难度的语法点，十分钟展示时间最佳，时间过短，学生还未充分理解；时间过长，会让学生产生机械记忆疲劳，反而影响接下来的应用学习。

2. 展示语法点应注意的事项

教师展示语法点应注意五种情况。

第一，教师展示的例句应具有典范性和日常性，避免那些"非典型"句子的出现，例如，"对"作为介词时的语法功能：

> 她对我说："你该走了。"
> 他对我非常热心。

上述例句都具有典范性和日常性，但是：

> 他对我商量。（*）

我对妈妈告别，就去学校了。(*)

上述例句既不典型，也不日常，况且第一个例句还是个病句。

第二，教师展示的例句应呼应教材内容，避免超纲。还是以介词"对"为例。

如果教材中的"对"是"她对我说"这样的介词意义功能，那么，教师举例"对答如流"和"对症下药"就不太适合。"她对我说"和"对症下药"中的"对"不具有介词的功能和意义，而且与介词"对"的功能和意义相差悬殊。如果将此例用于介词"对"的教学，不但会误导学生，还会导致接受能力有限的学生徒增心理负担。

第三，教师展示的例句尽量贴合有意义的语境，与日常生活环境关系密切，能引起学生的共鸣，易记易理解。以"把"字句的语法展示为例。包饺子是中国人的传统饮食行为，也是"把"字句应用最多的情境。以包饺子作为解析"把"字句的案例，无疑可以让学生更好、更全面地理解"把"字句这一语法现象。训练初始，教师列出其中可能使用的词汇尤其是新词，以扫除学生的理解障碍，例如：

教师列举的词语：

名词：葱、姜、蒜、白菜、盐、油、酱油、馅、面粉（包饺子的食材）

动词：切、搅拌、擀、搓、捞（包饺子涉及的动作）

教师列举词语后，将"把"字句的基本结构展示出来：

主语+把+宾语+动词+补语（或"了"）

按照包饺子的行为过程，教师带领学生依次写出带有"把"的例句：

我把白菜洗干净。

我把猪肉切成碎末。

我把酱油、料酒倒进肉末里搅拌。

我把白菜切成碎末，和肉末一起搅拌。

我把面粉加水和好。

我把面搓成小条。

我用刀把面切成一节一节。

……

对于上述例句的列举,教师可结合音视频进行形象化展示,加强了学生对"把"字句的印象,并在一定程度上展示了中国传统美食。

"把"字句展示是以日常美食制作吸引学生,既结合了日常生活,同时也满足了外国人对中国传统美食文化的好奇心理,从而达到了事半功倍的效果。

第四,教师展示的例句应与学生的生活场景息息相关,这个效果同第三条。例如:

> 教师教"在"的语法功能,教师问学生:"食堂在哪儿?"

食堂是身处中国的外国学生最熟悉的场所,以此问题开场,效果突出。反之,如果教师举例"雪花在天上"的句子就很不合适。虽说这句话的语法并无错误,但对来自热带地区的外国学生而言,对雪花完全没有生活感受,这句话无疑会增加他们理解的难度。而且,这句话文学性强,缺少生活实用性。

第五,教师展示的例句应充分考虑学生已掌握的中文知识。所用的辅助性词语、句型、语法点、语篇等,最好是学生已学的。例如:

> 学生学过结果补语和作为介词的"把",本次课上,教师可利用新词语"掉"进行造句:"她把那个苹果吃掉了。"

教师所造句中有:结果补语"吃掉了"、"把那个苹果"的把字句。
这样一来,复习了旧知识,也训练了新知识,一举两得。

7.3.2 语法点的解释

语法点的解释主要涉及三个方面:展示语法点的结构、语义和功能,讲解语法点的方法,解释语法点的注意事项。

1. 展示语法点的结构、语义和功能

这是语法讲解的前提,可分三个步骤。

(1)展示语法点的基本结构。基本结构往往是语法的基础,是理解句义的前提。教师可用例句进行展示,如比较句的基本结构:

> A 比 B 形容词

教师将这个基本结构展示给学生，然后解释这个结构所表达的基本意义：比较句一般为 A 事物和 B 事物的比较。教师给出日常事物的例句，其过程如下：

  教师在黑板上写出三个汉字：我、他、高。
  教师告诉学生一些有助于意义理解的基本信息："我=1.8 米、他=1.6 米"。
  教师提问学生："我和他，谁高？"
  学生通过教师所给的基本信息，知道了"我高"。
  基本信息比对之后，教师列出句子：我比他高。
  学生瞬间可明白"比"的意义和用法。
  教师带领学生反复练习，直到学生理解、掌握比较句的基本结构为止。

（2）讲解语法点的语义内涵。关于举例与讲解，教师应做到"应举尽举"和"应讲尽讲"，也就是说，语法点涉及的典型例子都应列举出来，并逐一讲解。如果举例或讲解不典型、不充分，极有可能导致学生出现认知误区。还以比较句为例：

  教师在讲解或举例时，没有基本信息"我=1.8 米、他=1.6 米"的铺垫，学生极可能认为：

  "我比他高"的意思是"他高"。

这显然是错误的。

（3）讲解语法点的功能。功能意味着使用，语法功能意味着语法在什么语境下可使用。还以比较句为例，比较句的功能在于：两种事物（事务）或人的比较。使用环境是体现事物（事务）或人比较功能的语境。例如：

  教师举例：小明 1.8 米，小李 1.7 米，那么，小明比小李高。
  教师引导学生进一步举例：小明比小李高 10 厘米（cm），"10 厘米"是使用环境的细化。

小明与小李对比身高，这就是使用环境，也是该比较句的语境。当然，前提是两种事物（事务）或人之间存在某种可比关系，小明与小李的身高具有可比关系。

有些词汇的使用也存在语境的要求，有的是因使用对象，有的则因使用目的。因使用对象的，例如问对方年纪，"几岁""多大年纪""您贵庚？"三者的使用因对象的不同而不同，例如：

"小朋友，你几岁了？"（问话对象是小朋友）

"老人家，您多大年纪了？"（问话对象是老年人，表尊敬）

"先生，您贵庚？"（多用于正式场合，问话对象是上级或尊贵客人）

对于中文程度较高的学生，教师可引入使用"您贵庚"的语境。

因使用目的不同，中文问候语可用"对不起"和"劳驾"，例如：

对不起，请让一下。（说话人需要听话人为自己行个方便）

劳驾，借我一支笔。（说话人需要听话人为自己提供帮助）

有趣的是，外国学生经常用错"劳驾"和"对不起"。经研究发现，这是教材的翻译问题。在很多国际中文教材中，"对不起"和"劳驾"的英文翻译都是"Excuse me"，这就导致外国学生混淆了二者意义。例如：

劳驾，我错了。（*）

该例句是错的，学生显然被"Excuse me"的英译误导了。其实"对不起"和"劳驾"在中文使用中还是有很大区别的。

2. 讲解语法点的方法

讲解语法有很多方法，教师应用最直观也是最直接的方法讲解，可借助教学辅助工具，如图片、营造日常场景、行为呈现、语义对等搭配、翻译等。

（1）图片解释语法。图片具有最直观的解释效果，以讲解趋向补语（动词+来/去）为例。趋向补语表示动作的方向，如"走来/走去""过来/过去""跑来/跑去"等。为让学生更好地理解该语法功能，教师可以给学生提供一些简图直观解析。趋向补语（动词+来/去）："走来/走去"（图7-2）。

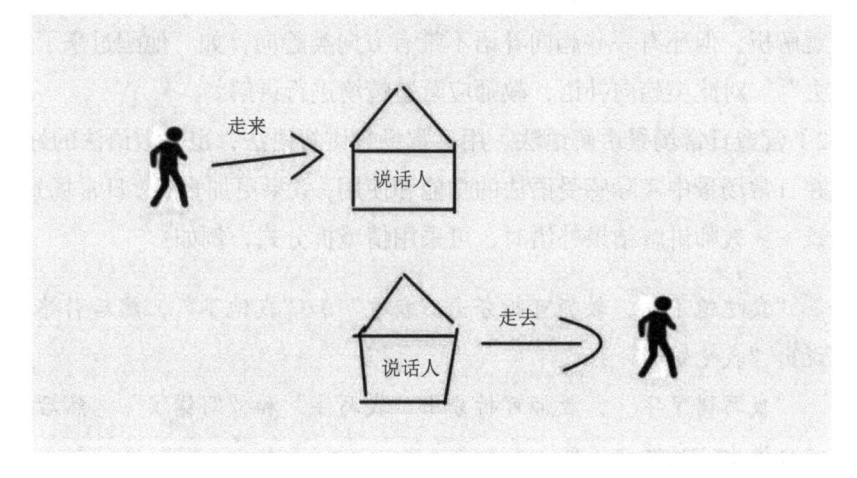

图 7-2 趋向补语 "走来/走去" 的图片解析

趋向补语（动词+来/去）："过来/过去"（图 7-3）。

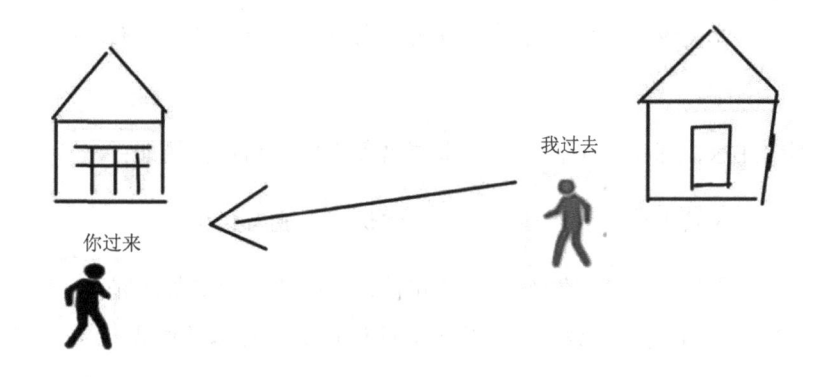

图 7-3 趋向补语 "过来/过去" 的图片解析

趋向补语又分为简单趋向补语和复合趋向补语。

简单趋向补语有：动词+来/去、动词+上/下、动词+进/出、动词+回、动词+过、动词+起、动词+开、动词+到……

复合趋向补语有：动词+上来/上去、动词+下来/下去、动词+出来/出去、动词+回来/回去、动词+过来/过去、动词+起来……

无论简单趋向补语还是复合趋向补语，它们中绝大部分都有方向类趋向，也就是事物跟随动作而发生方向转移，"她走出来""她走进去"等，都可用图片进行直观解析。但还有一些趋向补语不带有方向类趋向，如"他醒过来了""这说不过去"。对此类趋向补语，教师应营造情境进行讲解。

（2）营造日常场景讲解语法。用日常场景讲解语法，也是教语法的好办法，让学生在日常场景中实际感受语法的功能和使用，效果更加直观。日常场景举例：

场景一：教师讲解结果补语时，可采用情境拆分式，例如：

"我吃饱了"，教师可拆分出"我吃"和"我饱了"，然后引导学生说出"我吃饱了"；

"我写错了字"，教师可拆分出"我写字"和"写错了"，然后引导学生说出"我写错了字"。

场景二：讲解结果补语的变式结构时，可用现实场景：

教师故意写错某个汉字，并将写错的字挑出来；
然后对学生说"这个字写错了"；
以此类推，教师引导学生说出"衣服我洗干净了""药我吃了"……

需要注意，有些结果补语的受事宾语务必提到句首，例如：

国人较少说"我写错了字"，常说"字我写错了"。

这里，受事宾语"字"被提到了句首，使得该话语更加顺畅。

（3）行为呈现讲解语法。教师可以通过现场的具体动作或行为，间接解释语法。例如：

讲解方位词"往、往南走、往前走"的语法功能时，教师可向学生发出指令："往门口走""请你往南走""请小明往前走"。
带领学生做与方位词相符合的动作，让学生在行动中感受语义。

（4）语义对等搭配讲解语法。教新语法时，教师可引入与之关联的旧语法，并通过语义对应方式举例：

教新语法可能补语"动词+不了"或"动词+得了"时，教师引入"能"和"可以"，举例：

我去不了。（对应旧知识"我不能去"）

我去得了。（对应旧知识"我能去"）

我写得完。（对应旧知识"我能写完"）

通过对应旧知识，学生对可能补语"动词+不了""动词+得了"有了一定的理解，至于应用，还需通过语境多多训练。

语法被动句也可用语义对等搭配进行讲解，举例：

杯子被我打坏了。（对应旧知识"我打坏了杯子"）

语义对等搭配讲解语法的方式是有限制的，在于：

其一，旧知识与新知识的对应只是相对的，有些语义看起来对应，但其实存在意义或修辞上的错位。例如：

"我去不了"，多用于客观受限而导致的"我"不能去。

"我不能去"更多强调的是主观意愿。

其二，语义对等搭配讲解语法容易使学生在新旧知识交替之际，逃避使用新知识，也就是语言逃避策略，这会导致新知识被学生有意无意地屏蔽掉。也就是说：新知识"我去不了"和旧知识"我不能去"之间，学生会选择难度相对低的"我不能去"。

（5）翻译讲解语法。这种教学方法较受限，极特殊情况下才用。一般而言，二语教学主张少用中介语或学生母语。翻译是基于两种语言的近似性，而非对等性，翻译得到的语言信息有很多都存在语义假象，这些假象会误导学生的理解，有些甚至可能造成学生的根本性认知错误。

3. 解释语法点的注意事项

解释是语法教学中的关键。展示、解释、练习，三者互有交叉，教师应以"火眼金睛"来辨识。讲解语法，重要的是"讲透"，教师应抓住语法最基础、最核心的内容进行讲解，直到学生真正理解并把握。"讲透"语法应秉承以下原则。

第一，教师要备课充分，绝对不能想当然或凭经验，尽管经验对教学是有意义的，但实际教学中总会遇到"第一次"。

第二，教师解释语法时，所用课堂话语应简单明了，尽量通过例句让学生理解，不能把讲语法讲成语法理论知识，这对外国学生掌握中文听说读写技能来说并不合适。

第三，不反对必要时使用中介语或学生母语教学。当教师用尽办法学生也无法理解语法时，教师可研判具体情况，适度添加中介语或学生母语，来解释语法。但教师应把握尺度，中介语或学生母语不宜过多，否则会令学生产生习得的依赖心理。

7.3.3 语法点的练习

语法点的训练涉及四个主体：必备知识（先前知识）的准备、机械性练习、有意义练习、交际性练习。

1. 必备知识的准备

在语法训练中，需要用到某些已学过的知识，教师应事先带领学生对这些已学过的知识进行必要的回顾，例如：

学习关联词"如果……就……"前，确定学生已学习了"就"；

学习"一而再，再而三"的时候，确定学生掌握了"而"和"再"及数字"一""三"的意义和用法。

上述例子中，"就""而""再""一、三"，是学生已经学过的知识，这些知识对学习新知识有支撑作用，所以称其为"必备知识"。在学习新知识前，教师带领学生对这些必备知识进行复习。回顾必备知识，是对学习新知识的预备，这要求教师精确掌握学生的既有中文知识体系。

2. 机械性练习

机械性练习一般用于理解性不强的语法项目。练习形式包括重复、模仿、扩展等。通过反复机械训练，让学生头脑中对语法结构形成硬性记忆，并造成记忆的惯性，为未来的应用作好储备。机械性练习以重复为主，包括逐字逐句重复、对话重复模仿、扩展训练。

（1）逐字逐句重复。这是机械性练习的初阶。教师示范，学生重复，例如：

"这是你的书"的语法点为"的"字使用。

教师读"这是你的书",学生跟读"这是你的书"。

教师带领学生替换"这是我的书""这是他的书"。

教师先示范读,学生跟着教师进行重复。重复过程中,教师监督学生的发音、语言使用,适当给予确认或纠正。一遍又一遍,加强学生记忆。待学生有一定的记忆后,教师让学生模仿其结构进行替换,巩固记忆,适时应用。

(2)对话重复模仿。这是机械性练习的中阶。重复训练后,教师提高机械训练的难度,边重复边模仿。以疑问词学习为例,教师带领学生重复该疑问词,然后引导用疑问词模仿对话:

师:谁的书?

生:我的书。

生:你是谁?

师:我是小明。

生:你在哪儿?

师:我在学校。

(3)扩展训练。这是机械性练习的高阶。相对于对话模仿而言,扩展训练更上一层,除了引导学生扩展句子,还调动他们的思维,发挥其构词造句的主观能动性。以常用句训练为例,先扩展,后问答。例如:

句子扩展:

师:饭　　　生:饭

师:米　　　生:米饭

师:吃　　　生:吃米饭

师:我　　　生:我吃米饭

扩展问答:

师:你去哪儿?

生:我去友谊商店。

师:你跟谁去?

生:我跟同屋一起去友谊商店。

师:你们(跟同屋)怎么去(友谊商店)?

生：我跟同屋一起坐公共汽车去友谊商店。

上述机械性练习示例，对中文水平处于初级阶段的外国学生，是较理想的训练方式。中文水平提高到一定阶段，这种练习就不合适了。毕竟，机械性练习方式单一，对简单记忆有效果，时间一长，记忆易疲劳，从而造成机械性死记硬背，反而不利于中文技能的提升。因此，机械性练习时，教师应注意以下几个问题。

第一，练习务必建立在理解的基础上，无理解的机械性练习是短暂记忆。

第二，选择适合做机械性练习的句型或语言点，需活学活用的语言不适合此练习。

第三，教师应重点练习学生的记忆速度，因此在练习过程中，教师要加快训练频率。

第四，机械性练习达到教学目的后应立即停止，并快速进入有意义练习中。

3. 有意义练习

这是中文技能训练的主要方式，对提升学生的中文应用水平很有帮助。"熟巧训练，加深理解，奠定交际基础"，说的就是这个。有意义练习，其形式多样，包括变换、复述、翻译、回答问题等。

（1）变换练习，其目的是加深学生对新知识的理解，主要有词语变换（同义词或近义词替换等）、句型变换，甚至语篇变换。词语变换、句型变换是变换练习的基础和重要方式。

第一，词语变换，例如：

"买"改为"购"；

"可以"换为"好的"；

"老师"改为"教师"；

……

第二，句型变换，例如：

小明丢了那本书。（陈述句）

那本书被小明弄丢了。（被动句）

第三，语篇变换，例如：

"梅雪争春未肯降，骚人搁笔费评章。

梅须逊雪三分白，雪却输梅一段香。"

将上述宋人诗歌转译为现代汉语。

上例可见，词语变换、句型变换、语篇变换是换形式，意思并没有变。当然，在变换过程中，词语的修辞方式、句型的重心会有调换。例如，"买"是口语，"购"是书面语，意义相同，但应用场景不同；"那本书被小明弄丢了"一句的重心在于强调"是小明弄丢了书"。变换练习帮助学生建立多视角理解中文词语或句型的思维，而且，语篇变换训练可助力学生中文的连贯思维和表达能力。

（2）复述练习，其目的在于训练学生的语篇表达能力。复述练习多用于对话内容、课文内容训练。

复述练习包括完全复述、缩减复述、扩展复述、分角色复述等，教师根据教学内容进行限定选择。

复述练习是有前提的，就是学生的复述话语应带有新语法知识。以课文复述为例，如果本次课的新语法知识是结果补语，学生进行课文复述前，教师一方面要限定其复述的语境（如家庭中、咖啡馆内、图书馆等），另一方面要限定复述话语中应带有结果补语。

复述方式有多种。复述大意，可采用缩简复述；复述全部情节，采用完全复述；以课文语境为基础进行联想，可采用扩展复述；如果复述对话，教师可让学生分角色复述。

（3）翻译练习，其目的在于训练学生的中外互译能力。此练习一般在学生中文水平高级阶段进行。翻译训练以互译为主，从中文到学生的母语，从学生的母语到中文，包括词语互译、词语替换互译、句子互译、语篇互译。翻译练习是为了提升学生的中外翻译能力，但翻译练习应适度，且受客观条件限制。在中国的外国留学生班级内往往有来自不同国家的学生，学生的母语并不相同，甚至会出现一个班内学生母语多达八九种的情况。这样一来，就很难开展翻译练习。故而，实现翻译练习需要两个条件：一是设置专门的翻译课，二是按学生母语分班。就目前现状而言，做到这两点并不容易。

（4）回答问题，其目的在于训练学生的中文输出及逻辑衔接表述能力，问题多是教师围绕课文内容进行的随机性提问。教师的问题类型应围绕如下类型展开：

事实确认型，例如："你是谁？""故事发生在什么时候？"
细节描述型，例如："电影主人公为什么躲起来了？"
逻辑推理型，例如："从这段故事中可以知道两人到底是什么关系呢？"
批判思考型，例如，"如果你是故事的主人公，你会怎么做？"

对于上述类型的问题，教师可根据具体教学设计目标进行选择或限定。

当然，回答问题是有前提的，就是学生的回答话语中应带有新知识。以逻辑推理型问题为例，如果本次课的新知识是介词"从……中"、语法"被字句"，教师在提问前，就应给出限定条件：知识方面，务必使用介词"从……中"和语法"被字句"；语境方面，务必为故事中的场景。

4. 交际性练习

交际是语言学习的最高标准，交际性练习的目的在于，提升学生在交际方面的沟通能力。练习方式包括定向式问答、理解式问答、答辩式问答、自由式问答、描述式讲述、热门话题评述、话题式讨论、主题辩论等。交际性练习的特点是，学生在仿真语境中，可自测中文新知识的掌握情况。交际性练习前，教师给学生营造模仿真实交际的语境，规定学生使用新学习的语法知识。举例如下：

（1）定向式问答，指的是教师专门提问某一学生。练习时，教师选择某一新语法点，说明规则，提出话题，点名提问某学生。例如，教师引导学生用刚刚学习的语法"把"进行问答练习：

师：你的书呢？
　　你把它弄哪去了？
生：我把书弄丢了。

定向问答练习，一个话题提问2—3名学生为宜，多了易导致班内其他学生懈怠。

（2）理解式问答，指的是教师提问全班学生，以调动所有学生的积极性。例如，本次课的语法教学内容是带疑问词的疑问句，教师以"为什么""怎么""谁"的疑问句为问题焦点，进行提问：

A. 师：你为什么没来上课？
　　生：我生病了，所以没来上课。
B. 师：你为什么不表态，能给我解释一下吗？

生：我不方便表态。
C. 师：你这是怎么了？
   生：我考试没考好。
D. 师：谁知道小明去哪了？
   生：他去图书馆了。

师生问答过程中，教师应把控提问节奏，班内学生对新语法知识的使用普遍正确时，教师就可以停止此类练习。

（3）答辩式问答，其目的在于鼓励学生用中文进行思维发散。练习前，教师限定规则：要求学生的答辩务必使用所学的新知识；要求学生根据固定格式补充全句。例如，本次课学习的是中文语言的某些固定格式，教师先展示、讲解它们，然后举例示范，再示例引导学生举一反三，完成任务。例如：

教师展示固定格式："我+动词+名词，可是……"。
教师举例："我很想去公园，可是明天考试，去不了"。
教师用此固定语言格式示例，引导学生补充完整：
我同意你的看法，可是……
我做好了午饭，至于味道嘛，……

此练习对巩固学生的新语法知识有很大帮助，教师可多设计此类练习。

（4）自由式问答，指的是教师给出主题，指定语法点，引导学生完成话题交际。此练习的目的在于，提升学生语言应用能力。例如：

教师给出主题"向朋友叙述最近的心情"
教师指定语法点：可能补语、"有点……""最近……"
教师给学生分小组，以组内对话、组员合作等方式完成话题交际。

此练习对提升学生的中文应用有很大的帮助，教师可根据班级学生学习情况，设计一两种此类练习。

（5）描述式讲述，指的是教师指定主题，指定语法点，让学生叙述某种事物或现象。其目的在于，提升学生用中文进行篇章表述的能力。例如：

主题1：教师指定"第一次吃中餐"

教师指定语法点："一……就……""先……，然后……"

主题2：教师指定"昨天的考试"

教师指定语法点："再""又"

此练习会让学生的中文水平有一个质的飞跃，教师可根据实际情况设计训练。

（6）热门话题评述，指的是教师指定当下的热门话题或流行时尚，不限定语言点，让学生自由发挥。其目的在于，提高学生用中文即兴发言甚至演讲的能力。例如：

教师指定热门话题：你怎么看待"躺平现象"？

教师不指定语言点。

此练习难度较高，但对高级阶段的学生而言，此练习可检测他们的中文语篇能力，非常有效。

（7）话题式讨论，指的是教师指定话题让学生讨论。具体做法是：教师指定话题，指定语法点；教师将学生分组，各组学生围绕话题进行讨论，教师限定讨论时间。组内讨论结束后，教师让各小组展示自己的讨论。小组展示时，教师关注学生的观点、叙述话语、文辞表达等，并记录，以备点评。

（8）主题辩论，指的是教师设定主题，并指定辩论所用的语法和词语表述；教师将班级学生分成正反两方，正反方观点相反。辩论时，教师观察学生的辩论策略、语言规范程度、话语正误等。

教师指定主题：AI可以代替人的语言吗？

教师细分观点：正方观点：AI可以代替人的语言；

反方观点：AI无法代替人的语言。

教师将班级学生分成正反两方，两方各领一上述观点。

教师指定应使用的语法："与其……不如……""这么说吧，……"。

教师指定应使用的词语："代替、叙述……"

各方学生围绕所分配的观点进行讨论。（教师限定讨论时间为10分钟）

各方讨论结束，教师宣布辩论开始：AI可以代替人的语言吗？

教师观察辩论情况，并记录。

教师点评。

上述交际性练习中，（1）—（3）属于限定性训练，（4）—（8）属于相对的语言自由训练。（1）—（3）的目的在于巩固语法，（4）—（8）的目的在于提升应用能力。教师设计这些交际训练时，应考虑两个因素：所选练习务必适用于学生的学习情况，所设计训练应具有针对性，它们对提升学生的某项中文技能切实有帮助。

7.3.4 语法规则的归纳

语法规则的归纳，便于学生有条理地掌握语法、运用语法。语法学习到一定阶段，教师应给学生系统地整理学过的语法知识，进行阶段性归纳，并引导学生分门别类复习。其目的有以下三方面。

（1）化整为零，呈现某一语法知识从易到难的层级性。

（2）化零为整，将语法知识贯通起来，形成完整脉络。以结果补语为例，作为语法内容，结果补语在教材中的出现不是一次性的，而是按照内容被拆分为几部分，分布于不同课文之中。学到一定阶段，教师带领学生总结，给学生呈现结果补语的整体脉络。

（3）零整相合，既呈现某语法从易到难的层级性，又引导学生关注其完整的脉络，进而提升学生应用该语法的自如程度。

归纳语法规则主要包括形式特点、语义特点、功能特点、注意事项。

（1）形式特点归纳。归纳某语法的形式特点。以连接词的语法特点归纳为例，经过数个阶段的学习，学生学习了多个连接词，如"和""跟""而""同""于是""像""因为""所以"等。教师专门拿出一段课堂时间，对上述连接词进行总结，总结它们的相似特征、相异情况，再分门别类地提炼出来，以例句形式呈现给学生。经过总结，学生形成了对中文连接词的语法特点的系统认知。

（2）语义特点归纳。归纳某语法的语义内涵。以疑问句和反问句为例。疑问句分"有疑问词的疑问句"和"没有疑问词的疑问句"，二者都是疑问句。

"有疑问词的疑问句"，例如：

"你是谁？""这是什么东西？"

"没有疑问词的疑问句",例如:

"你说了吗?""这不是他的吗?"

反问句是"无疑而问,毋需答",一般表示肯定、否定、强烈语气,且答案已在说话人的话中,毋需听话人的回答。例如:

"你难道不知道吗?"说话人已示意听话人"知道"。
"谁不知道你啊?"说话人带有强烈的情绪色彩。

以难易论,"有疑问词的疑问句"最简单,"没有疑问词的疑问句"次之,最难的是反问句,因反问句的主观性较强烈,且带有特定的主观情感或情绪。这些问句经过一定阶段的教学,教师可将它们贯通起来,系统展示给学生。

(3)功能特点归纳。归纳总结某语言表达的功能特点。以询问年纪为例。

问同辈或同级别的人:"你多大(年纪)了?"
成年人问小朋友:"(你)几岁(多大)了?"
晚辈问长辈:"您多大年纪了?"
某些场合尊问长者:"您贵庚?"
一般情况下,公共场合忌讳问女士的年龄。

上述示例中,以难易论,第一句最容易,也最普遍,第二句次之,第三句稍有难点,第四句最难,第五句属于语言文化意识。到了一定的教学阶段,教师应给学生进行系统归纳,提示学生这些语言点在不同语境下的不同功能。

提示一点:教师在归纳语法时应"忌烦琐、倡简明",否则徒增学生的畏难心理。

(4)注意事项。语法教学中教师应注意:关注中文内那些相近且容易混淆的语法;关注中文语法中与学生母语有关联的地方;关注学生使用语法时的常见错误及规避方法。针对这些问题,教师实施富有针对性的教学设计。

7.3.5 语法教学规律

语法教学有规律可循:把控教学步骤、管理教学时间、关注教学设计。

(1)教师把控教学步骤、管理教学时间,二者形成合理配合,例如:

某次上课，教师的语法教学步骤实现了步骤与时间的合理配合：

（1）教师带领学生复习旧语法知识，为学习新语法做准备，此步骤大约用时5分钟以内。

（2）教师展示新语法知识，初步解释新语法的形式、语义、功能，此步骤用时10分钟左右。

（3）教师带领学生进行新语法知识训练，先进行机械性练习，后进行有意义练习，练习加深学生记忆，此步骤用时10分钟左右。

（4）教师带领学生进行新语法实践，教师营造情境，指定话题，让学生分组进行交际，提升学生运用新语法的能力，此步骤用时10—15分钟。

（5）教师总结新语法点的特征、规则，此步骤用时2—3分钟。

（2）法教学设计方面，教师应关注：①语法教学设计应体现语法内容的完整性，这些完整性应贯穿于全部教学环节；②语法教学设计应体现层级特征，也就是，应从易到难、循序渐进；③语法教学设计应注重学生的实践训练，突出其交际性和交际目的，关注学生在实践中使用语法的频率。

7.4 语法教学设计案例

一、课型：中文语法课（初级）
二、教学对象：中文水平入门级的外国留学生
三、教材：《新实用汉语课本》（第一册）。
四、使用对象：英语为母语或媒介语的成人学习者。
五、教学内容：
1. 第3课《你们家有几口人？》[①]
2. 语法："有"字句的结构及功能用法。
六、教学目标：
1. 学生理解"有"字句的含义，准确掌握"有"字句结构，并学会使用。

[①] 刘珣. 新实用汉语课本（第一册）[M]. 3版. 北京：北京语言大学出版社，2015：88-112.

2. 学生可以用"有"字句介绍事物，并主动用"有"字句进行话语实践。

七、教学重点和难点：

1. 重点："有"字句含义及其句型结构。

2. 难点：提示学生"有"字句特殊用法，例如，"有没有"与"吗"不能同时出现在句中。

八、教学方法：

1. 图示法：用图片或音视频进行"有"字句含义的示范。

2. 演示法：教师带领学生用"有"字句结构描述身边事物。

九、教学工具：课件、图片、音视频

十、教学时间：45分钟

十一、教学步骤（43分钟）

1. 导入（3分钟）

复习上次课的旧知识，第二课的语法是："是"字句。

（1）师生互相问候，教师拿起身边的物品（如粉笔、黑板擦、电脑、桌子、椅子等），问：

"这是什么？""那是什么？"

学生回答教师提问，教师观察学生对上次课旧知识的掌握情况。

（2）教师引导学生分享上次课的课后任务，学生拿出课后准备的家庭照片，教师指着照片抽问学生，或指示学生之间互相提问。例如：

问："这是谁？""那是谁？"

答："这是我的爸爸。""这是我的妈妈。"

复习尾声，教师引导从旧知识过渡到本次课即将开始的新知识，教师拿出自己的全家福照片，问：

这里有老师吗？

这里有没有小孩子？

老师家有几口人？

以上述例句引出本次课"有"字句教学内容。

2. "有"字句型讲解（12分钟）

教师拿着自己的全家福照片，进行示范，提问：

"老师有哥哥/姐姐/……吗？"
"老师有没有哥哥/姐姐/……？"

通过学生的回答，教师总结"有"的陈述式与疑问式：

陈述式：主语+有（没有）+名词（教师板书或课件展示）
疑问式："主语+有+名词+吗？"（教师板书或课件展示）
"主语+有没有+名词？"

学生理解"有"字句的基本结构后，教师引导学生进行"有"字句的复杂结构学习：

问：老师家有几口人？
答：老师家有五口人。

教师总结上述"有"字结构的复杂格式：

陈述式：主语+有+数量短语+名词（教师板书或课件展示）
疑问式：主语+有+数量短语+名词（教师板书或课件展示）

教师领读例句，学生跟读。然后，教师给学生分组，两人一组，教师示例：

操练看图说话，教师给出四杯咖啡的图，小组内学生进行彼此问答：
问：这里有几杯咖啡？答：这里有四杯咖啡？
问：你有没有咖啡？答：我（没）有咖啡。
……

上述练习帮助学生巩固"有"字句意义、功能及使用。但为了更好地运用"有"字句，还应集中训练，下面进入集中训练阶段。

3. "有"字句的集中训练（20分钟，分机械性练习和有意义练习）

（1）朗读例句，培养学生对"有"字句的语感（机械性练习）

学生读（齐声朗读、单个学生读）

我有一个哥哥。

我们家有四口人。

她没有妹妹。

这里没有咖啡。

今天他有英语课吗?

你们家有钢琴吗?

（2）课后练习题

选词填空（机械性练习），如图7-4所示。

新实用汉语课本（第3版）课本1
New Practical Chinese Reader (3rd Edition) Textbook 1

If the subject of a sentence with "有" begins with an organization, a place, or a location, the sentence is similar to the English sentence pattern "There is/are…".

Exercise I Substitute the underlined parts and complete the dialogues.

(1) A: Nǐ yǒu jiějie ma?
　　你有姐姐吗?
　B: Wǒ méi yǒu _____, wǒ yǒu _____。
　　我没有_____，我有_____。

　　gēge 哥哥
　　dìdi 弟弟
　　mèimei 妹妹

(2) A: Nǐ yǒu Měiguó péngyou ma?
　　你有美国朋友吗?
　B: Wǒ méi yǒu _____ Nǐ ne?
　　我没有_____ 你呢?
　A: Wǒ yě méi yǒu _____。
　　我也没有_____。

　　Zhōngguó péngyou 中国 朋友
　　gāngqín lǎoshī 钢琴 老师
　　Yīngyǔ lǎoshī 英语 老师

(3) A: Nǐmen jiā yǒu chá ma?
　　你们家有茶吗?
　B: Méi yǒu, wǒmen jiā yǒu _____。
　　没有，我们家有_____。

　　kāfēi jiǎozi
　　咖啡 饺子
　　diǎnxin bāozi
　　点心 包子

图7-4　课后练习 I[①]

（3）课后练习题，培养学生使用"有"（有意义练习），如图7-5所示。

---

① 刘珣. 新实用汉语课本（第一册）[M]. 3版. 北京：北京语言大学出版社，2015：96.

```
Exercise II  Following the example, change the sentence pattern.

              Wǒ yǒu gēge.      Wǒ méi yǒu gēge.    Nǐ yǒu gēge ma?
    Example   我 有 哥哥。   →  我没有哥哥。    →   你有哥哥吗?

         Tāmen yǒu háizi.
    (1) 他们 有 孩子。        → _____。 → _____?

         Xiǎoyún wǎnshang yǒu Yīngyǔkè.
    (2) 小云  晚上  有 英语课。 → _____。 → _____?

         Wǒmen jiā yǒu xiǎo gǒu.
    (3) 我们 家有 小狗。         → _____。 → _____?

         Lín Nà jiā yǒu Bèibei de zhàopiàn.
    (4) 林娜家有贝贝的 照片。    → _____。 → _____?

96·
```

图7-5　课后练习Ⅱ[①]

（4）交际性练习

教师将班级学生分组，两人一组，教师给出交际规则：用"有"字句进行交流。交流内容包括但不限于：自己的家庭、自己的事物或其他。教师示范：

你家有几口人?

我家有五口人。

你有中国茶吗?

我没有中国茶，我有咖啡。

你没有姐姐/妹妹吗?

（注意：进行集中训练时，教师注意引导学生使用本次课的新词汇，如茶、咖啡、英语、钢琴）

4. 课堂活动（8分钟）"有"字句的句型结构复习，以及使用巩固。

（1）教师用"有"字句提问，进行小组调查活动，例如：

师：你家有六口人/五口人/四口人/三口人?

师：你有哥哥/弟弟/姐姐/妹妹吗?

师：你家有小狗/小猫吗?

（要求：学生据实回答，目的是复习"有"字句的使用）

[①] 刘珣. 新实用汉语课本（第一册）[M]. 3版. 北京：北京语言大学出版社，2015：96.

（2）配对找朋友：教师拿出事先备好的音视频，内容包含本次课"有"字例句的情境，教师将这些例句提炼出来，然后写在卡片上，每个例句写两张。播放一遍音视频，然后教师将卡片随机发给学生，学生之间用问答方式找与自己卡片相同的学生，例如：

卡片上的例句是：我有一个哥哥。
学生A："你有哥哥吗？"
学生B（卡片内容不同）："我没有哥哥。"
学生A："你有哥哥吗？"
学生C（卡片内容相同）："我有一个哥哥，你有哥哥吗？"
学生A："我有一个哥哥。"（配对成功）
……

如此反复。

十二、布置课后作业（2分钟）

教师将事先备好的课后任务展示出来（板书或课件展示）
（1）要求学生完成课后练习题：替换练习Ⅰ（教材99页）
（2）要求学生将下列词汇"连词成句"。

咖啡 和 我们家 有 茶 点心
吗 小狗 有 你们家
他 英语 晚上 学习
谁 喝 咖啡
茶 女儿 喝 不

（3）模仿示例进行写作（要求：使用"有"字句），示例：

他叫小明，他是中国人，他家有四口人，爸爸、妈妈、他和哥哥。他爸爸是医生，妈妈是老师，他和哥哥是学生。他喜欢吃饺子，哥哥喜欢喝咖啡。

上述教学设计课堂实施后，教师根据实施情况，课后进行教学反思：

（1）教师讲解语法"有"字句的时候要密切结合具体事物情景，给出的例句贴近学生生活，让学生在日常中能够运用。

（2）对新语法的训练，机械性练习结合有意练习，练习应到位，操练方式尽可能多样化，循序渐进。[①]

[①] 本设计参考书籍：刘珣. 新实用汉语课本（第一册）[M]. 3版. 北京：北京语言大学出版社，2015.

第 8 章　国际中文教学课型设计举隅

国际中文教学的课程设置是以综合课为核心的听说读写各类课程的集合。因培养功能的不同，不同课型的教学设计也各具特色。本章以听说课、阅读课、写作课、综合课为例，探讨课型教学设计。

8.1　听说教学训练过程

国际中文听说课旨在提升外国学生的中文听力、口语水平。从设置的必要性看，听说课是为配合综合课知识而进行的听说教学；就功能意义而言，听说课进行中文的输入（听）和输出（说）能力训练，意在提高学生中文听说的综合能力。目前在国内高校，国际中文听说课设置分两种模式：第一种是只设立"听说课"的课型模式，第二种是分为"听力课"和"口语课"两种课型的模式。本节"听说课"以第一种模式为基准进行探讨。

8.1.1　听与说教学准备阶段

听说课是技能学习与训练课，并不要求学生提前预习。课前教师应告知学生，不预习课文，但可给学生布置课后任务，这些任务与接下来的学习密切关联。例如，即将学习旅游主题，教师可提前给学生一些与主题相关的情境，如买票、购物、美食等词汇、语法、语言搭配方面的知识，作为学生查阅课外资料的导向，为接下来的学习储备背景知识。

8.1.2 听与说教学实施阶段

授课开始，教师介绍本次听说课的主体内容，并进入教学环节：

第一步，预热，教师示意学生翻开教材的新课文页面，让学生只看教材中的插图[1]和生词，边看边听教师的提问。教师提问时应注意课堂用语，以配合本次课的知识点。例如，本次课内容为旅游话题，教师可提问"假期要到了，你们打算旅行吗？""玛丽，你去哪旅行呢？"提问完毕，教师介绍课文主体内容。介绍时，简略扼要，以知识点和内容框架为主。介绍完毕，教师指示学生合上课本，教师提问问题。学生依据刚才听到的介绍，进行判断和回答，为正式学习预热。

第二步，引导，教师展示课文要点，可板书，也可用事先备好的课件进行展示。教师所展示的知识来自课文本身，且这些知识应是理解课文、学习新知识的重点和难点，以词汇、语法点、关键词、习惯用语等为主。教师边展示边讲解，讲解的目的是方便学生抓住课文内容主体。引导是教师对学生进行听说训练前的提示，推动学生快速适应话题语境。需要注意的是，引导中，教师的讲解是"粗略讲"，着力于主体语义及使用方法的讲解，而非类似综合课的"精细讲"。

第三步，泛听，进入听力训练步骤。展示和讲解结束以后，教师依据课文内容布置问题，题量为3—5道。布置问题后，教师播放听力语料，学生边听边寻找问题的答案。本次播放从头到尾，中间不停，播放一遍。播放完毕，教师请学生回答问题，用来测评学生第一遍语料听的效果。然后，教师再请学生打开课本，让学生边看课文边自我测评，对照标准答案为自己的回答打分。

第四步，精听，进入"精听"环节。学生再次合上课本，教师第二遍播放听力语料，播放前教师宣布规则：要求学生精听语料，做到理解每句话。第二遍播放的操作：教师操控设备，每播放一句语料或一段完整语篇，教师就按下暂停键。暂停时，教师带领学生复述听到的语料，并就该语料教师提出问题，学生回答问题，教师听答案，适当纠正问题。"精听"的目的在于，强化学生对语料的深入理解，记忆内容重点，以备稍后的口语训练。

---

[1] 一般而言，汉语听说教材都配有与课文内容相关的插图，尤其初中级汉语课本，例如北京语言大学出版社的《对外汉语本科系列教材·汉语听说教程》《发展汉语·中级口语》等。

第五步，复盘。精听完毕，学生的语料理解已较为细致。教师趁热打铁，巩固成果。给学生播放第三遍语料，这次是快听，收尾听。第三次播放采取从头到尾，不停顿，目的在于让学生对刚才记忆复盘、巩固，为下一步的口语训练找语感。

    PS：事不过三，听力语料播放三遍刚刚好，于训练而言，恰到好处。三遍之中，教师把握学生的听力节奏，从泛听、精听到快听，让学生在"听"中获得中文听力的技能提升。

第六步，分组训练口语。听力训练后，学生的听力会有较大提升。教师再根据语料提问题，教师的问题应体现内容要点，问题形式宜为：

    "怎么……"
    "如何……"

而非：

    "你是……吗？"
    "这个对不对？"

第一类问题需学生熟悉语料的整体内容，综合判断，再做出回应。对于第二类问题，学生仅回答"是"或"不是"、"对"或"不对"就可以。显然，第二类问题对口语训练没什么效果。

问题提出后，教师将班级学生分组，2—3人一组。分组后，教师讲清规则：以组为单位，小组内成员相互配合，共同讨论问题的答案；设定答案标准，应使用来自本课语料的词汇、语法、场景等；小组探讨时，不能看课本，不能使用母语讨论；设定探讨时间。各小组讨论答案时，教师在教室巡场，随时解答学生的疑难，并控制时间。

第七步，口语展示。小组讨论结束，教师让各小组逐一展示自己的讨论成果，教师控制展示时间。小组展示完毕，教师点评。点评时，教师应凸显优秀、矫正不足。对表现优秀的小组或学生进行表扬，同时纠正共性错误。针对个别错误，教师可根据学生犯错误的数量及课堂时间安排，选择课上或课外进行指导。口语展示一方面测评学生的听力效果，另一方面训练学生中文的口语输出技能，让听与说的技能相互促进，共同提升。

第八步，授课尾声，教师归纳本次课的要点，并就学生整体学习情况，进行有针对性的指导。

第九步，布置课后作业和听说实践任务。

8.1.3 听与说教学后反馈阶段

听与说在教学结束后，进行系统反馈。反馈一方面可以掌握学生听说技能的提升情况，另一方面，还可以提示教师对教法做出判断，从而改进教学设计。反馈的功能在于：

第一，教师可综合测评学生的听说技能。以听力效果、口语表达等为测评依据，教师综合点评学生技能提升的情况。教师的点评，应体现肯定学生的优秀表现，更要关注学生听与说中的问题和不足。而且，教师的点评应不偏不倚、一视同仁，杜绝被心理偏好所操纵。

第二，教师可通过以下两种方式自我评估教学设计效果：第一种方式，给学生发放调查问卷，让学生填写问卷，这是目前很多高校普遍采取的教学评估办法。当然这种办法虽公平，但有时会因个别学生的偏好而导致评估结果有失公允。第二种方式是通过考卷成绩测评，包括阶段成绩、期中成绩、期末成绩，以及水平考试。两种方式综合起来，对教师的教学评判则更客观些。

听说课教学时，教师需注意两个细节：①中文听力语料的语速应与日常交际语速保持一致，语音应是标准普通话，特殊情况下可略含方言；听说课的语料内容应前后连贯，避免语义断裂的情况发生。②中文听力语料内容应关联日常生活、交际、工作，通过听力和口语训练，学生能依托课堂所学，参与日常讨论，并可用中文表达个人意见和建议。

8.2 阅读教学训练过程

阅读课是国际中文教学课型之一，目的是训练学生的阅读能力，提高他们的中文阅读速度。相对于综合课的"精学"而言，阅读课是"泛学"。

8.2.1 阅读前准备阶段

阅读课课前，教师应提前给学生布置一定量的阅读任务。这些阅读任务应符合两个条件：

（1）与课文相关的话题或情境，话题如建筑话题、历史名胜话题，情境如买东西、过传统节日等，以任务为导向让学生查阅资料，为即将到来的阅读学习做好准备。

（2）与课文相关的重难点词汇、语言点（语法、固定句式等），这些重难点应是影响学生理解课文的要点，以任务为导向让学生提前预热，为稍后的学习扫清障碍。

8.2.2 阅读实施阶段

正式授课，分步骤展开教学。教学重心是引导学生增强自主阅读能力，教学方式是教师以问题为导向，敦促学生自主阅读。

第一步，导入课文。教师以聊话题、提问复习、生词提示等方式开场，逐渐导向课文内容，以知识拉近师生沟通，让学生的注意力逐渐沉浸到课文之中。

第二步，教师展示问题。教师根据课文内容提问问题、展示问题。问题是导向，为学生提供熟悉课文的阅读框架。这些问题来自课文，因此务必具有概括性、整体性、典型性，目的是用问题引导学生进入课文主情境，助力他们尽快融入课文语境。

第三步，提示重难点。学生正式阅读之前，教师就课文的重难点知识如词汇、语法点、主题情景等进行提示。提示重难点的目的在于，扫清学生理解课文的障碍。至于那些通过课文情境就能理解的知识点，教师鼓励学生进行猜测。阅读课文的重难点主要以影响学生理解课文主体的、必要的文化知识为中心。至于那些活跃度低、日常生活和工作中很难遇到或使用的冷僻知识，可酌情处理，甚至"不予理睬"。

第四步，学生正式阅读。师生准备工作做好以后，学生进入正式阅读阶段。正式阅读前，教师应宣布阅读规则：规定阅读时间、带问题阅读、阅读时不准用笔或手指指点课本文字或动嘴唇（为培养学生动眼、动脑阅读能力）、不准发出声音等。规则宣布结束，学生开始默读课文。这些阅读规则是为提升学生用中文进行自主阅读的速度。

第五步，进行小组讨论。阅读时间结束，教师让学生放下手中课本。教师将学生分组，让学生以小组形式讨论，讨论内容是教师此前"第二步"中布置的问题，尤其强调应用中文讨论，不准出现母语。教师控制小组讨论时间。小组讨论中，成员们拿出正式阅读阶段获取到的知识信息，进行组内分享，交换意见。小组讨论时，教师巡视教室，倾听讨论，并适当给予关注或帮助。小组探讨的目的是敦促学生之间进行阅读量的自我检测。

第六步，教师检查讨论情况。教师让各小组轮流展示讨论成果，展示完毕，教师综合各小组成果，进行点评。

第七步，师生自由问答。本步骤有两种形式：一是师生之间，教师就课文及课后练习向学生提问；二是生生之间，学生们根据课文内容，彼此进行知识交流。自由问答的目的是测评学生的综合阅读能力。

第八步，教师布置课后任务。课后任务有两种形式：一是复习基础任务，让学生完成课本中的课后练习；二是阅读实践任务，教师给学生提供比课文更多的阅读资料，加大阅读任务量，并要求学生在课外进行自我约束，在规定时间内完成。扩展阅读资料，拓宽学生的阅读视野，同时与下次课关联。

8.2.3 阅读后反馈阶段

阅读课也需要教学反馈，以改进教师的教学设计和提升教学效果。阅读课的反馈有两种形式：

一是教师点评学生的阅读表现，点评内容以提升阅读速度、提高问题反应速度、快速理解课文等。点评时，教师做到不偏不倚、一视同仁。

二是教师综合评估学生的成绩，如课后作业、阶段测试、期中期末考试等，了解学生中文阅读能力提升情况。

当然，阅读课反馈还应涵盖学生对中文阅读课教学的评价，教师应多倾听学生的意见，以完善并改进阅读课的教学设计。

8.3 写作教学训练过程

写作课是国际中文教学课型之一,课程目的在于,提高外国学生用中文进行写作的水平和能力。

8.3.1 写作前准备阶段

与前两种课型一样,写作课课前,教师也应提前布置一些预习任务,如与主题相关的文化知识、词汇、语法点等。但与前两种课型不同的是,写作课重在"写",因此,这要求教师所布置的预习任务中应包含"写"的任务,如写汉字、写词语、写句式、写一段语篇等。

8.3.2 写作实施阶段

写作实施以"讲解、写作、讲评"为重心,分六大步骤。

第一步,教师讲解写作要领。授课开始,教师给学生讲解本次课的写作要领与规范,详细说明本次写作所需素材:主题、词语、句式、语言点等事项。讲解结束,教师带领学生通读教材的写作范本,引导学生关注范本赋予的写作启示。

第二步,教师示范重难点。在学生正式写作前,教师介绍写作教材中的重点词汇、语言点,同时以课件或板书形式展示出来,给学生留下视觉印象。

第三步,教师引导学生讨论写作框架。教师组织学生集体或分组讨论写作框架,教师将讨论结果进行优化,展示给学生,让学生根据此方案撰写初稿。写的时候,教师提醒学生不必过细讲究词汇、语法、固定格式等语言问题。

第四步,师生讨论初稿并修改。学生写好初稿以后,教师指导学生以小组形式分享写作成果,探究成败。在此期间,教师要求组内学生相互检查,包括写作内容、结构、语法、词汇、标点符号及拼写等问题,教师限定时间。小组成员根据老师的要求交换初稿阅读,交流意见和建议。学生与学生的交流,对初稿的细化、深化、突出重点问题很有帮助。生生交流中,教师巡视教室,适当纠正错误,解答学生的问题。

第五步，教师点评稿件并修订。结束组内初稿分享，教师收齐所有学生的稿件。收齐后，教师将稿件按如下类型归类：一是错误率，二是错误程度，三是错误重要性。归类后，教师按照类别进行点评。点评时，教师遵循共性与个性特征，共性错误重点纠正，个性错误适时纠正，或课后个别纠正。学生根据点评结果，独立完善初稿，形成第二稿。相比初稿，第二稿应有明显进步，趋近完善。教师当堂收齐学生第二稿，待课后逐一批正。

第六步，教师布置课后作业（任务），内容与课上的写作任务密切关联，形式也以"写"为主。例如，根据情境"今天是我的生日"写一段话或一篇小作文。

8.3.3 写作后反馈阶段

写作课也需反馈。与其他课型最大的不同是，写作课以"写"为主，考查学生用中文"写"的输出能力，这涉及汉字结构、标点符号、词语组合、中文语言结构等。所以，写作课的反馈以教师的点评为重。教师的点评重点应围绕上述问题而展开，包括点评学生的汉字书写正误、标点符号用法、写作中的词语组合、中文语言结构使用等。另外，教师的点评还应关注到学生写作中的段落布局与主题关联度、成篇逻辑与表达是否混乱等问题。除了点评，写作课反馈还应体现在写作成绩上，如阶段测验、单元考核、期中期末考试、水平测试等。

8.3.4 小结

听说课、阅读课、写作课的教学设计，体现了中文作为目的语在教学中的实施策略，这些策略对提升学生中文听说读写技能有指导意义。

需要强调的是，无论哪种课型，教师都需营设情境，让学生有参与感，促进学生在情境中获得中文技能的提升。在中文输入方面，通过听力和阅读，教师应创造机会让学生多听、多读，而且听懂、读懂。为此，教师应助力学生建立用中文交际的意识，带着目的进行交际实践，其效果远高于单纯学习。在中文输出方面，通过口语和写作，教师引导学生多说、多写，帮助学生建立使用中文表达的信心，并且叮嘱学生勇敢地用中文说、快速写。语言技能提升最忌讳顾虑重重，有信心，方有决心和勇气。

8.4　综合课教学设计

国际中文教学中的综合课指的是集语言技能、语言交际技能、语言知识、语言文化知识于一体的中文实践类课程，课程目的是为培养外国学生中文的综合技能与能力。综合课是国际中文教学的核心课程。

8.4.1　综合课教学设计的四要素

综合课的教学设计围绕四要素而展开，它们分别是教学单位、教学环节、教学步骤、教学行为。此四要素搭建了综合课教学设计的知识结构，四要素之间存在密切的关联。按照从大到小的次序原则，四要素之间的关系是教学单位＞教学环节＞教学步骤＞教学行为。此关系结构体现了四要素的属性特征。

教学单位是综合课的基础属性。教学单位是依据教学时间或教材内容而设置单位。也就是说，教学单位可以按照教学时间划分，也可以按照教学内容分配。

按教学时间划分教学单位，是以授课周期为基准的划分。一般而言，国内高校的国际中文教育教学中都设有综合课，该课型也是外国留学生汉语言专业本科的必修课。如以本科授课周期四年学制计算，学制四年是综合课的教学单位，也是最大的。然后依次是两学年教学单位、一学年教学单位、一学期教学单位。一般情况下，如按授课周期划分，一学期的教学单位为最小。

按教学内容划分教学单位，是以教材内容为基准的划分。一般情况下，每本国际中文教材中都包含10—20篇课文，通常3—4篇（或1—2篇）课文构成一个专题系列，那么这3—4篇（或1—2篇）就是一个教学单位。例如，某本综合课教材内有20篇课文，编者将这20篇课文分成4—5个专题，这样算下来，该教材就有4—5个教学单位。我们以《博雅汉语·准中级加速篇Ⅱ》[①]为例，进一步说明。

---

① 钱旭菁，黄立编著. 博雅汉语·准中级加速篇Ⅱ[M]. 北京：北京大学出版社，2005.

该教材共 8 个专题，也就是 8 个教学单位，每个教学单位含 2 篇到 4 篇主题相近的课文。以该教材中的第 6 专题为例，本专题课文讲的都是旅游。该专题下有 2 篇课文，分别是第 11 课和第 12 课，11 课题目是《周庄》，12 课是《旅行经历》。第 11 课和第 12 课内容密切关联，天然形成了一个教学单位。

（注：周庄被誉为"中国第一水乡"，是近年的旅游热门景点，国内外来此的游人络绎不绝）

当然，也有一种情况，就是一篇课文即为一个教学单位。目前国内很多国际中文的综合课教材都采用这种编写方式。例如，《新实用汉语课本》系列教材是由刘珣教授主编、北京语言大学出版社 2009 年出版的综合课教材，这套教材实用性强，被国内外众多高校或教育机构采纳。

本书探讨的教学单位，采用以教学内容划分的方式，便于同教学环节、教学步骤、教学行为相贯通。

按教材内容划分，教学单位可分为总体教学单位和具体教学单位。

总体教学单位指的是一本教材中的各专题，每一专题为一个总体教学单位，一个总体教学单位内有若干篇课文。具体教学单元就是一篇课文，每篇课文都是一个具体教学单位。教学单位还可以细分，以一篇课文为例，每篇课文内都有"主课文、生词、语法、练习、注释"等内容，内容的每部分都是一个教学单位。而且，因课文内容多，一篇课文一般需几次授课才能结束，所以，一次授课也是一个教学单位，这个教学单位就是按照教学时间来划分的。本书中 8.4.2 综合课的教学案例，其教学单位就是一次授课。该教学案例的课文是初级中文，课文本身内容少，一次授课就结束了一篇课文。此"一次授课"（教学时间）的教学单位与"一篇课文"（教学内容）的教学单位重合，但并非所有综合课都是如此。中文初级阶段后期，尤其到了中高级阶段，一本综合课的教材，内容多、练习题量大、难度高，讲授一篇课文往往需要几次授课。理解了教学单位，我们接下来探讨教学环节。

教学环节是比教学单位小的单位，是教学设计的步骤属性。以教学单位"一次授课"为例，一次授课可分出若干个教学环节：检查作业、复习旧课、生词处理、新语法点处理、课文处理、学生训练、归纳总结、布置作业。例如：

检查作业是第一个教学环节，正式上课前，教师检查学生上次课后作业完成情况；

复习旧课是第二个教学环节，教师带领学生复习上次课的内容，同时，与本次课的新内容建立知识联系。

以此类推，生词处理、新语法点处理、课文处理等，各自形成教学环节。在这些教学环节中，有主体教学环节，如生词处理、新语法点处理、课文处理，主体教学环节是教学内容的重点和关键。与主体教学环节相伴的是辅助教学环节，除了上述的检查作业、复习旧课，还有授课中的"学生训练"、授课尾声的"归纳总结"和"布置作业"都是辅助教学环节。

主体教学环节针对的是授课内容的主体部分，如课文的"生词处理、新语法点处理、课文处理"；辅助教学环节针对的是授课内容的训练时间、补充等辅助部分，如"检查作业、复习旧课、归纳总结、布置作业"等。当然，无论主体教学环节还是辅助教学环节，每个环节都不可或缺，它们串联起来形成完整的一次授课。

教学步骤是教学环节之下的单位，一个教学环节包含若干教学步骤。

我们看一下教学步骤，以三个主体教学环节"生词处理、新语法点处理、课文处理"为例。

"生词处理"环节下可细分教学步骤：朗读生词、解释重难点生词、用生词组成短语、用生词造句等教学步骤；

"新语法点处理"环节下可细分教学步骤：展示语法点、解释语法点、练习语法点、归纳语法点等教学步骤；

"课文处理"环节下可细分教学步骤：教师口述、就口述部分提问、学生复述、朗读课文、纠正学生发音、按课文回答问题、教师答疑等教学步骤。

说明一下，因内容不同，故每个主体教学环节下的教学步骤都较多，教学步骤就更细致，而每个辅助教学环节下的教学步骤相对较少，例如：

"归纳总结"环节下可细分教学步骤：教师提示重难点、教师板书总结、学生回答内容补充。

甚至还有一种情况，一个辅助教学环节就是一个教学步骤，例如，"布置作业"既是教学环节，也是教学步骤。

教学行为是教学步骤下的更小单位，是教学步骤得以实施的必要条件。一个教学步骤下包含几个教学行为，以"练习语法点"步骤为例，该教学步骤可细分出的教学行为是：

"练习语法点"步骤下细分教学行为：领读例句、词语替换练习、师生问答、生生问答。

其他如是。同样，有些教学步骤也是：一个步骤就是一种行为，例如："教师板书总结"步骤本身就是教学行为。

总而言之，教学单位、教学环节、教学步骤、教学行为四要素关系密切，结构清晰、层级分明，如图 8-1 所示。

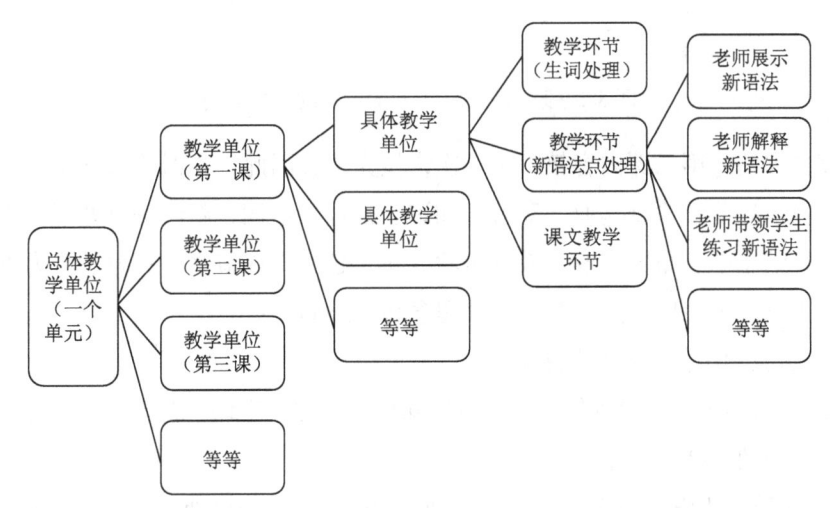

图 8-1 教学单位、教学环节、教学步骤、教学行为关系示意图

厘清四要素，对综合课教学设计很关键：①教师可选择学生容易理解的教学行为；②教师规划更多的实践教学步骤；③教师梳理清晰有效的教学环节；④教师平衡单位、环节、步骤、行为之间的配合，教学要素之间自然过渡。

当然，教学单位、教学环节、教学步骤、教学行为，不仅适用于综合课教学设计，也适用于其他课型，但四要素对综合课的教学设计更加重要。

8.4.2 综合课教学设计案例

基于"教学单位、教学环节、教学步骤、教学行为"四要素，本节以某初级课文为例，进行教学设计。

所选教材为北京语言大学出版社出版的系列汉语综合课教材《汉语教程第一册（上）》，该教材供汉语言专业一年级上学期外国学生使用，属中文入门级综合课教材。所选课文为该教材第二课《汉语不太难》[①]。该教材课文通用体例为课文、生词、语音、注释、练习。所选第二课体例如图 8-2 所示。

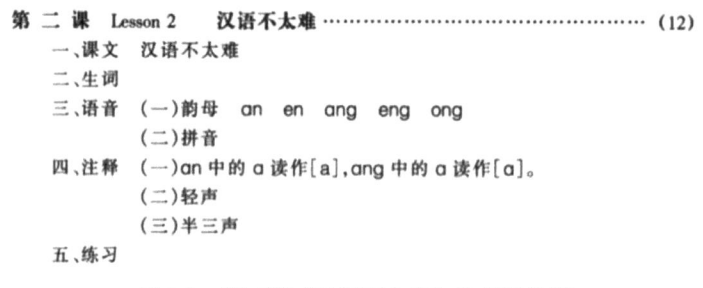

```
第 二 课  Lesson 2    汉语不太难 ……………………………… (12)
  一、课文  汉语不太难
  二、生词
  三、语音 （一）韵母  an  en  ang  eng  ong
          （二）拼音
  四、注释 （一）an 中的 a 读作[a]，ang 中的 a 读作[ɑ]。
          （二）轻声
          （三）半三声
  五、练习
```

图 8-2　第二课《汉语不太难》的编排体例

综合评估，第二课内容教师可一次讲授完毕，因此，本课的教学单位为一次授课。教学环节：检查作业、复习旧知识、处理新生词、新语法点处理、主课文处理、归纳总结、布置作业。教学步骤分布于各教学环节之中；教学行为支撑各个教学步骤。为突出重点，教学设计理念和思路如下：

（1）教学单位：本次授课。

（2）教学环节：检查作业、复习旧知识、处理新生词、新语法点处理、主课文处理、归纳总结、布置作业。

（3）教学步骤：教学环节下再细分，例如"新语法点处理"环节，其教学步骤细分为：呈现语法点、讲解语法点意义、训练学生使用新语法点、引导学生独立使用新语法点；"主课文处理"环节，其教学步骤细分为：教师带领朗读课文、教师讲解课文、教师带领学生操练课文。（其他步骤此略）。

（4）教学行为：教学步骤下再细分，例如"朗读课文"步骤，其教学行为可细分为教师带表情领读课文、学生齐声朗读课文、学生分组朗读课文、学生单独朗读课文。（其他行为此略）

---

① 杨寄洲. 汉语教程第一册（上）[M]. 3 版. 杜彪英译. 北京：北京语言大学出版社，2016：14-20.

第 8 章　国际中文教学课型设计举隅

（5）课文内容，如图 8-3—图 8-6 所示。

图 8-3　第二课的课文内容一

图 8-4　第二课的课文内容二

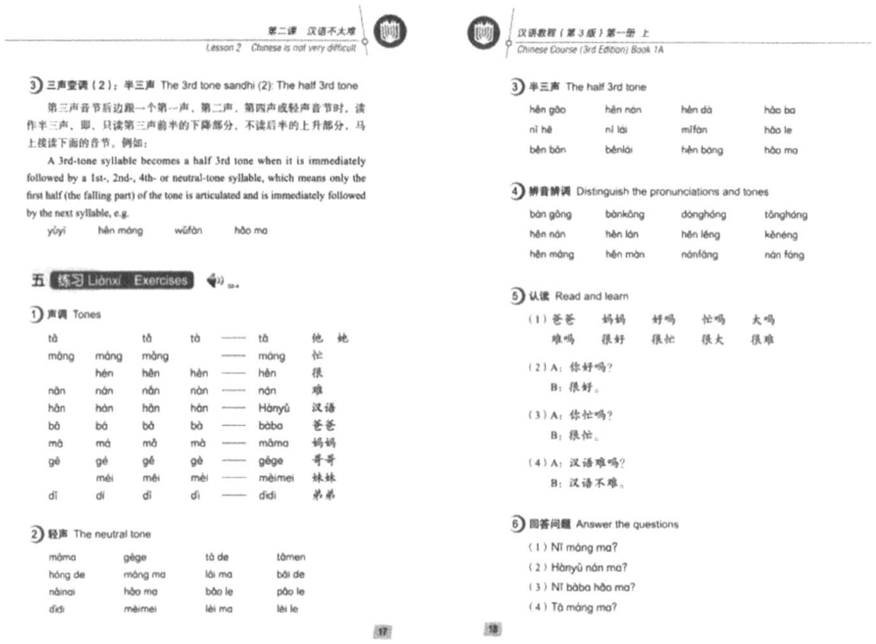

第二课　汉语不太难
Lesson 2　Chinese is not very difficult

3) 三声变调（2）：半三声 The 3rd tone sandhi (2): The half 3rd tone

第三声音节后边跟一个第一声、第二声、第四声或轻声音节时，读作半三声，即，只读第三声前半的下降部分，不读后半的上升部分，马上接读下面的音节。例如：

A 3rd-tone syllable becomes a half 3rd tone when it is immediately followed by a 1st-, 2nd-, 4th- or neutral-tone syllable, which means only the first half (the falling part) of the tone is articulated and is immediately followed by the next syllable, e.g.

yǔyī　hěn máng　wǔfàn　hǎo ma

五 练习 Liànxí Exercises

1) 声调 Tones

tā		tǎ	tà	——	tā	他 她
māng	máng	mǎng		——	máng	忙
	hén	hěn	hèn	——	hěn	很
nān	nán	nǎn	nàn	——	nán	难
hān	hán	hǎn	hàn	——	Hànyǔ	汉语
bā	bá	bǎ	bà	——	bàba	爸爸
mā	má	mǎ	mà	——	māma	妈妈
gē	gé	gě	gè	——	gēge	哥哥
	méi	měi	mèi	——	mèimei	妹妹
dī	dí	dǐ	dì	——	dìdi	弟弟

2) 轻声 The neutral tone

māma	gège	tā de	tāmen
hóng de	máng ma	lái ma	bái de
nǎinai	hǎo ma	bǎo le	pǎo le
dìdi	mèimei	lèi ma	lèi le

17

汉语教程（第3版）第一册 上
Chinese Course (3rd Edition) Book 1A

3) 半三声 The half 3rd tone

hěn gāo	hěn nán	hěn dà	hǎo ba
nǐ hē	nǐ lái	mǐfàn	hǎo le
běn bān	běnlái	hěn bàng	hǎo ma

4) 辨音辨调 Distinguish the pronunciations and tones

bàn gōng	bànkōng	dònghóng	tōnghóng
hěn nán	hěn lán	hěn léng	kěnéng
hěn máng	hěn màn	nánfāng	nán fáng

5) 认读 Read and learn

（1）爸爸　妈妈　好吗　忙吗　大吗
难吗　很好　很忙　很大　很难

（2）A：你好吗？
B：很好。

（3）A：你忙吗？
B：很忙。

（4）A：汉语难吗？
B：汉语不难。

6) 回答问题 Answer the questions

（1）Nǐ máng ma?
（2）Hànyǔ nán ma?
（3）Nǐ bàba hǎo ma?
（4）Tā máng ma?

18

图 8-5　第二课的课文内容三

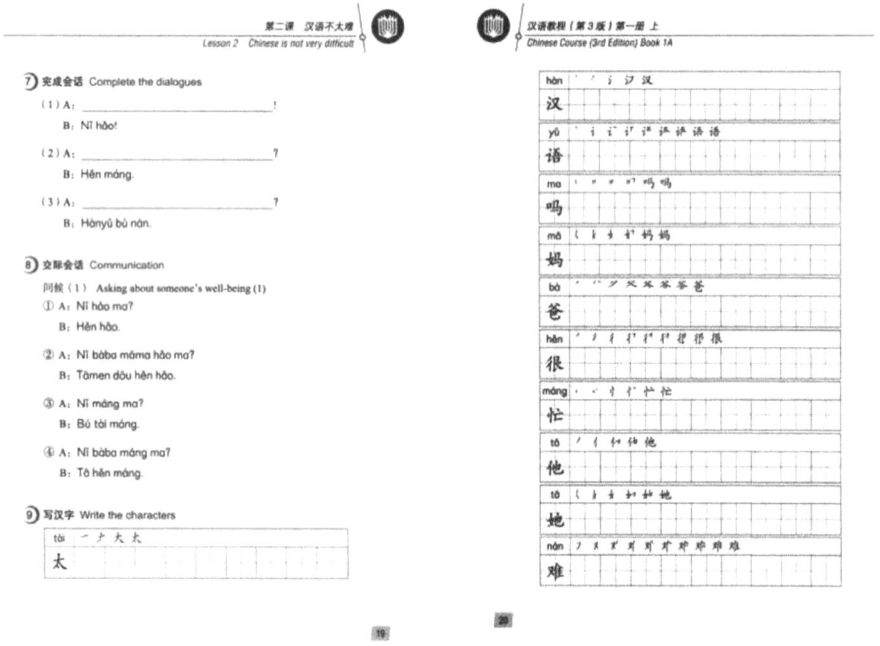

第二课　汉语不太难
Lesson 2　Chinese is not very difficult

7) 完成会话 Complete the dialogues

（1）A：____________________!
B：Nǐ hǎo!

（2）A：____________________?
B：Hěn máng.

（3）A：____________________?
B：Hànyǔ bù nán.

8) 交际会话 Communication

问候（1） Asking about someone's well-being (1)

① A：Nǐ hǎo ma?
B：Hěn hǎo.

② A：Nǐ bàba māma hǎo ma?
B：Tāmen dōu hěn hǎo.

③ A：Nǐ máng ma?
B：Bú tài máng.

④ A：Nǐ bàba máng ma?
B：Tā hěn máng.

9) 写汉字 Write the characters

tài 太

19

汉语教程（第3版）第一册 上
Chinese Course (3rd Edition) Book 1A

hàn 汉
yǔ 语
ma 吗
mā 妈
bà 爸
hěn 很
máng 忙
tā 他
tā 她
nán 难

20

图 8-6　第二课的课文内容四

教学设计方案如下：

初级综合课（语音阶段）课堂教案设计——《汉语不太难》

（一）教学对象

接受正规学校教育的长期班外国留学生（学生为混合编班，不区分学生的母语），中文水平为零起点的初学者。

（二）所用教材

《汉语教程第一册（上）》（杨寄洲编，北京语言大学出版社，2016年）

（三）教学目的

1. 完成本课教学内容，学生掌握语音（鼻韵母）的发音要领。

2. 学生准确听辨、认读所学汉字词汇。

3. 学生可使用标准的中文语音，可运用带"吗"的问句进行问候与询问。

（四）教学重点

1. 语音：an / en，ang / eng / ong；轻声（吗）、全三声（很）。

2. 词汇：忙、吗、很、汉语、难、太、爸爸、妈妈、哥哥、弟弟、妹妹、他、她、男。

3. 语法：带疑问语气"吗"的问句。

4. 功能：问候与询问"你好吗？"

（五）教学难点

1. 鼻韵母 an / en，ang / eng / ong。

2. 所有生词的准确发音。

3. 课文中带"吗"问句的语调。

（六）辅助教学手段

声韵母的图片、音视频、辅助教学软件。

（七）教学时数

2课时（每课时40分钟，共80分钟）。

（八）教学环节

8个教学环节，每个环节下若干教学步骤：

1. 组织教学（1分钟，一个教学步骤）

教师点名，目的为集中学生注意力；与学生打招呼"你们好"，唤起学生的知识潜力。

2. 复习旧课内容（4分钟，一个教学步骤）

教学步骤：教师带领学生复习上次课内容：四声唱调、声母、韵母、词汇。

教师领读（顺序、逆序、无序）

学生听辨（教师发音，学生做调型的手势）

教师点读（教师给手势，学生个别/集体发音）

（注：上述三段都是教学行为）

3. 学习拼音（20分钟）（注：须事先准备图片或音视频、设定好发音手势）

教学步骤1：学习前鼻韵母（由 ai、ei 引 an、en；与已学声母拼读 b、m）。

教师带领学生发 ai、ei 引 an、en；

教师提问学生 ai、ei 引 an、en；教师带领学生与已学的声母 b、m 进行拼读发音。

（注：上述三阶段都是教学行为，其间教师辅助学生发音，并纠音）

教学步骤2：学习后鼻韵母（由 a、e、o 引 ang、eng、ong）。

教师带领学生发音 a、e、o；

教师带领学生发音 ang、eng、ong；

教师纠正学生发音问题。

（注：上述三阶段都是教学行为）

教学步骤3：正音提示（n、ng 的舌位、开口度、共振腔；an、ang 的元音；eng、ong 的舌位、唇形）。

教师先发音 n、ng，提示学生观察舌位、开口度、共振腔；

教师带领学生发音 an、ang，提示学生观察舌位、开口度、共振腔；

教师带领学生发音 eng、ong，提示学生观察舌位、唇形；

学生模仿教师进行发音。

（注：上述三阶段都是教学行为，其间教师辅助学生发音，并纠音）

教学步骤4：双向听辨。

教师复习上述发音，同时让学生左/右打手势，观察其是否听懂发音；

教师提问个别学生进行发音，教师和其他学生做手势。

（注：上述两阶段都是教学行为，其间教师辅助学生发音，并纠音）

4. 学习生词（15分钟）

教学步骤1：教师带领学生学习生词：忙、吗、很、汉语、难、太。

教师板书这些生词；

教师示范生词的音、形、义（必要时辅以动作）；

教师带领学生认读；

教师提问，学生读出生词。

（注：上述四阶段都是教学行为，其间教师辅助学生发音，并纠音）

教学步骤2：教师带领学生进行生词组合训练。

教师举例：忙吗，很忙，难吗，你忙吗。

教师指点学生自主举例。

（注：上述两阶段都是教学行为）

教学步骤3：教师带领学生学习生词。

教师板书这些生词：爸爸、妈妈、哥哥、弟弟、妹妹、他、她、男。

教师带领学生认读板书的生词。

教师提问学生，进行上述生词的扩展组合训练。

（注：上述三阶段都是教学行为）

教学步骤4：就刚刚学过的生词，教师带领学生进行句子扩展训练。

教师举例：爸爸忙吗？

妹妹不忙。

弟弟好吗？

学生模仿教师的范例进行举例。

（注："教师举例"为一个教学行为）

（课间休息10分钟）

5. 学习主课文（25分钟）

教学步骤1：课文操练（带表情读、齐读、分角色朗读）。

教师带领学生朗读课文；全班学生齐读课文；

教师给学生分角色（问候与询问角色）并朗读课文。

教师提示问候与询问"你好吗？"在交际中的使用。

（注：上述三阶段都是教学行为，其间教师纠正学生朗读出现的问题）

教学步骤2：教师带领学生学习带"吗"的句式语调。

  你忙吗？你爸爸好吗？妹妹忙吗？

教师给学生分组，组内练习该语调问答；

教师指点小组在班级学生面前进行语调问答；

教师点评班级学生的整体训练情况，并纠正错误。

（注：上述三阶段都是教学行为）

教学步骤3：教师带领学生领会课文内容。

教师让学生合上书本，就课文内容提出问题，让学生回答（教师点名）；

教师将学生分组，两人一组，练习复述课文；

  小组内A学生与B学生，分角色复述课文，其他学生听；

随后，教师让小组学生模仿课文进行对话。

（注：上述三阶段都是教学行为，其间教师纠正学生错误）

6. 集中练习（10分钟）

教学步骤1：听辨练习（课后练习一、二、三）

教师带领学生进行拼音（前后/纵横/斜向）练习；

教师随机提问学生进行发音练习。

（注：上述两阶段都是教学行为，其间教师纠正学生发音问题）

教学步骤2：教师带领学生完成其他练习（课后练习六、八）

教师示范练习方式（两两对练）；

  小组学生进行两两对练。

（注："教师示范练习方式"为一个教学行为。）

7. 总结新课（3分钟）

教师就重难点内容提问学生。

教师根据学生回答进行补充完善。

教师带领学生逐条归纳本课内容。

（注：上述三阶段都是教学行为）

8. 布置作业（2分钟）

内容：复习本课重难点，预习下一课。

（本次课共计 80 分钟，课间休息 10 分钟）

PS：授课过程中，教师可用游戏方式辅助教学，如儿歌、谜语、绕口令、文化体验活动、中国文化赏析、手工制作、看动画片、游戏等。以游戏辅助教学，游戏内容应关联课文的语音、语义、词汇、语法、语用等，并能结合技能训练，凸显听、说、读、写实践。同时，游戏形式应与课堂教学环节、教学步骤、教学行为充分融合。

以游戏为教学辅助，需避免三种情况：第一，只玩不学的游戏，如果与教学内容无关、与提高汉语技能不相干，此种游戏就没有意义；第二，程序过于复杂的游戏，需要太多的硬件设备来支撑，这样的游戏消耗师生的精力和上课时间，不宜采纳；第三，不能让所有学生都有机会参加的游戏，只有一部分甚至更少学生有机会参与游戏，不利于调动全班学生的积极性。

第 9 章　国际中文教学设计技巧

国际中文教学效果如何，重在设计。本章着力探讨设计中易犯的八种问题，并尝试提出解决方案和措施。

9.1　避免"一叶障目"

"一叶障目，不见泰山"，初见于先秦典籍《鹖冠子·天则》，原句为"一叶蔽目，不见太（泰）山；两豆塞耳，不闻雷霆"。三国魏国人邯郸淳辑《笑林》中有"以叶隐形"的穷书生的笑话，后衍化为"一叶障目，不见泰山"。意思是，人被微小事物遮住了眼睛，没有了高瞻远瞩的大视野，匮乏格局，限制了人判断事物的全局视野。

"一叶障目"的问题出现在国际中文教学设计，所指为何？实际上，它说的是，教学设计中"只见微观，不见全局"的设计问题。具体而言，就是教师在设计教学内容时，过于注重语言现象的细枝末节方面的教学，而忽视了成句、成段、成篇的表达或框架，使学生的语言学习变得零碎，不成整体。

语言是微观的，却也是宏观的，体现为语言叙述应具有内容上的"整体格局"效果。教学中，如果片面追求语言细微末节，如某词汇、某语法点，甚至某字，会导致学生的语言整体格局意识不足甚至匮乏，这会限制学生的中文运用能力、成篇表达能力，进而影响内容说服力。因此，教学中，教师应重视学生的中文运用能力、成篇表达能力、内容说服力，这要求教师在进行中文教学设计时，应具备整体格局的观念。

中文教学设计的整体格局反映到具体实践，教师除了教学生对某个汉字、某个词语、某个语法点的理解、运用，更要引导学生把握字、词、语法在整句、整段、整篇的语境功能意义。这要求教师的设计视野要重视成句、成段、成篇的语境功能意义，也就是语境的叙述上。

例如，动词的"动"字，"动"的意义很多，具体教学中，应将"动"放在上下文语境中，其语境功能和意义效果才能凸显，例如：

"动"的意义。
他动了我的书。
他动手能力很强。
在打开销路方面，他动了不少脑筋。
看到那么贵的东西，他动起了歪脑筋。

上述例句中，"动"的词性未变，但呈现出的语义却各不相同。而且，这些"动"一旦脱离各自所在语境后，就会失去其表达意义。

例如，中文的插入语"可不是"，它的用法分两种：一是，在具体语境中，说话人表达某种否定之意；二是，在对话中作为答语，表示听话人对说话人的附和、赞同之意。例如：

对话1：A："他可不是你说的那种人。"（表达否定）
　　　　B："怎么就不是呢？"
对话2：A："小明可真厉害呀，考试得了第一名。"
　　　　B："可不是嘛。"（表达附和、赞同）

对话1和对话2中的"可不是"，分别表达了两种完全不同的语气特征和意义内涵。在对话1中，"可不是"表达否定，在对话2中，"可不是"表达赞同。对话1的"可不是"是否定陈述句式，对话2的"可不是"是附和、强调的语气。因此，虽都是"可不是"，但对话1和对话2意义完全不同，语气效果也大相径庭。

再如，中文词组"回头再说"，通常作为插入语用在语境中，对它的理解更需要语段或语篇支撑。我们以课文"回头再说"[1]为例，详解其语境中的意义。

---

[1] 杨寄洲. 汉语教程（第三册上）[M]. 3版. 杜彪英译. 北京：北京语言大学出版社，2016：61-75.

原文：

　　我刚到北京时，听过一个相声，说北京人的口头语是"吃了吗"。后来我发现，其实，北京人最爱说的一句话是"回头再说"。

　　我在香港坐上中国民航的飞机，邻座的一个人用地道的英语问我："是去北京工作吗？""不，去留学！"我回答。他是个中国人。我们就这样愉快地聊了一路。临下飞机，他还给了我一张名片，邀请我有空儿到他家去玩儿。

　　到北京后的第二个周末，我给飞机上认识的这位先生打电话。他在电话里热情地说："有时间来家里玩儿吧。"我马上高兴起来，说："太好了，我什么时候去？"他停了一会儿说："这一段工作太忙，回头再说吧。"可是，几乎每次打电话，他都说欢迎我去他家，同时又带上一句"回头再说"。（笔者注：此为"推拖"之义）

　　我开始想，不是说有空儿就让我去吗？怎么会这样不实在？在三次"回头再说"之后，我终于去了他家。他和太太都十分热情，买菜做饭，准备了满满一桌的酒菜让我吃了个够。临了，他还送我好多书。我粗粗一看价钱，要五百多块呢，就说："你给我这么贵的书，我一定要付钱。"他平淡地说："这些书都是你用得着的，至于钱，回头再说吧。"之后我多次提起给他书钱的事，他都说"回头再说吧。"（笔者注：此为"推辞"之义）

　　……

　　——部分摘自《汉语教程第三册（上）》第五课"回头再说"

课文中的主人公是"我"，"我"是初来北京的外国人。"我"刚到北京时，就听说北京人最常用的口头语是"回头再说"。后来，"我"发现，在日常生活中，北京人的确爱说"回头再说"，只不过，意义各有不同。

课文第一段到第三段，"我"提到了北京人爱说"回头再说"这个词语。"我"先讲了自己在飞往北京的机上经历。"我"在飞机上遇到了一位中国人，中国人对"我"很友好，给了"我"他的联系方式，还邀请"我"到他家去玩。"我"到北京之后的第二个周末，就给在飞机上认识的那位先生打电话，那位先生在电话里很高兴，热情地邀请"我"去他家玩，"我"当然很高兴，就问："什么时候去？"听到这话，那位先生停了一下说："这一段工作太忙，回头再说吧。"这是"我"第一次听到中国人说"回头再说"。于是，"我"以为真的是字面意思的"回头再说"，就殷切期待着"再说"。接下来，"我几"次给那位北京先生打电话，几乎每次都听到那位北京先生热情邀请"我"去家里玩，但同时又说"回头再说"。几次三番被"回头再说"打发以后，"我"感到困惑，很是纳闷：开始不是说得好好的么，有空就让我去，怎么会这样？太不实在了。在"我"看来，这位北京先生没诚意嘛。

  注：本部分中，"回头再说"被反复使用，其表达效果都是：推脱、推诿、不情愿。因此，尤其第三段，"回头再说"具有意义上的"推拖"之意，语气敷衍，容易被听话人误解。

  第四段，经过几次"回头再说"，"我"终于如愿以偿，去了这位北京先生家。接下来发生的"回头再说"让"我"更加迷惑。"我"到了北京先生家，先生和他的太太非常热情地招待了"我"，买菜做饭，准备了满满一桌子酒菜款待"我"。"我"、北京先生、先生的太太，我们开开心心地吃了个够。临走时，这位先生还送给"我"好多书，"我"算了一下价格，大概五百多块钱呢，这么多钱啊！"我"当即表示要付钱给这位先生，这位先生却说"这些书都是你用得着的，至于钱，回头再说吧"。之后"我"多次跟这位先生提起书款的事，这位先生都说"回头再说"吧！这又是怎么回事呢？

  注：第四段的"回头再说"与第三段的"回头再说"意义大有区别。第四段"回头再说"是客气婉拒地推辞，而非第三段的"推拖"。都是"推……"，语境决定了此"回头再说"与彼"回头再说"并不是一回事。这就非常需要语境，也即语段语篇的支撑。

  通过语境理解，相信学习者对"回头再说"会有更深入的理解、把握，并能恰如其分地运用。此案例提示我们，教学设计中，教师应利用好语境教学、情境实施，这是中文语言要素学习的有效途径。

  情境体现语境，语境说明情境。因此，情境对中文语言教学的重要性不言而喻。教中文生词时，教师有意识营设一些情境，让学生于情境中理解词语，会使词语理解更加容易，也更加生动。例如：

给汉字"上、下、前、后、旁"进行组合、搭配、造句：

上　　上边　　上面　　你上来
下　　下边　　下面　　你下来吧
前　　前边　　前面　　你到前面来
后　　后边　　后面　　他在你后面
旁　　旁边　　一旁　　我的旁边是他

上述词语通过词语搭配、情境组合，让学生对该词的意义理解更加顺畅，从而助力学生建立语言学习的认知、理解、运用的过程图谱。

情境教学对辨析近义词（组）更加有效，例如：

例1：副词"有空儿"和"抽空"，选择其一填出整句：
A：我找你有事，你能_____来一趟吗？（答案：抽空）
B：你周六____吗？我想请你去看电影。（答案：有空儿）

在需要填写的位置画下划线，以情境引导学生选择"有空儿"或"抽空"。A句的情境为"有事需你来"，B句的情境为"请你来"。在词义上，"有空儿"与"抽空"有相同之处，都表达时间观念，且都为动宾组合；区别在于词法，"有空儿"后边不能缀附其他词语（B句），"抽空"可作为状语出现在句中（A句）。结合情境、词义、词法，A句填"抽空"，B句填"有空儿"。

例2：近义词"一点儿"和"有点儿"的教学。
A：我____头疼。（答案：有点儿）
B：他____也没明白老师讲的内容。（答案：一点儿）

一般情况下，表示"什么也没有"的语义时，动词前加"一点儿"；表达消极行为意义或事务时，行为或事务前加"有点儿"。

A句填"有点儿"，"我有点儿头疼"；B句填"一点儿"，"他一点儿也没明白老师讲的内容"。需要指出的是，B句使用"一点儿"时，后必紧随汉字"也"。

上述各例已验证，中文语言要素教学离不开语境，也就是成句、成段、成篇的表达。因此，教师在实施教学设计时，应充分考虑语境的整体格局，既要微观深入，也要宏观贯通。

9.2　避免“多义混讲”

多义混讲，顾名思义，就是混淆了事物的多种意义，反映到语言教学，就是误将同一词语、同一语法点、同一句式所表达的多重意义混杂在一起，进行教学。以中文词汇教学为例，就是教师在教学中，将同一词汇的不同语义混合一体进行教学，从而导致学生对其理解出现混淆。中文各元素都存在多义现象，以词汇为例，不但存在同一字词的多重意义，还存在同一字词与其他不同字词分别组合而产生各不相同的语义现象，如“留”与“下”组合成“留下”，与“学生”组合成“留学生”，“留下”语义与“留学生”语义显然不同。

针对语言的多义现象，国际中文教学应该如何设计呢？将同一词语的多重意义一并展示，一并讲解，显然不合适。反之，是不是意味着教师只能讲词语的某一种意义？这样当然更行不通，会导致学生对该中文语言元素产生认知上的单面化。所以到底应该讲什么？怎么讲呢？

面对中文语言的多义现象，教师教学时，首先应以教材中的主要语义为优先项，然后再根据学生的习得能力和接受能力，决定是否进行扩展语义的解析。

我们通过两种情况来探讨“多义混淆”的问题。

第一种情况是同一词语的不同语义现象。例如汉字“红”的多义现象，《现代汉语词典》中“红”的语义（图 9-1）如下。

红（紅）hóng ❶ 形 像鲜血的颜色：～枣｜～领巾。❷ 象征喜庆的红布：披～｜挂～。❸ 形 象征顺利、成功或受人重视、欢迎：～运｜开门～｜满堂～｜他唱戏唱～了。❹ 象征革命或政治觉悟高：～军｜又～又专。❺ 红利：分～。❻（Hóng）名 姓。
另见 455 页 gōng。

图 9-1　《现代汉语词典》中“红”的语义[①]

① 中国社会科学院语言研究所词典编辑室. 现代汉语词典[M]. 7 版. 北京：商务印书馆，2016：538.

"红"在国际中文教材中的语义是什么呢？以《HSK 标准教程 2》中第 3 课"左边那个红色的是我的"[①]（图 9-2）为例。

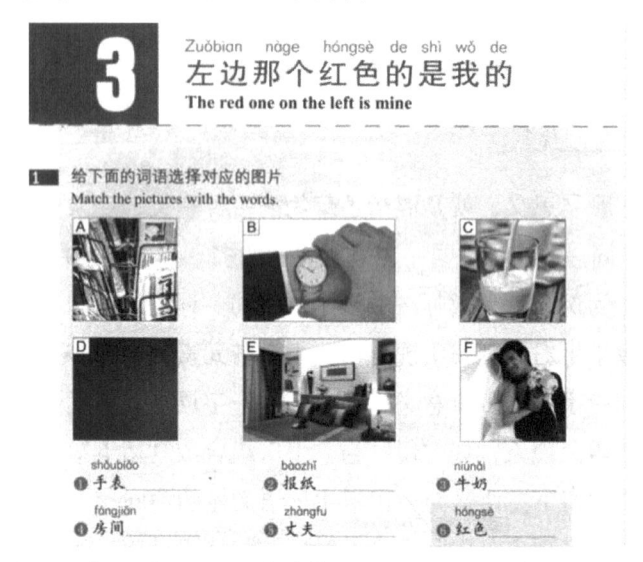

图 9-2　《HSK 标准教程 2》中第 3 课"左边那个红色的是我的"

图 9-2 中，课文中"红"的语义是《现代汉语词典》中"红"的第一个语义，也就是"红颜色"的语义。所以，教师进行教学时，对"红"处理应以此意义为主，无论教学还是训练学生，都应围绕课文的语义而展开（图 9-3—图 9-5）。

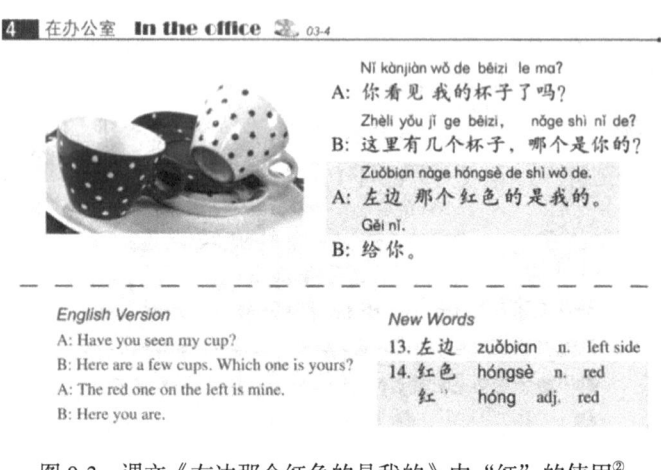

图 9-3　课文《左边那个红色的是我的》中"红"的使用[②]

[①] 姜丽萍.HSK 标准教程 2[M]. 北京：北京语言大学出版社，2014：17-24.
[②] 姜丽萍.HSK 标准教程 2[M]. 北京：北京语言大学出版社，2014：19.

第 9 章　国际中文教学设计技巧

3 用本课新学的语言点和词语描述图片
Describe the pictures using the newly-learned language points and words.

Wàimian xià yǔ, tāmen dōu zài ___ li ne.
外面 下雨，他们都在 ___ 里呢。

Lǐ xiānsheng de shǒubiǎo hěn hǎo,
李先生的手表很好，
sān ___ duō kuài qián.
三 ___ 多块钱。

Wǒ juéde zuǒbian nàge ___ de piàoliang.
我觉得左边那个 ___ 的漂亮。

Jīntiān ___ niúnǎi de lái le,
今天 ___ 牛奶的来了，
bàozhǐ de méi lái.
报纸的没来。

图 9-4　课文《左边那个红色的是我的》中"红"的练习[①]

1 双人活动　Pair Work

两人一组，把几个同学的笔、书、杯子等物品放在一起，然后通过询问确定哪个物品是哪位同学的。
Work in pairs. Put together several classmates' items, such as pens, books and cups, etc. Identify the owner of each item by asking questions.

例如：
Zhège hóngsè de bēizi shì nǐ de ma?
A: 这个 红色 的杯子是你的吗？
Bú shì wǒ de.
B: 不是我的。
Pángbiān fěnsè de bēizi shì nǐ de ma?
A: 旁边 粉色的杯子是你的吗？
Shì wǒ de.
B: 是我的。

物品 Item	杯子 bēizi	笔 bǐ	书 shū	报纸 bàozhǐ	钱 qián
位置 Position	左边 zuǒbian	右边 (yòubian, right)	前边 qiánbian	后边 hòubian	旁边 pángbiān
颜色 Color	红色 hóngsè	粉色 fěnsè	白色 (báisè, white)	黑色 (hēisè, black)	蓝色 (lánsè, blue)

图 9-5　课文《左边那个红色的是我的》中"红"的活动训练[②]

当学生熟练掌握"红"的颜色意义后，教师根据学生的学习情况和学习潜力，尝试提升练习难度，例如：

组词：红色、红裙、红花

造句：这花是红的。

[①] 姜丽萍.HSK 标准教程 2[M]. 北京：北京语言大学出版社，2014：21.
[②] 姜丽萍.HSK 标准教程 2[M]. 北京：北京语言大学出版社，2014：23.

红衣服脏了。

上述举例仍在课文语义范畴之内。但是，如果这样扩展：

组词：开门红、分红、花红
造句：等你红了以后，大家就都知道你了。

这些词组和句子中的"红"就超出了课文语义。如果教师将"红"的多重语义与单纯颜色语义一并给学生讲解，就出现了"多义混讲"的问题。毕竟，此"红"的语义已远离课文语义，会导致学生混淆同一词汇的不同语义。

第二种情况是同一汉字与其他不同汉字分别组合后产生的新词语。汉字"表"与其他汉字的组合：

手表、表格、代表、表哥

这几个词组意义各不相关，教学中应如何处理呢？应遵循两个基本原则：一是从易到难，二是语境教学。还以汉字"表"为例，"表"与其他不同汉字的组合生成的词语：

名词类：手表、表格、表哥、申请表
动词类：表示、发表、表达、表明、表白

在教学时，教师根据从易到难的原则，对上述词语进行排序，名词"手表"最容易，"表哥"次之，"表格"第三，最后"申请表"，如下所示：

手表、表哥、表格、申请表

"手表"和"表哥"的难易位置相对固定，"表格""申请表"因语义相差细微，故二者会因使用语境而产生难易波动，例如：

这张表格是他的。（相对容易）
给你申请表，填好后交给我。（相对容易）
这张税务表格是谁填的，数据准吗？（相对较难）
这张出国留学申请表务必在明天上午12点前交给办公室。（相对较难）

上述四例中，"表格"与"申请表"在不同语境中，其难易出现了波动。

再举一例：汉字"件"。"件"在汉语中可作量词和名词。

量词时：一件、两件。
名词时：事件、零件、文件、批件

还有，汉字"说"与其他汉字组合时，有时是动词，有时是名词：

组成动词：说话、听说、说笑
组成名词：学说、说法、假设说

"说"还可与其他汉字组合而成插入语，例如：

说不定、再说、再说吧、以后再说

诸例已充分说明，教学中应避免"一股脑儿地教学"，按照"从易到难、语境教学"的原则，由浅入深，由情境展开，渐次推进语义的深化。

强调一下，我们教学设计中应关注一些"多义混讲"的错误，引以为戒，避免胡乱拆分，导致"多义混讲"。例如：

对中文词汇"打算"的几种错误讲解示例：

以局部代替整体的讲解：将"打算"拆分为"打"+"算"，拆分的同时也拆掉了词义。

用比生词更难的话语讲解：讲"打算"时，教师将其解释为"核算"，这里"核算"是比"打算"更难的词汇，以它解释"打算"，会让学生更难理解；

混淆词性的讲解：动词"打算"："我打算暑假去旅游"；
　　　　　　　　名词"打算"："暑假你有什么打算"。

此讲解中，教师将"打算"的词性混在一起，极易造成学生的理解障碍。

上述示例表明，教师缺乏对学生的了解，内容难易排列错误，造成语境错误，从而导致设计出现问题。如果不加以改正，极易造成学生对内容意义的混淆，甚至会出现认知的混淆，使学生产生畏难心理。

再举一个语言现象，为避免"多义混讲"提供一点思路。

词语"用"有几种词性和用法,名词是"有用",动词是"用力、使用、用了一下"等,介词是"用手拿着",例如:

名词:有用、没用
介词:用钱买书、用笔写字
动词:用力

上述"用"的讲解顺序,教师是从日常使用率出发,充分了解学生,细分教学内容,按照"从易到难、语境教学"的内容进行讲解排序。

教学不能急于求成,更忌讳囫囵吞枣,应根据语言规律、学生情况综合设计。相对于其他语言规律,中文语言的规律较复杂,这些复杂性让汉字、词语、句子、语法、篇章的教学更为复杂。因此,教师需综合考量中文内部的构词、语法、词组、句式、成篇等规律,细化教学内容,优化教学设计。

9.3 避免"本末倒置"

本末倒置指做事忽视了根本,反而注重那些不必要的细枝末节,颠倒了"本"与"节"的顺序。反映到中文教学上,体现为教学内容次序安排不合理、教学重点不突出、教学方法不得当,造成学生理解混乱,出现了"本末倒置"的局面。

国际中文教学中,如何避免本末倒置的现象呢?首先,教学一定要遵循由易到难、由简单至复杂的逐层解析原则,无论词汇、语法,还是课文,知识的起点往往是从简单问题开始的,反之不行。其次,教师按照从易到难的顺序引导学生深入知识内里体系。具体而言,教师应逐步推进教学,坚决杜绝"一口吃个胖子"。这要求教师在设计教学内容时,台阶式逐层递增,且每一个知识点都设立归纳环节,便于学生整理知识,加强对知识架构的思维意识。

以中文词语教学设计为例,教师教学生"是"的用法。"是"有多种使用方式,最简单、最常用的是"是"字句,教学时应先教,例如:

我是老师。
她是学生。

这是中国茶。

当学生理解并掌握了"是"字句后，教师可稍作扩展，"是"字句的疑问用法：

这是什么？
谁是老师？
她是谁？

当学生掌握了"是"的疑问用法后，教师可进一步扩展，"是"字句的选择疑问用法：

这是不是书？
你是不是老师？

经过逐层扩展，为学生建构了完整的"是"字句的知识图谱，将其完整、清晰地展示在了学生面前。在这个图谱中，"是"字难度逐层加强，用法渐次深入。这样，学生的习得也会有条不紊。反之，教师随意教，学生接受过程混乱，对知识的理解会混乱。还以"是"为例，教师一开始就教"是"的选择疑问用法：

你是不是中国人？

这样做，缺少前期知识的铺垫，使得教学内容很唐突，增加学生的知识理解难度。

再以中文句式教学设计为例，进行有秩序的教学设计，例如：

我住宾馆。
我住的那家宾馆。
我住的那家宾馆条件好。
我住的那家宾馆条件好极了。

上述四个句子，从易到难、由简单到复杂，上句为下句做铺垫，一句比一句增加难度，直到第四句。第四句虽然复杂些，但因有了前三句的铺垫，学生到此也能理解到位。这就是逐层递增秩序的教学设计。这种设计，即便面对完全陌生的句式，也能教会学生。因此，国际中文教学的设计应有秩序，避免"本末倒置"。

9.4 避免"一气呵成"

一气呵成，字面意思是，一口气做完所有的事情，对中文教学而言，指的是，教师在教学中将知识点不分轻重缓急，一次性讲给学生。难度系数高的知识不拆分、不分主次，一并灌输。这样做不但没成效，甚至适得其反。

学生面对复杂且难的语言知识点时，往往把握不住重难点，不知如何下手。在这种情况下，教师的"一气呵成"式教学会给学生造成心理压力过大，产生挫败感，从而对中文学习失去信心。所以，教师尽量避免"一气呵成"的大水漫灌式教学设计。

面对篇幅长、难度系数大的课文，从大的方面讲，教师应先将内容条理化，将长篇拆分为短篇，将知识重点和知识难点拆分成几个关节点，并辅以时间的科学分配。以微观实践看，教师设置课文内容悬念，用讲故事或提问题方式，将课文大意以学生听得懂的话语讲给学生听，让学生在初步接触课文的时候，获得内容启发。教师按内容拆分课文，将课文拆解成段落分明的几个部分。然后，教师针对每部分的内容大意、知识点，进行详略得当的讲解。教师的讲解要秉承"总—分—总"的策略，也就是"整体理解—内容拆分—全篇贯通"。让学生先初步了解课文主框架，再引导学生分析课文各部分内容、语言点，最后带领学生总结各部分的典型知识、重难点。归结为三个步骤：①整体：明白课文大概内容。②拆分：了解课文重点（词、句、语法等）。③以典型知识、重难点贯通全篇。一句话：分步骤，分内容，避免一气呵成。

我们以国际中文教材《汉语教程第三册》中第五课课文"回头再说"为例，举例解析如何避免"一气呵成"。

我刚到北京时，听过一个相声，说北京人的口头语是"吃了吗"。后来我发现，其实，北京人最爱说的一句话是"回头再说"。

我在香港坐上中国民航的飞机，邻座的一个人用地道的英语问我："是去北京工作吗？""不，去留学！"我回答。他是个中国人。我们就这样愉快地聊了一路。临下飞机，他还给了我一张名片，邀请我有空儿到他家去玩儿。

到北京后的第二个周末，我给飞机上认识的这位先生打电话。他在电话里热情地说："有时间来家里玩儿吧。"我马上高兴起来，说："太好了，我什么时候去？"他停了一会儿说："这一段工作太忙，回头再说吧。"可是，几乎每次打电话，他都说欢迎我去他家，同时又带上一句"回头再说"。

我开始想，不是说有空儿就让我去吗？怎么会这样不实在？在三次"回头再说"之后，我终于去了他家。他和太太都十分热情，买菜做饭，准备了满满一桌的酒菜让我吃了个够。临了，他还送我好多书。我粗粗一看价钱，要五百多块呢，就说："你给我这么贵的书，我一定要付钱。"他平淡地说："这些书都是你用得着的，至于钱，回头再说吧。"之后我多次提起给他书钱的事，他都说"回头再说吧。"

——部分摘自《汉语教程第三册》第五课"回头再说"

四个自然段，其内容都是围绕语言点"回头再说"而展开的。关于本课的教学框架设计：

步骤一：教师以讲故事方式提示学生课文内容大意和主体框架。中国人爱说"回头再说"，以及围绕"回头再说"衍生出的一系列话题。在此步骤中，教师可略讲"回头再说"的基本义和扩展义，同时提示学生，课文中每个自然段的语境都为"回头再说"而设置。

步骤二：教师拆解课文内容，这篇课文内容的拆解可按自然段进行。

第一自然段，这位外国人了解到北京人最爱说的口头语是"回头再说"。

第二自然段，外国人在飞往北京的飞机上遇到了一位中国先生，他是北京人，他们聊得很开心，北京人还给了这位外国人联系方式。

第三自然段，外国人想去北京先生家做客，几次三番，都被"回头再说"给搪塞过去了。

第四自然段，外国人终于去了北京先生家做客，北京先生热情招待了这位外国人，不但给他准备了丰盛的饭菜，还送给他很多书，并且以"回头再说"推辞了这位外国人给的书钱。

根据各自然段内容，理解"回头再说"的重点在第三、第四自然段。此两段的"回头再说"语境色彩鲜明，第三、第四自然段的"回头再说"，意义各不相同，形成对照。教师在讲解时，可依据语境引导学生理解其内涵。教师解析内涵，学生理解"回头再说"在三、四自然段的意义后，进入步骤三。

步骤三：本步骤是对第一、二步骤的归纳。教师带领学生贯通全篇，可从三个点入手：课文开头、课文主体内容、课文结尾。教师分别与学生探讨这三个部分的"回头再说"意义的变化。最后归纳故事逻辑：一位外国人与一位中国人在交往过程中，因"回头再说"而引发误会，却也因"回头再说"消除了误会。

这就是"整体理解—内容拆分—全篇贯通"的课文讲解过程。作为课文的"灵魂"——"回头再说"起到了语境理解、语篇贯通的效果。当然，课文知识不止一个"回头再说"，具体教学时，教师对课文中的其他重难点知识如字、词、句、语法等也应分析。

教师在解析课文时，可加入一些实践训练。通过实践，观察学生的中文理解能力。作为课文学习的辅助，实践训练是很有必要的，例如：

  关于课文主题，作者是如何进行讲述的？
  关于"高兴起来、用得着"等词语，在课文是如何运用的？
  作者是否理解了中国人"回头再说"的真正内涵？
  ……

训练时间，教师根据整体教学设计，合理布局、把握进度。

9.5 避免"主次不分"

主次不分，字面意思是一个人做事不分主次先后，没有重点，眉毛胡子一把抓。反映到中文教学设计，就是教学设计出现了次序不明、重点不突出的问题。

以课文教学为例，合理的教学次序是，授课前，教师预先给学生布置问题，问题内容与课文重点有关联。授课中，针对问题，教师提问学生，并以解决问题方式，引导学生对课文主体内容有大致的了解，然后进入正式的课文学习。授课结束时，教师布置课后任务。此教学过程可参照 9.4 节的内容。

上述教学过程主次清晰，帮助学生快速摄取课文核心内容，还可以核心内容为辐射，渐次推出其他教学知识。阅读课的教学，主次分明尤其重要。

以中文阅读课的课文"儿童学语言"[①]为例：

儿童学语言

很多语言学家和心理学家都对儿童语言的发展感兴趣。通过研究，他们吃惊地发现：说不同母语的儿童在学习他们的母语时，有很多相同的地方。比如，在所有的国家，孩子学会语言以前都会发出一些声音，这些声音很像词语，但不是词语；各国的孩子们都是先学会听，然后才学会说；在所有的文化中，孩子们都在 12 个月左右开始说话，刚开始时他们说的句子只有一个词语，通常是"妈妈"或者"爸爸"之类的词语。大概到 18 个月左右才会出现两个词语的句子。

——节选自《儿童学语言》（《博雅汉语·准中级加速篇Ⅰ》）

《儿童学语言》探讨的是儿童学习语言的内在规律，节选自课文第一段。此段主体内容是：语言学家和心理学家针对儿童学语言现象的新发现。我们就这一段的教学进行"主次分明"设计示范。

上课开始，教师根据本段内容预设一些问题展示给学生，这些问题的难度相对不大，例如：

语言学家和心理学家共同发现了什么现象？
儿童刚刚学说话时是什么样子？
18 个月的孩子学说话的特点是什么？

这三个问题都来自本段内容。

课中，教师让学生带着这些问题阅读本段，并限定时间。学生带着问题阅读，让阅读过程聚焦清晰。学生寻找答案的过程也是他们了解主要内容的过程。时间到，学生立即停止阅读。

教师以问题为导向，边解析内容，边引导学生关注重点和难点。

---

① 黄立，钱旭菁. 博雅汉语·准中级加速篇Ⅰ[M]. 2 版. 北京：北京大学出版社，2012：39-46.

重点：心理学家的新发现和新结论。

难点：语言知识"比如"的连接作用，分号"；"的使用特征。

针对重难点，教师带领学生做一些的训练。较简单的训练：教师带领学生做课后练习并阅读课后的扩展阅读。对于课后的扩展阅读，教师也如法炮制，给学生布置问题，提供一定的阅读时间，教师就问题提问，学生回答。

较复杂的训练：复述本段内容。

复述方式：分阶段复述、整个内容复述。

分阶段复述以问题为基础，考察学生对内容重点的理解；整个内容复述以学生对本段的整体理解为出发点，训练学生的语篇表达能力。

复述训练完毕，教师点评。授课结束前，教师布置课后任务。

阅读课教学顺利完成。

强调一下，阅读课也不是完全忽视字、词句、语法等知识，对那些影响学生阅读理解的语言，讲解一下还是必要的。讲解方式以略讲为主，不过多扩展。

那么，"主次不分"的教学现象主要表现为：

（1）教师对学生缺乏了解，包括学生的中文水平、课堂表现、个性特征等。

（2）教学目的不清楚，阅读课的目的是为提高学生用中文阅读的速度，但有的教师会将阅读课上成综合课，逐字逐句教，逐字逐句讲，如此，失去了提高阅读速度的目的。

（3）教学方法不当，阅读课文的词汇量、内容难度、语法难度都高于综合课，在这种情况下，有的教师"遇难则缓，遇险则慢"，将阅读课上成了综合课。

上述三种情况，不但没达到阅读课的目的，教学效果也不好，学生学后，中文的阅读速度照旧提不起来。

针对上述情况，建议如下：

（1）教师应充分了解学生，对其水平、个性等，事先要有掌握，这对安排教学环节很有帮助，便于主次分明。

（2）教学目的应清晰，以课型目的为例，阅读课是为了提高学生的中文阅读速度，综合课是为了学生详细掌握中文知识，口语课是为了提升学生的中文口语表达能力。教师应清晰了解课型目的，否则，阅读课上，却把大量精力放在解决字、词、句、语法问题上，这是不行的。

（3）合理运用教学方法，教学方法的目的是提高教学效果，其核心也在于主次分明。以阅读课为例，现行的中文阅读教材，每课除了一篇主阅读课文，还有1—2篇的辅助阅读课文，对它们的学习也分主次。教师带领学生先学习主阅读课文，辅助阅读课文可作为训练内容。

9.6 避免"没有文化"

没有文化，在此并非"没有知识"的意思，而是在中文教学中忽略了文化教学意识。语言教学不能只教语言，也应教文化知识，从而培养学生的跨文化意识。

语言是文化的载体，语言与文化相互融合、彼此渗透。国际中文教学中，在语言教学中加入文化教学，可促进学生对中国文化的了解，同时可提高学生的语言学习效率。

文化，英文为"culture"，源自拉丁文的"colo"和"cultus"，有"驯养牲畜""耕种土地"之意，后引申为"培养人"。中文的"文化"，其"文"的本义是花纹、纹理。《周易·系辞下》曰"物相杂，故曰文"，《礼记·乐记》中"五色成文而不乱"，《左传·隐公元年》中"仲子生而有文在其手"，它们都指的是纹理或花纹。关于"化"，其本意为"改变；变化"[1]，《周易·系辞下》载"男女构精，万物化生"。"文化"同时出现，是在《周易·贲卦·彖传》"观乎天文，以察时变，观乎人文，以化成天下"[2]中，意为"通过人文的文化，来化成这个社会的风气"[3]。后来，"文化"一词演变为对人的精神的塑造，"陶铸人的思想"[4]。

---

[1] 商务印书馆辞书研究中心修订. 新华词典[Z]. 北京：商务印书馆，2001：417.
[2] 楼宇烈. 中国文化的根本精神[M]. 北京：中华书局，2016：7.
[3] 楼宇烈. 中国文化的根本精神[M]. 北京：中华书局，2016：7.
[4] 吕思勉. 中国文化史：插图珍藏本[M]. 北京：新世界出版社，2008：5.

"人类的行为，原于机体的，只是能力。其如何发挥此能力，则全因文化而定其形式。"[1]作为文化载体的语言，其所传递的无非是一个民族或国家如何发挥机体的能力，承载中国文化的中文便是如此了。

国际中文教学中的文化教学，是让学生理解中国文化的交际属性和知识发展。

交际属性指的是人们在交往中的行为或话语。行为方面包括请客吃饭、礼尚往来、见面问候、临行送别等。话语方面有很多，例如：

送礼物时的谦虚用语："这是一点小意思"
对某人的到来表示惊讶："哪阵风把你吹来了"
对某人或某现象表示惊讶："今天这是太阳从西边出来了吧"

这里，"意思"指的是送礼物；"风"也非一般意义上的"风"，而是"你"的到来出人意料，说话人感觉很突然，有唐突之感；"太阳从西边出来了"，表示说话人着实太惊讶了，完全没想到，出乎意料。

上述言行例子的背后是特定族群千百年来积淀下的稳定的生活方式在言行上的表现，"在一种文化中的人，其所作所为，断不能出于这个文化模式以外"[2]。因为人的言行有文化特征，因此，不同族群、不同国家的人们在进行交往时往往有不同的表现，对目的语的文化学习是语言学习者务必要理解并掌握的，有助于交际。

知识发展指的是关于目的语国家或族群特有的文化印迹，如介绍中国时，人们往往会说：

"中国的首都是北京"
"中国有五十六个民族，人口最多的民族是汉族"
"中国的名山大川有泰山、衡山、嵩山、恒山等"
"中国最长的河流是长江，中国第二大河流是黄河"
……

介绍中国历史或文学，可能会说：

"《诗经》是中国最早的诗歌总集"

---

[1] 吕思勉. 中国文化史：插图珍藏本[M]. 北京：新世界出版社，2008：4.
[2] 吕思勉. 中国文化史：插图珍藏本[M]. 北京：新世界出版社，2008：5.

"唐诗宋词是中国古典文学的重要阶段"

"鲁迅是中国著名的现代文学家"

……

上述知识发展多见于文物或载于史册的知识文化。

相对于交际属性，知识文化更具有稳定性、表象化特征。因此，知识文化更容易被关注；交际属性的文化具有可变性、内隐性的特征，在教学过程中，可能更容易被忽视。基于这两个特征，教师应深入语言教学，深挖交际属性的文化教学点，设计出有效的讲授和训练方式。

另外，国际中文教师应具备了解、分析、分解目的语国家文化特征的能力。具体而言，在涉及有关中国传统文化知识时，教师应根据教学需要，预先给学生解析清楚，避免因文化知识的羁绊而导致学生无法理解语言内容。

就如前面所举课文"回头再说"，其"回头再说"的意义带有语境特征，其深层还在于，它体现了潜隐于语言中的交际属性。

9.7 避免"断境取义"

断境取义针对的是语言教学或学习。在教学设计中，教师未考虑语言使用环境这一因素，直取其义进行设计或讲授，也就是剥离了语境的语言教学。这导致学生出现"知其意，不明其用"，甚至"不知其意，也不明其用"的问题。

语言教学设计中，应充分考虑语言点的使用语境。课文"回头再说"的目的是教学生"回头再说"的意义，不同语境中"回头再说"的意义不同。因此，教师应启发学生通过语境去理解它。反之，脱离语境，讲解"回头再说"，效果肯定不理想。课文中的"回头再说"被用于两个语境，第一个是"推托"语境，不想做或懒得做；第二个是"推辞"语境，不想要或不能要。

我们再举一例，词语"差点儿"的语境理解，例如：

我差点儿就摔倒了。（意解："我"没摔倒。）

我差点儿没找到钱包。（意解："我"找到了钱包。）

"差点儿"的意义：当表示主观的不情愿时，"差点儿"后不加"没"；反之，表示主观情愿，而客观过程很艰难时，"差点儿"后加"没"。

上述例句，第一句"差点儿"的语境意义是"我没摔倒"，这属于主观上不愿意"摔倒"，但客观上"差点儿就"实现了"摔倒"，"不希望发生的事，结果没有发生，感到庆幸"[①]。第二句"差点儿"后加了否定副词"没"，其义是"我找到了钱包，但过程艰难"，也就是"希望发生的事，结果发生了，感到庆幸"[②]，这是主观上情愿、客观上困难、最终得以实现的结果。

理解"差点儿"的语义，务必基于语境。

再举例：动词"打"，对它的讲解也需语境助力，"打"的词组，例如：

打人、打扰、打电话、打篮球、打饭、打听、打探

上述各词组意义各有不同，讲解时，教师应营设语境，便于学生的理解和使用。

她打了我一巴掌。（此解：殴打，攻打[③]，这是"打"的基本义，表示一个人对另一个人发起的攻击动作。）

打扰你了。（此解：人际之间的交涉[④]，这是一个人做某事时说的话，对另一个人表达的歉意。）

我没用那个手机打电话。（此解：发出[⑤]，人使用电话时的动作。）

除此，"打"的意义和使用方式还有：

打明天起，你不用来照顾我了。
你打哪边来的？

上述例句"打"的语义和使用是北方方言进入了普通话系统。这种用法一般用于多音节词前，"打"已作为介词使用，具有了介词"从……"的语义特征。上述例句的"打"就是"从明天起""你从哪边来的？"

按照中文的语义基本义、语义扩展义、语义引申义，分层细化，合理安排教

[①] 叶盼云，吴中伟. 外国人学汉语难点释疑[M]. 北京：北京语言文化学院出版社，1999：126.
[②] 叶盼云，吴中伟. 外国人学汉语难点释疑[M]. 北京：北京语言文化学院出版社，1999：126.
[③] 商务印书馆辞书研究中心. 应用汉语词典：大字本[M]. 北京：商务印书馆，2002：215.
[④] 商务印书馆辞书研究中心. 应用汉语词典：大字本[M]. 北京：商务印书馆，2002：215.
[⑤] 商务印书馆辞书研究中心. 应用汉语词典：大字本[M]. 北京：商务印书馆，2002：215.

学次序，学生对"打"的理解就轻松明了。

9.8 避免"一览无余"

一览无余出自南朝宋刘义庆《世说新语·言语》"江左地促，不如中国，若使阡陌条畅，则一览而尽，故纡余委曲，若不可测"[①]。字面意义是："形容粗略一看，事物就尽收眼底。"[②]日常理解就是：视野开阔，一下全能看到。

对中文教学"一览无余"意味着什么？这是提示教师，在进行中文知识讲解或总结时，应避免不加区分、一股脑儿地展示给学生。通常做法是，教师在讲解中文要素，如某字、某词、某语法、某课文的时候，应合理分层，并以层级形式归纳总结。因此呈现知识时，不能一下子将讲解内容全部呈现出来。教师利用教学电子设备，分步骤、分阶段、分条目地展示知识内容，逐条复现、逐步推出，遇到关键部分时，教师有意识停顿，引起学生的格外重视。

这样做的好处是：一是，可给学生充分时间进行思考、记忆、复现，加深印象；二是，避免学生"趋利避害"，如果教师将所有知识点一股脑儿展示出来，导致缺乏对重难点的强调，也会让学生缺失思考的机会，甚至会出现个别学生懒得动脑筋的情况。这样不利于长期教学。

以授课结束前的归纳总结为例，探讨逐步展开的意义。内容学习结束后，教师带领全班学生归纳总结其中的重难点。教师重现内容，其步骤应是：

步骤一：教师以电脑课件为辅助工具，将内容的非重点知识包括修饰词、语法、次要内容等逐条删去。

步骤二：教师带领学生回忆内容的重点知识，包括重点词汇、语法、主体内容等，边回忆边复现知识。

步骤三：回忆结束后，教师引导学生查缺补漏，再补充非重点知识。

以阅读课文"儿童学语言"为例。

---

① （南朝宋）刘义庆撰. 世说新语[M]. 2版. 郑州：中州古籍出版社，2008：70.
② 商务印书馆辞书研究中心. 应用汉语词典：大字本[M]. 北京：商务印书馆，2002：1473.

儿童学语言

很多语言学家和心理学家都对儿童语言的发展感兴趣。通过研究，他们吃惊地发现：说不同母语的儿童在学习他们的母语时，有很多相同的地方。比如，在所有的国家，孩子学会语言以前都会发出一些声音，这些声音很像词语，但不是词语；各国的孩子们都是先学会听，然后才学会说；在所有的文化中，孩子们都在12个月左右开始说话，刚开始时他们说的句子只有一个词语，通常是"妈妈"或者"爸爸"之类的词语。大概到18个月左右才会出现两个词语的句子。

——节选自《儿童学语言》（《博雅汉语·准中级加速篇Ⅰ》）

结束课文学习后，教师进行归纳和总结。

步骤一：教师擦去课文的非重点内容：

"他们吃惊地发现"

"这些声音很像词语，但不是词语"

"刚开始时他们说的句子只有一个词语，大概到18个月左右才会出现两个词语的句子"

在这个过程中，教师让学生看教材。

步骤二：教师点学生名字，被点名的学生按照老师的指引复述内容：

"很多语言学家和心理学家研究了儿童语言的发展"

"说不同母语的儿童在学习他们的母语时，有很多相同的地方"

"孩子学会语言以前都会发出一些声音"

"各国的孩子们都是先学会听，然后才学会说"

"在所有的文化中，孩子们都是在12个月左右开始说话"

步骤三：教师帮助学生补充非重点内容。

总之，教师引导，学生为主，对内容进行回忆、复现。在此过程中，教师逐一呈现知识，帮助学生建立所学知识的层次意识、体系观念。

八节教学设计技巧，虽不能涵盖所有的设计，但已呈现国际中文教学中应有的主体思路、主体过程、重要实践，以及辅助部分，这对国际中文教学方案设计有切实意义。

第 10 章　国际中文教学的课堂管理

国际中文教学的课堂管理是国际中文教学设计的实践舞台，它涉及三个主体要素：教师、学生、教学。如何处理三者关系，成为课堂管理的核心。

10.1　教师、学生、教学的三定位

教师、学生、教学三者在课堂管理中的定位是什么呢？三者是自我定位还是事实定位？三者之间如何呈现其关联性呢？

10.1.1　教师的角色定位

教师，英文"teacher"。国内又称"师者、老师、教员"，近现代还曾以"先生"代指"教师"，现通称"教师、老师"。

教师做什么？西汉扬雄《扬子法言》中曰："师者，人之模范也"[1]，《后汉书卷八十下》载："君学成师范，缙绅归慕，仰高希骥，历年滋多"[2]，唐代文学家韩愈的《师说》进一步解释了为师的意义："师者，所以传道、授业、解惑也"[3]。在西方，"教师"词源于"智者派"（苏格拉底、柏拉图、亚里士多德）的称号。综合而言，无论中外，对"教师"的定位都是知识的传授者、学识的示

---

[1]（汉）扬雄著，（晋）李轨，（唐）柳宗元注. 扬子法言[M]. 北京：中国书店出版社，2018：21.
[2]（南朝宋）范晔撰. 后汉书[M]. 北京：中华书局，2007：772.
[3] 黄永年导读. 韩愈集[M]. 南京：凤凰出版社，2020：58.

范者，也就是现代教育普遍理解的"学高为师，身正为范"。可以认为，教师是知识的承载者、传播者，更是道德品质的榜样，身为人师，必须同时具备知识与道德的高度。身为国际中文教师，其角色定位也是在此基础上，对"中文知识文化+中华品德"的传承、传递与传播。

10.1.2 学生的角色定位

学生，英文"student"，源自拉丁语"studēns"或"studēntis"，意为"弟子、学习者"。国内有"学子、弟子、学徒、生徒"之称，初见于《后汉书·孝灵帝纪第八》中载"始置鸿都门学生。"[①]韩愈《师说》中言"是故弟子不必不如师，师不必贤于弟子"[②]，并在《请复国子监生徒状》曰："国子馆学生三百人"[③]。古人对"学生"的称谓经历了复杂的历史变迁，但基本内涵并没有变化。学生是知识的接受者，也是知识的继承者。现代知识传授体系中，学生既是学习的主体，也是具有主观能动性的教育对象；既接受知识，也接受品质教育。因此，学生学习，教师传授。师与生，二者共同赓续着人类的知识和道德体系。反映到国际中文教学上，师与生合力扩大着中文的国际影响力。

10.1.3 课堂教学的角色定位

课堂教学是基于学习与传承的特定空间、特定时间的教育行为。传统意义上，教室是特定空间，课堂时间是特定时间。教师与学生，在课堂教学上，共同演绎着课堂教学。

课堂教学主要涉及三个要素：其一，课堂教学是传授者引导学习者理解知识的场域，也就是说，教师在课堂上启发并引导学生理解知识价值。其二，课堂教学是传递知识的行为，是从教师到学生的知识传递过程，教师将知识内容以课堂讲授方式传递给学生，学生在课堂上认真聆听并接受教师传递过来的知识内容。其三，课堂教学展示教法引导学法，教师传递知识、引导学生理解知识，潜移默

---

① （南朝宋）范晔撰. 后汉书[M]. 北京：中华书局，2007：99.
② 黄永年导读. 韩愈集[M]. 南京：凤凰出版社，2020：59.
③ （唐）韩愈. 韩昌黎全集[M]. 2版. 北京：北京燕山出版社，2009：845.

化中会有一定的方法。这种方法体现了教法与学法。作为师者传递，教法是引导学法的。例如，课堂上，教师有意识引导学生进行讨论、练习、互动，学生随着教师的教学节奏而进行知识实践。

综合而言，课堂教学是教师与学生、学生与学生互动的平台，互联网发达的今天，课堂教学依然具有其不可替代性。师生面对面互动，进行着教与学的行为和反馈。课堂教学实现了教师、学生、教学三者的行为。

教师，是三者之首，是课堂教学、学生接受知识的引领者，相当于整个课堂教学的"总导演"或"总编剧"，有时也是教学中的"演员"。教师作为"导演"，"导"什么？"演"什么？这两个问题可以通过课堂教学获得回应。教师"导"的是教学内容，"演"的也是教学内容。教学内容相当于剧目素材，对剧目素材的安排布置，也就是教师的备课，是对教学及内容的整体统筹、规划设计，相当于导演的工作，这是教师的"导"。教师在课堂上传授知识、引领学生学习，此过程相当于"演"。"演"得如何取决于"导"，"演"的效果也表明了教师的教学设计水平。

假如以"教学是剧目"为蓝本，那么，教师对教学的统筹、规划应有三个步骤：剧情编排（备课阶段）、剧情展现（课堂教学）、剧情反馈（课后反馈），具体而言就是：备课阶段，这相当于剧情编排；课堂教学，将教学设计内容运用到课堂教学上，这是剧情展现；课后反馈，考察学习者掌握知识的程度，这是剧情反馈。三个步骤彼此呼应，反映出教师的教学规划、统筹以及实施的综合能力。

步骤一：作为剧情编排的备课阶段，教师应遵循从易到难、循序渐进的统筹原则，其规划成效对教学实施有直接影响。关于教学准备、备课等内容本书在第4章中有充分展开，此不赘述。

步骤二：作为剧情展现的课堂教学，教师以备课时的统筹为蓝本，在课堂上展示知识、讲解知识、引导学生知识实践。具体而言，课堂教学中，教师将新知识以展示、讲解、引导等教学方法展示给学生、讲授给学生、引导学生实践。此过程犹如演员的表演，演员（教师）用表演（教法）感染观众（学生）。但与真正的表演不同的是，课堂教学中，学生需要参与到教师的"表演"之中，执行教师提出的各种问题、完成教师布置的练习。而且，学生之间也需要沟通，也就是"生生互动"，学生与学生合作，完成对新知识的实践。学生参与课堂教学，这是必备的教学过程。

步骤三：作为剧情反馈的课后反馈，这是对教师课堂教学效果的反馈。方式有多种，如学生完成作业的情况、学生运用所学知识的能力、阶段测验、期中期末考试成绩等，都是考察课堂教学效果的依据。除此，真实中文语境下的交际，也都是课后反馈的一部分。

学生在课堂教学中的作用是什么呢？我们还是以剧情作为假设进行解析。课堂教学中，学生是观众，作为观众看表演，这个"看"的过程，就是学生学习知识的过程。学生在课堂上"看"教师用一定教法展示的新知识。但与剧场观众不同的是，学生"看"的时候，还需要参与对新知识的"处理"全流程。这个全流程对学生而言，就是"接受知识、理解知识、掌握知识、实践知识"的过程。因此，学生的"看"知识的过程，也是自我参与到课堂教学中的过程，甚至应努力成为"剧中"某个实践角色的过程。参与知识、熟悉知识、掌握知识、实践知识，是作为学生角色在课堂教学中应完成的必要任务。

教学是教师与学生合作建立的知识平台。课堂教学，是将教师和学生统筹在这一知识平台上，通过教师的教学行为、学生的学习行为，实现新知识从教师到学生的传递。教学的意义在于：让教师（知识传授者）与学生（知识接受者）形成了稳定的知识关系——教与学。一切教学设计的发生都与此模式有关：教学统筹、内容布局、环节设计、步骤推进、训练模式等，它们共同构成教学。

教师、学生、教学，三者关系的厘清，为我们继续探讨国际中文教学的课堂教学任务、师生互动提供了依据。

10.2 课堂教学任务

课堂教学任务，是教师与学生的共同任务，教师承担教学任务，学生承载学习任务。这里我们以教师的教学任务为核心，探讨课堂教学任务的分层。

10.2.1 课堂教学任务的分层

课堂教学任务，对教师而言，不仅限于课堂上的几十分钟教学，还包括课前、课中、课后。对课堂教学任务进行分层，是教师课前的必备工作。

课前，教师需进行课前准备，直接体现就是熟悉教学内容本身进行备课；间接体现是教师围绕备课而开展的系列工作，如教师应充分了解学生的情况、了解教学目标、合理规划教学结构、筹措教学实践。

课前的直接工作，教师应熟悉教学内容本身，教师可以自我预设问题，例如：

"为什么要上这节课？"

"如何合理安排教学内容顺序？"

"本课的重难点是哪些？"

"如何实施重点难点的讲解？"

……

教师预设问题的目的在于自我提醒，也就是教师应自我明确本次课的教学目的和教学意义。

课前的间接工作，教师应了解学生情况，做到心中有数。了解学生情况，方能进一步了解学生的学习需求。了解学生学习需求，是为了更合理规划教学知识，制定较为完善的教学结构，如此，教师方可能提供给学生清晰合理的知识体系。打个比方，如果教师是演员，演员起码要知道此次演出所面对的观众群体是怎样的。

这里我们探讨一下课前的直接工作，也就是教师的备课。备课，顾名思义，就是教师将授课内容形成完备的计划。备课前，教师应做到心中有数：教学内容是什么？备课时，教师教学内容进行整体规划。以大框架分，备课有三个步骤。

步骤一，梳理整体框架，如本次课的知识框架、步骤框架、训练框架等，缺一不可。

步骤二，明确教学目的，教学目的是有层级的，本书 3.2.2 小节已有详细探讨，此不赘述。各级教学目的是有主次的，教师应明确主要目的和辅助目的，如此，方能做到教学主次分明。

步骤三，选取教学方法，教师在进行教学时，应选取合适的教学方法。但教学方法不是唯一的，多种方法结合方有利于传授知识、启发学生思维，法无定法，这是教学方法的最佳运用原则。

教师备课的目的是为了确保清晰、顺利地传授知识，故而，备课方案应着力于三个核心：布局、内容、互动。

布局上，体现知识体系的完整性、知识层级的逻辑性和连贯性。

内容上，应体现知识与课堂教学场景的对应，从而合理呈现知识的重难点。

互动上，应预先设定师生互动、生生互动的知识实践环节。

除了三个核心，备课方案还应体现如下辅助任务：

第一，方案应体现课堂训练和实践。作为语言教学，国际中文教学对课堂训练和实践的要求更高些。简单的，如提问、分组练习；复杂些的，如听写、用所学词语造句；高难度的，如复述课文、写一段感想等。

第二，方案应考虑教学过程完整性。教学过程是否完整最重要的就是应有落脚点——教学尾声的总结归纳环节。总结归纳内容有两方面：一是，对本次课新知识内容的必要总结；二是布置课后任务。环节看似不起眼，却可以启发学生对所学知识形成清晰的条理，强化教学效果。

第三，方案中可适当设计寓教于乐的教学辅助活动。这些活动应基于教学内容本身，活动如文字游戏，参观活动、猜字游戏等。它们可活跃课堂，也能更好调动学生的参与意识。

第四，备课还应体现教师对教学时间的规划。时间管理，是教师课堂管理的关键。教师根据教学内容的主次来安排教学时间，这需要教师对教学内容的重难点、次重难点、非重难点等有精确把握。详细讲什么、简略讲什么、不该讲什么、讲多长时间、课堂练习重点与非重点等，教师应做到心中有数。心理学认为，一般情况下，人的注意力一般持续时间在十五分钟左右，这也是教师备课时需要面对的问题。

10.2.2 课堂教学任务的有效实施

课堂教学任务的有效实施，就是上课是否有效果。上课是否有效，在于课堂步骤是否清晰。

（1）课前预备。这是教师上课前应做的一些预备。任课教师正式上课前，应完善一些细节，如进入课堂的方式、观察课堂环境、吸引学生的注意力、引导学生进入学习氛围等。这些细节虽不是课堂的正式内容，却是教师与学生建立课堂关系的有效先导。进教室前，教师做好心理和行为上的备案。

第一，做好课堂秩序管理的心理建设。教师是掌控课堂秩序的管理者，也是能否把握课堂节奏的重要枢纽,教师进行自我心理建设,这是课堂教学管理的前提。第二,做好课堂时间管理的心理建设。课堂上,教学内容、教学步骤、教学环节、教学行为,都应执行备课时的时间分配方案,遵守时间分配方案,这是新知识在课堂这个"剧场舞台"有序行进的必要条件。第三,做好教学物品的准备。教学物品就是教学资料,无论电子资料还是纸质资料,如教科书、U盘、电脑、案例工具、课件等,事无巨细,教师应仔细备好,教学物品是否完备,这是成功授课的必要保障。第四,教师提前几分钟进入教室,熟悉场地和教学设备。对场地的熟悉程度,决定教师正式授课时的自如程度。第五,正式开讲前,教师站在教室前用目光扫视全班,教师目光所到之处,学生会感受到来自教师的心理威慑,原本喧闹的教室会瞬时安静。教师扫视全班,开启师生交流第一步——眼神交流,这是师生交流、互通信任的开始。

(2)教师开场。正式上课时教师应有效开场。有效的开场可以吸引学生的注意力,同时还能让教学充满吸引力。教师的开场方式可以是多种,较为常见且有效的方式有如下几类。

第一,提问。教师提问旧课内容,引导学生回顾上次课内容,并聚拢学生对新知识的兴趣和好奇心。

第二,讲故事。教师所讲的故事应与即将学习的课程内容、知识体系、练习方式联系起来,好的故事可以启发新知识。

第三,探讨热点话题。教师与学生就某社会热点话题互聊,此话题应与即将展开的教学内容有关联。教师在聊的时候,有意识引导学生建立这种关联。关联内容有多种,可从词汇、语言点、情境、关联词、句式等方面入手。教师可根据学生的中文水平进行引导。

第四,回忆旧知识。教师带领学生回忆旧知识点,为即将学习的新知识点做铺垫。回忆旧知识并非简单的复习,而是从对旧知识的回忆中引导学生关联新知识,这可以让知识习得富有连贯性。例如:

此前旧知识的"过":"我过马路。"("过"为动词)
本课新知识的"过","我去过北京。"("过"为动态组词)

教师带领学生回忆旧知识作为动词的"过","过马路";然后联系本课的动态组词"过","我去过北京"。旧"过"与新"过",在学生的脑海中联系了起来，形态上是重复的，意义上是贯通的。自然，学生对"过"的连贯性理解就建立起来了。

（3）正式授课。这是上课的主要内容，此环节教师一般应遵循如下原则：

第一，讲授知识点从易到难。教师对知识的展现应富有层次构架，将知识难度以阶梯式递增的方式呈现。以中文词汇"比"的比较句教学为例：

最简单比较句："我比你高"，学生理解以后，教师可增加表达复杂度："我比你高5厘米"，然后再增加复杂度："我比你高多了""我比你高得多"，等等，如此，递增比较句的难度。当然，教师也可根据学生情况，控制难度系数，例如：

> 最简单比较句："我比你高"
> 稍复杂比较句："我比你高10厘米"（形容词"高"+具体比较数字）
> 更复杂比较句："我比你高多了""我比他高得多"（形容词"高"+程度副词）
> ……

从上到下，从易到难，知识难度逐渐递增，这符合人吸收知识的心理特征。对学生而言，这样做，是教师引导他们构建知识框架；对老师而言，这样做，是对知识内容的逻辑化呈现和讲解。说到逻辑，教师授课时，话语要有逻辑。话语逻辑是什么？指的是教师授课话语应循序渐进，让学生既可以感受到新知识，也能感知到知识难度的递增，并且能听懂全过程。还以"过"为例：

> 教师讲"去过北京"的"过"时，先引导学生回忆旧知识"过马路"的"过"。
> 然后，教师对学生说："同学们，今天的新知识'过'，与'过马路'的'过'有关系。'过马路'是人的行为，'我去过北京'的'过'表示过去发生的行为。"

上述话语，教师将"过"的新旧知识关联结构清晰地呈现了出来，实现了旧知识与新知识的交替。

另外，教师在进行授课时，可有意识使用中文关联词语，且引导学生使用一些日常关联词，例如：

"那么，……""如此一来，……""先……然后……""这样，我们再……"它们在话语中的存在，会加强学生话语表达的逻辑意识。

第二，教学行为应有层次感。课堂上，不但教知识要层次突出，教师的教学行为，如讲授、互动、讨论等也要富有层次感。一个基本原则就是：遵循从易到难原则。从易到难反映到教师的教学行为上，就是复杂的教学内容以讲授为主，互动为辅；简单些的教学内容讲授为辅，学生训练为主；多样化的中文语言实践，以师生互动、生生讨论为主。

第三，营造"寓教于乐"的课堂氛围。寓教于乐，会让无趣甚至枯燥的教学过程变得轻松，可活跃课堂气氛，也能缓解学生的习得压力。一些与知识关联的小游戏，如猜字、填词等可在讲授过程中穿插进行。但应注意，课堂上不要苛求"寓教于乐"，不要为"乐"而"搞乐"，且游戏不可挤占教学时间，否则就舍本逐末了。以教汉字"帮忙"与"帮助"的区别为例：

例1：

我帮助你。
我帮你的忙。
帮帮忙。

教师再举一些外国学生常犯的组词错误例子。

例2：

帮帮助。（*）
我帮忙你。（*）

教师将例1与例2进行对比，引导学生区分"帮忙"与"帮助"，使用语境、使用正误一目了然，既学了知识，也活跃了气氛。

第四，及时更新教学内容。一般情况下，中文语言课程都有配套教材。语言的规律在于，它本身就是一个动态系统，内部元素一直在更新换代，但教材内容相对固定，它永远追不上语言的发展，即便是开足马力不断修订再版也追不上。所以，教师的教学内容固守教材本身是不行的。这要求教师实时跟进中文的语言动态，将教材内容与新的语言现象融合，从而及时更新教学内容，让学生所学的中文与生活实践息息相关。

第五，给学生分组进行中文实践。对于课堂上的中文实践环节，教师要善于利用分组教学。分组对学生的中文实践训练很有帮助。一方面，分组增强了师与生的话语互动，另一方面也加强了生与生之间的中文话语往来。这为学生提供了很好的机会，沉浸情境模拟交际。

（4）布置课后作业（任务）。课后作业（任务），是巩固学生对新知识记忆、理解、运用的课外辅助手段之一。教师所布置课后作业应是事先备好的，内容以课程新知识为主，扩展内容为辅。关于布置课后作业（任务）的具体实施，本书已在 1.2.2 小节中的"3.国际中文教学设计的过程模式"做了详细介绍，此不赘述。

（5）关注课堂的教学形式，教学形式受到几个要素制约：

第一，教学内容决定教学形式，例如：

> 对教学内容到底是"讲授"还是"提问、讨论？讲授应穿插于师生讨论中还是单纯讲授？互动以师生互动为主，还是生生互动为主？"

诸如此类，教师应事先充分设计，以内容选取教学形式，以形式充实内容，将内容与形式合理贯通。

第二，学生情况决定了教学形式。学生来自各个国家，文化背景、受教育程度、性格特征、学习目的、客观环境等都有不同。这些情况非常考验教师课堂授课时的应变能力。因此，学生情况也决定了教学形式。

第三，课堂场地也决定了教学形式。场地条件很大程度上左右着讲授、讨论、听、看的效果。现代智能教室、非智能有电脑的教室、只有黑白板的教室，对教学采用何种形式的影响很大。

一般情况下，教学有三种基本形式：讲、互动、讨论。

> 讲，教师讲，学生听。
> 互动，教师边讲边与学生互动，或教师引导学生之间进行互动。
> 讨论，师生讨论，学生之间进行讨论。

上述三种教学形式建立在教学内容基础之上，更受到学生情况、场地等多方面制约。教师应因地制宜、因时制宜，灵活采用多种教学形式，让内容吸引学生，让学生学习更多样、更主动。

10.3 课堂中教师与学生的互动

课堂中教师与学生的互动,是教学过程的必有现象。具体表现是:师生互动、生生互动。互动中,教师是主导,学生是主体,教师通过调动和引导,创造鲜活生动的师生互动场景。

10.3.1 教师调动学生的方式

教师调动学生,是实现师生互动的重要保障,具体而言:教师应掌握课堂的主动权,互动时师生可互换角色。

1. 教师掌握课堂主动权。教师掌握课堂主动权主要有如下方式:

(1)备课预先设计。教师在备课阶段就设计好对知识点的提问、训练、实践方案。教师有备而来,就能很好地把控课堂节奏,实现以问题导向调动学生的积极性。

(2)课堂提问引导。提问便于教师跟进学生的上课情况、习得进展。提问也有不同方式,以"层层剥笋式追问(题)"为例,例如:

教师:"你去哪儿?"
学生:"我去商店。"
教师:"你去商店做什么?"
学生:"我去商店买衣服。"
教师:"你去商店买什么衣服?"
学生:"我去商店买冬天穿的衣服。"

其互动问题"你去哪儿",这是教师事先设计好的。学生的现场回答是"我去商店"。教师跟进学生的答语,顺势问"你去商店做什么",学生现场回答"我去商店买衣服"。教师继续追问"你去商店买什么衣服",学生现场回答"我去商店买冬天穿的衣服"。完整的互动过程就这样实现了。

(3)版面合理展示内容。教师将教学内容重点、知识纲目、训练内容、问题讨论等展示出来,引导学生的思维方向。展示方式可以是板书,也可以是课件。

展示版面应条理清晰，内容应体现次序与章法，版面不宜过繁、不面面俱到。图 10-1 为版面示例，从观众视角看版面，分左右两区域。

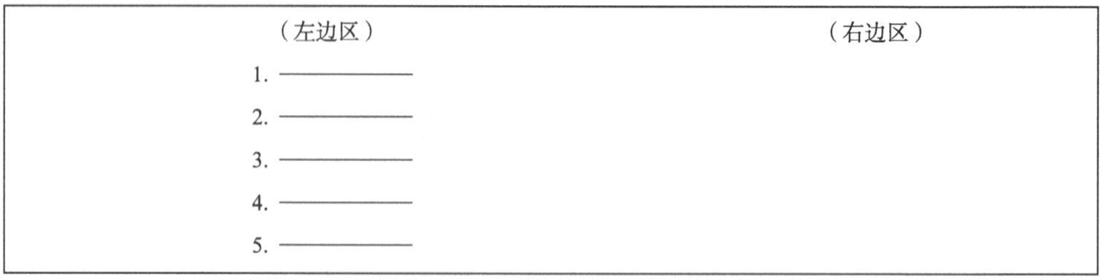

```
（左边区）                              （右边区）
1. _____
2. _____
3. _____
4. _____
5. _____
```

图 10-1　版面分区示意图

图 10-1 中的左边区，展示课堂教学的重点、纲要，版式简洁、干净、内容稳定不变。图 10-1 的右边区，展示课堂上的随机性内容，例如，某个汉字的写法。右边区可随时书写，随时擦去。

2. 互动时师生互换角色。其体现为几种互换方式。

第一，教师将教室讲台让给学生，教师坐在学生中间，与其他学生一道做听众，听讲台上的学生展现学习成果，展现方式教师事先给定，如复述式、自由发挥式，谈自己对所学知识点的体会等。

第二，教师强化学生分组讨论。教师给定主题，例如围绕课文"春节"，教师给出"中国人怎样过春节"的主题，限定与主题相关的词语、语法、语言点等，要求学生使用限定知识进行小组讨论，并限定讨论时间。组内学生自行分工，大家共同参与，形成协作和竞争态势。

第三，教师鼓励学生用中文自由发言、分析问题。学生展示或探讨时，教师应细心观察，对其使用中文情况进行全记录。待全部结束以后，教师总结优点和存在的问题。总结时，教师鼓励学生的中文发言，鼓励用中文分析问题，纠正共性问题，沟通个性错误。

10.3.2　师生互动及场景设定

师生互动场景，需要专门设定。师生互动，是师生之间用中文进行的"对手戏"。教师讲，学生听，教师提问，学生回答问题，一来一往，一问一答，师生互动初步达成。师生互动中，教师提问题，学生回答问题，看似简单，实际上对教师而言，除了问题本身，还考验教师的提问内容和技巧。提问内容应具有启发性、延展性，不是学生"是"或"不是"就可以答毕的。技巧方面，是面向全体学生提问题，还是针对某位学生提问题，是"一题多问"，还是"多题一问"，是"学中问"还是"问中学"，这些小技巧都是营造师生互动场景的必要条件。对学生而言，回答问题也是有考验的。正确回答出教师的问题，除了必备的知识基础、认真听课之外，还要具备应变力、即兴作答等语言能力，学生的这些能力都为师生互动场景添砖加瓦。

除了提问、回答问题，这些明显的师生互动场景，课堂上也存在师生互动的"隐性场景"，这些"隐性场景"考验的是教师的课堂管理能力。例如，教师处理课堂突发情况：

遇到开小差的学生，教师用眼神凝视他（她），并用轻微的手势"暗示"他（她），或者教师突然提高讲课的声音，并将眼神盯住该生保持不动。

"隐性场景"虽不是师生互动场景的主体，却能充分体现教师作为课堂管理者的核心素养。

再谈一下课堂教学中的"生生互动"，也就是学生之间的课堂互动。"生生互动"体现在：学生们根据教师的课堂训练指令，通过合作进行中文语言实践，如二人对话、小组讨论、问题辩论等。学生性格不同，决定了生生互动的效果也会不同。面对这种情况，教师应多鼓励那些不爱发言的学生，让他们积极参与互动。同时，对那些性格外向且表达欲望极为强烈的学生，教师应附加一些限定条件，不让其信口开河，以免出现生生互动场面失衡的后果。生生互动中的问题，如学生乱用词语、语法，词不达意等，教师应根据时机进行纠正或制止。教师在"生生互动"中应做到：

（1）时刻关注学生们的互动情况，适时引导，防止学生的互动话题"跑题"。

（2）教师控制互动时间和内容质量，对内容质量差、不着边际的互动，教师应及时干预。

（3）教师适时表达肯定或指出缺陷，对好的"生生互动"教师说"不错""有进步""很好""这很棒"，对效果差的"生生互动"教师说

"是这样吗？""也许不是吧""换一个办法会更好吧""我们需要讨论探讨。"

（4）教师要善于激发学生的汉语表达欲，激活他们的主观能动性。

10.4 教师课堂管理过程案例

课堂管理，就是过程管理，也是教师自我重塑的场域。

10.4.1 提升人格魅力

此"人格魅力"非"以貌取人"，而是教师的言行举止等行为的综合表现。教师提升人格魅力，主要包括如下方面：

第一，教师自成风格。教师应有鲜明的自我风格意识，在一般教学规则前提下，教师尽可能展现自己的个性化教学特征。例如，课堂语言、课堂提问、师生互动等点滴举动都会呈现。

第二，搭台唱戏。教师是师生良好关系的纽带，课堂上，教师是营造课堂氛围的指路人。教师对待学生应一视同仁。课堂教学中，对反应较慢的学生，教师更要表现出耐心。

第三，严格要求。教师严格规范课堂纪律，对违反纪律的同学，一视同仁进行惩罚。管理课堂时，学生成绩好并不是免责的护身符。

第四，奖惩分明。课堂上，教师发现搞小动作或捣乱的同学，可先暗示，如走向他、向他提问题等，但绝不能等闲视之，不理不睬。

第五，语言管理。教师形成自己的课堂话语风格，课堂语言是教师风范的指标，教师绝对要避免恶语相向或滥用话语的现象。

10.4.2 良好的课堂管理操作细节

对教师而言，课堂管理涉及操作，课堂管理操作细节包括如下方面：

第一，课前教师提醒内容。开课前，教师提醒学生，本次课的主要内容是什么。

第二，教师提前进入教室，测试相关的教学设备，以便课堂教学能顺利行进。

第三，上课伊始，教师介绍本次课的主题、内容安排，带领学生回顾上次课的内容要点。

第四，正式授课，教师用复习、讲故事、考察词语等方式导入新内容，例如，教师讲最近发生的社会热点新闻，引出新内容主题。

第五，授课过程中，教师保持与学生持续互动，就新内容加强师生互动、学生讨论，并给学生布置一定量的训练主题。

第六，课堂尾声，教师总结课程内容，布置课后作业，预告下次课的内容。

10.4.3 教师具备处理突发情况的能力

教师应具备处理课堂突发情况的能力，这是课堂管理的必要条件。课堂讨论时，教师应把握节奏，掌控讨论时间、内容范围。遇到突发情况，教师应及时采取措施，例如：

教学内容方面。如果师生互动中的讨论出现了"无意义"趋势时，教师可转换讨论主题和内容。

评价策略方面。教师用话语鼓励学生，这种鼓励体现为适时、适当、适度，让不同学生都有学习的获得感，既不是"滥表扬"，也不是"狠批评"。

内容观点方面。师生互动中，如发生观点冲突，教师可及时暂停并提问与自己观点相近的同学，回避了直接交锋。

冲突言语方面。教师应针对观点而非个人，坚决杜绝言语攻击。教师解决冲突时，不可使用非善意的话语。

除了处理突发情况，课堂管理中还会发生各种细琐状况。学生性格不同，课堂表现也相差极大。

对表现过度积极的学生，教师可适当离开他（她）或避免与他（她）眼神交流，以行动暗示他（她）应调低自己的热情度。

对表现过度消极或沉默不语的学生，教师应尽量多提问他们，多与他（她）进行眼神交流，激发他（她）的注意力和热情。这还不够，课后，教师可与这样的学生保持私下沟通，表示教师在关注着他（她）的学习。

10.4.4　有效的课堂管理

想让课堂管理达到理想状态，教师还应做到：

其一，给学生留下良好印象。教师给学生留下良好的印象，会激发学生对这门课的好奇和兴趣，也会让学生更愿意接受教师的教学和规则提示，从而使师生沟通顺畅，方便开展教学。

其二，教师应了解自己。教师除了"教什么、怎么教"，还应掌握时代语境下教学中的自我动态："我"该教什么、怎么教、如何教。例如词语"过"的教学，教师根据分析能力，对"过"基本义、扩展义、引申义进行分层：

（1）基本义，表示"通过、过去、经过、走过"等空间转移意义。

　　我过马路。
　　我过来了。

（2）扩展义，表示之前发生的事件、行为、状态，具有时间功能。

　　我去过北京。

（3）引申，用在动词后，表示趋向意义。

　　她把书拿过来了。
　　老师向我走过来。

教师知己知彼，方能百教不殆。

10.4.5　细节处理

课堂管理中，教师还应注重几个细节：个人形象、自我介绍。

个人形象方面，教师应重视外在形象，仪容是否大方，可能会影响教师的教学形象。当然，重视个人形象绝不意味着过度装扮，整洁干净、自然而然即可。教学话语也是个人形象的重头戏。教师应注意课堂的教学话语。合理的课堂话语，可激发学生的学习兴趣，反之，会让学生产生逆反心理。授课时，教师不用难懂的话语，但又能让学生获得必要的知识提升。应尽避免讲废话，废话太多，会妨碍学生接受知识，过于啰嗦地指点，容易让学生产生心理疲劳。尽量避免使用媒介语，如果教师在教外国学生中文时，使用学生的母语或其他中介语言，一方面妨碍学生中文水平的提升，另一方面会让班级内不会这种语言的学生产生强烈的反感，甚至投诉。还有，处理问题是否机敏有序，这也是教师个人形象的展现，机敏，考察教师的反应能力，有序，测试教师的公平公正潜力。

自我介绍方面，教师应重视与学生第一次见面时的自我介绍。自我介绍是教师施展个性风格的好机会，妙语连珠、风趣幽默、沉稳理性、严谨细致等风格，都会给师生的第一次会面留下生动的回忆。介绍什么？姓名、职业背景、课程基本状况、对学生的期待等，尽可能面面俱到。教师在介绍"对学生的期待"时，应强调：这门课的整体期待、每次上课的期待。

总而言之，国际中文教学的课堂管理，是一个系统性、循环性、及时性的体现。系统性，体现在教师的"备课、上课、课后反馈"，三者连贯，彼此照应。循环性，教与学相互补充，针对学生情况、成绩反馈，教师及时更新教学方法、完善教学内容。及时性，教师处理课堂问题尽可能及时，进行课外实践更要及时，课外是课堂教学的延伸，及时补充一些课外任务，如"用中文专题演讲、中文汇报、参观中国文化馆"等，都是教师课堂管理的及时措施。

第11章　国际中文教学的跨文化沟通

国家之间文化沟通成为重要命题。作为联合国八大语言之一的中文，无疑是中外文化沟通的桥梁和纽带，国际中文教学的跨文化沟通承担着这一使命。国际中文教学中，跨文化沟通突出了"跨文化"与"沟通"。

11.1　国际中文教学的跨文化需求

在探讨国际中文教学中的跨文化需求之前，我们先了解一下文化与语言的关系。

文化是一个复杂的系统，它存在于生活的角角落落，无处不在，又无可遁形。对某种文化的认知，需要通过相对复杂的元素，如族群行为方式、族群思维特性、族群心理状态、族群历史曲线等，才能了解其大致面目。可见，文化是人类物质与精神产品的总和，是族群稳定的生活方式和观念体系。文化有其独特性质，文化包括自然人文、社会人文等一切人类物质和精神产品的总和，如饮食、节日、仪式、制度、建筑、歌舞、问候、礼尚往来、人际交流、沟通方式等。不同族群的发展千姿百态，观念也各有千秋，表现在语言上，则是各异的语言形态、意义属性、功能内涵等。"环境不同，文化自因之而异。"[1]因之而异指的是文化稳定的特殊性，它显示了族群之间的文化隔阂。然而，"人类的本性，原是相同的"[2]，因此，不同文化就有融通的可能性。族群之间的交流、沟通，其话语表达、思想交流，充分实践了"语言是文化载体"这一文化主题，也更加验证了文化之间的

---

[1] 吕思勉. 中国文化史：插图珍藏本[M]. 北京：新世界出版社，2008：4.
[2] 吕思勉. 中国文化史：插图珍藏本[M]. 北京：新世界出版社，2008：4.

跨越是人类的本能需求。

改革开放四十多年以来，中国与他国的交往沟通卓有成效，一定程度上归功于中文正走向世界，与之呼应的是，国际中文教学悄然兴起、繁盛。中文学习越来越成为外国人学习语言的必选项。这些都为跨文化沟通教学提供了支点。当然，跨文化沟通也有其复杂性，文化之间的交往很难有"用之四海而皆准"的沟通方案，反馈到国际中文教学上也是如此。因此，本书尝试从跨文化需求、文化教学实践、语言应用与文化特征关系、国际友人学中文等方面，探讨国际中文教学中的跨文化教学。

11.1.1 中文教学的国际需求

随着中国经济高歌猛进，中文国际地位也迅速提升，中文成为世界几大热门语言学习选择之一，其国际需求持续增长。

自1950年清华大学成立"东欧交换生中国语文专修班"开始，新中国的国际中文教学就进入了教育领域。20世纪70年代，中国正式进入联合国安全理事会常任理事国，中文作为八大工作语言之一，其国际需求正在悄然兴起。为满足海外的中文教育需求，以北京大学为首的一些国内大学开始尝试恢复招收外国学生，如北京大学"1973年正式恢复招收留学生"[1]。1978年，十一届三中全会召开，"政治上的转轨，和因此而带来的经济发展，引起了世界各国的极大关注，随之在世界上出现了一股'中国热'"[2]，国际中文教育（彼时的"对外汉语教育"）很快进入教育视野。1987年，国家成立了两个与对外汉语教育相关的组织：一个是国际非营利民间学术社团——世界汉语教学学会（简称"世汉学会"），另一个是由国家教育委员会、国务院侨务办公室、外交部以及北京语言学院等联合成立的国家对外汉语教学领导小组。这两个组织的成立标志着对外汉语教育（也即"国际中文教育"）事业开始走向标准化、制度化，中文的国际教育正式纳入到国际传播体系中，并进入高速发展阶段。2002年，国家对外汉语教学领导小组设立专门的教育管理机构——对外汉语教学工作领导小组办公室（简称"国家汉办"），承担起中文教育的全球工作。

---

[1] https://hanyu.pku.edu.cn/xyjs/lsyg/index.htm.
[2] 吕必松. 对外汉语教学发展概要[M]. 北京：北京语言大学出版社，1990：14.

国内高校都纷纷设立招收外国留学生的专门机构（详见第1章1.1.1节）。除此，在推动中文国际教育方面，国家部门与国外机构合作，建立了孔子学院（后更名"中外语言交流合作中心"），派驻海外中文教师，招收当地学生。

2004，全球第一所孔子学院"韩国首尔孔子学院"成立，自此，孔子学院在海外不断发展，2019年达到巅峰。截至2019年底，有152个国家或地区建立了550所孔子学院和1172个孔子课堂。2022年，有151个国家（地区）建有463所孔子学院和91个孔子课堂。详细数据如表11-1、11-2所示。

表11-1 2018年、2019年和2022年各大洲孔子学院分布情况[1]

年份	亚洲 参与国家（地区）/个	亚洲 学院数量/所	欧洲 参与国家（地区）/个	欧洲 学院数量/所	美洲 参与国家（地区）/个	美洲 学院数量/所	非洲 参与国家（地区）/个	非洲 学院数量/所	大洋洲 参与国家（地区）/个	大洋洲 学院数量/所	总计 参与国家（地区）/个	总计 学院数量/所
2018	34	125	41	182	24	161	43	59	5	21	147	548
2019	37	137	41	187	24	144	45	62	5	20	152	550
2022	37	134	39	180	24	66	46	64	5	19	151	463

表11-2 2018年、2019年和2022年各大洲孔子课堂分布情况[2]

年份	亚洲 参与国家（地区）/个	亚洲 课堂数量/所	欧洲 参与国家（地区）/个	欧洲 课堂数量/所	美洲 参与国家（地区）/个	美洲 课堂数量/所	非洲 参与国家（地区）/个	非洲 课堂数量/所	大洋洲 参与国家（地区）/个	大洋洲 课堂数量/所	总计 参与国家（地区）/个	总计 课堂数量/所
2018	22	114	30	341	9	595	18	41	4	102	83	1193
2019	24	115	31	348	13	560	20	48	5	101	93	1172
2022	14	33	15	25	5	17	7	10	1	6	42	91

从海外设立孔子学院到中文教育的国际普及，短短不到二十年，数量增长迅速。在数量增长的同时，国家也在积极寻求内涵发展。2018年，教育部发布《关于高等学校加快"双一流"建设的指导意见》，其中"关于推进孔子学院改革发展的指导意见"，认为国际中文教育（此时尚称"汉语国际教育"）应从数量规

---

[1] 程海燕. 孔子学院发展史研究[D]. 武汉大学博士学位论文，2023：277.
[2] 程海燕. 孔子学院发展史研究[D]. 武汉大学博士学位论文，2023：277.

模转变到内涵质量发展。2019 年，第一届国际中文教育大会上正式启用"国际中文教育"这一名称。2020 年 7 月，教育部设立中外语言交流合作中心（简称"语合中心"）和中国国际中文教育基金会（简称"基金会"），国际中文教育进入"提质增效"之路。智能化教学是当今教育的主题，国际中文教育的智能化教学也进入轨道。Web 应用、移动客户端、智能化教学、虚拟现实技术等，很多国际中文教学实现了线上线下混合课堂、翻转教学、网络课堂等多种教学模式。国际中文教育开始了内涵式发展之路。

11.1.2 国际中文教学的文化差异

国际中文的文化教学涉及两方面问题。一方面，同一中文背景下，社会形态内部的文化共性涉及中文的语言形态、语言使用、社会环境、人类发展历史等要素。另一方面，同一中文背景下，社会形态内部因地域或身份不同而造成的文化个性问题，如人们因地域、职业、习俗等不同，也会造成中文特性、使用、社交、表述方式等的差异。这直接或间接反映出该社会结构内部的文化多样性，值得国际中文教学关注。

第一，熟悉同一中文背景下，社会形态内部的文化共性规则，是实现中文沟通的关键。同一社会形态内部，就一般原则而言，存在着普遍通用的文化表征，如传统习惯、下级对上级、晚辈对长辈、卑者对尊者等。以中文为例，下级对上级、晚辈对长辈、卑者对尊者，一般不能直呼其名，只可用职务、亲缘关系、尊称来称谓。下级称呼上级为"X 局""X 总"；晚辈称呼长辈，如学生称教师为"X 老师"；卑者对尊者，尊称"爷爷、奶奶、爸爸、妈妈、大伯、二叔、三嫂"等。这种习惯是刻进了中国人骨子里的，是中国社会的整体社会习惯风俗。人们在日常中自然遵守，鲜少有人犯忌，特殊情况除外。因此，国际中文教学中的文化教学，应以中文背后的普遍文化特征为核心。

第二，熟悉同一中文背景下，社会形态内部的文化个性特征。同一社会内部，尽管使用同一种语言，但因使用者地域或身份不同，也会出现差异，这种差异会导致同一社会形态下的文化个性特征。以职业划分，中文有"教师、公务员、生意人"等；以亲缘关系，中文说"父、母、儿女、叔、姨、姑姑"等；以场所划分，中文有"北京人、上海人、广州人、深圳人、中国人、外国人"等。还有很多缩略语，例如，职业方面，学校教育的"教学辅助人员"缩略为"教辅人员"；行政方面，有"整顿并改革"的说法，缩略为"整改"；职场称呼方面，"李总经理"称"李总"，"王局长"称"王局"，"刘院长"称"刘院"；专门行业，如金融系统或税务领域中，词汇"汇算缴费"缩略为"汇缴"；等等。职业、场所、行业、缩略语等，都是细微的语言使用表现，但它们带来的社会集团之间的文化个性还是很鲜明的。对外国学生而言，熟悉这些文化个性，关系到能用地道中文实现交际。另外，不同区域的方言问题也是国际中文教学中需要考虑的，但其与国际中文的关联性稍弱，此略。

  第三，了解同一中文背景下，同一社会形态内部语言动态带来的文化交互。语言使用不是一成不变的，同一社会集团内部，其语言使用也是动态的、变化的，这是时代、社会、信息等合力作用的结果。中文背景下的语言动态有几种类型。一是构式词汇被借用，如由"广州人、北京人、上海人、天津人"的"××人"，后衍生出"掌门人、当家人、行内人"等与地位相关的称谓，如今，随着互联网语言的广泛使用，更是出现了"打工人、狼人、干饭人"等具有活动属性的称谓。这还不够，年轻人的潮流文化还滋生出"汪星人、喵星人"等戏谑称谓。二是潮流文化的推波助澜，潮流文化是推动语言动态发展的主力。年轻人一直是社会潮流文化的追浪人，他们推动社会潮流的同时，客观上对语言也起到了助推作用，例如"T型台""网红店""笑不活了""饭圈""快闪"等众多的"潮"词汇。三是以通常词汇代指某种"变异"现象，原本寓意美好的"奇葩"，成为对某种怪现象或怪人的称谓；原本作为对同事或同行的通用称呼"同志"，却成为同性恋的代名词。四是词汇语义的转移，例如，"凡尔赛"本是法国地名，因当地艺术博物馆"凡尔赛宫"而驰名世界，但在年轻人的口中，"凡尔赛"已成为低调炫耀的代指，如"他很凡尔赛"。五是新事物催生新词汇，例如，在互联网上发表言论的人被称为"键盘侠"，AI译为"人工智能"，以及"区块链技术""虚拟现实"等。除了上述变化，还有很多词语因缩略而走红，如"社恐""社牛""社死""i人""e人"等。当然，语言本身的动态也会促使语境的动态变化。很多只存在于某一社会集团内部的专用词汇，因其所表述的事物或现象普及化和通俗化，而成为通用的社会语言，如"网络空间""虚拟社区""虚拟生活""智能化""情绪价值"等。存在于特定地域的方言的普遍化，如"忽悠""大明白""你瞅啥""瞅你咋滴""打理""老公""老婆"

等。随着人的流动、社会的发展，不同集团之间也在进行着语言交融，这种交融促进着文化的交互和流动。对国际中文教学而言，了解语言动态带来的文化动态，是文化教学的关键。

面对国际中文教学中的文化差异，教师应从重视使用开始，以中文社会内部的语言差异为关键，最后落脚于语言动态对文化动态的影响上。

11.2 国际中文教学的跨文化难点

国际中文教学的跨文化难点涉及两方面：国际中文教学的语用难点、国际中文教学的跨文化难点。

11.2.1 国际中文教学的语用难点

语用是"某一语言的使用或运用"，属于语言使用的范畴。对外国学生而言，能正确、贴切地运用中文进行恰当地描述、阐述问题，顺畅交际，是国际中文教学的终极目标。正确且贴切地使用中文是外国人使用中文的最高境界。因此，探讨中文的语用难点，为国际中文教学的文化教学奠定了基础。

中文语用受到使用者身份特征、话语环境、交际目的等多重因素的制约，其中，使用者身份特征和话语环境是语用的重要因素。

使用者的身份特征会让他（她）的话语使用限定在特定交际范畴之内。不同的交际身份带来不同的话语使用、不同的交际范畴。以某年轻教师"张小明"为例，身份是教师，对标他的身份特征的称呼有如下几种类型：

> 社会交往中，一般人或学生称他为"张老师"；
> 同辈好友招呼他为"小明，你怎么才来"；
> 长辈叫他"小张""小明""明明"；
> 晚辈称他为"张叔叔""小明叔"；
> 官方场合人们称他为"教师""张老师"

......

对张小明的称呼虽各有不同，但都因张小明的身份特征是教师，话语表述多发生在"为师"范畴内，他的身份特征构成了他者对其称呼的范畴限定。

话语环境多种多样，这让使用者的话语表达也多样。但是，这些"多样"离不开使用者所处的场景、身份、事件、目的等。这些语境要素会催生与之相应的话语表达，也就是"恰如其分的话语"。恰如其分的话语会催生良好的交际沟通，会实现交际目的。还以教师张小明为例，他作为教师，在不同话语环境中，他人对他的话语表达是不同的。例如：

正式场合中，他人说"您是张小明老师吗？很高兴认识您！"

在教学中，学生说"张老师，我有一个问题想请教您。"

打电话的长辈或熟人说"喂，小明吗？""喂，张老师。""喂，小张吗？"

更熟悉的人或长辈亲人催促他："小明，快回家！""小明吗，怎么又加班？"

对属于另外一个语言文化系统的人而言，身份特征、话语环境对中文使用的影响，是语用难点，需要专门学习。

除了上述两方面，在国际中文教学的语用难点中，还应关注方言对普通话的影响。

现代社会，区域融合，地域交流频繁，不少方言也进入到普通话系统。例如：

东北话的"忽悠""旮旯儿""消停""嘚瑟"

粤方言的"打理""冲凉""爆满""炒鱿鱼""的士""发烧友""搞定"

北京话的"发小儿""遛弯儿"

湖南方言的"敲边鼓"

......

东北方言"忽悠"往往用于煽情的话语意味。粤方言"搞定"表达对某事轻松应对，诸如此类。但方言往往具有特殊用途或含义，因而会影响到听话人的理解，如有不慎，还会造成误听误判。因此，进入普通话系统的方言，也是语用难点之一。例如问人吃饭：

  北方方言中的北京话说："你吃了吗？"或"你吃了没？"
  南方方言的粤语说："你有吃饭么？"

北京话的句尾有词语"没"，但在句中不表示否定，只是起到补足音节的作用。粤语话常用"有+动词"，这里的"有"不是"有没有"的"有"，只是补足音节。很多方言在悄然影响着普通话的表达。方言进入普通话，一方面丰富了中文语言系统，为中文注入了活态生命力，另一方面也对国际中文教学提出了更高的要求。

11.2.2 国际中文教学的跨文化难点

对国际中文教学的跨文化难点，应深入了解对外国人文化教学的范畴体系。

国内学者、国际中文教育家张占一、黎天睦、林国立、吕必松、陈光磊、胡明扬、刘珣、鲁健冀等人都有观点阐释，探讨对外国人的中文教学中文化教学的范畴是什么。综合目前通行的权威观点，对文化教学的范畴大致可分三类：第一，语言本位与文化因素的关系，学者陈光磊认为文化有"语构文化、语义文化和语用文化的划分"[①]，陈教授的观点突出了语言与文化之间的密切关系，也提示国际中文教师，教中文也是在教中国文化。第二，区分"知识文化"和"交际文化"，学者张占一于1990年发表的《试议交际文化和知识文化》，首次区分了文化的"知识"与"交际"概念。随后赵贤洲、吕必松、孟子敏等学者纷纷撰文支持此观点，并进行了深度探索。尤其是吕必松先生，他认为"所谓'交际文化'，我们也可以理解为隐含在语言系统中的反映一个民族的价值观念、是非标准、社会习俗、心理状态、思维方式等的文化因素"[②]。文化的"知识"与"交际"之分类，对国际中文教师而言，提出了文化教学中的重心问题。第三，为了筛选可用于国际中文教学的文化因素，林国立区分了一般性文化和用于国际中文教学的专门性文化。"为了把'文化'和'对外汉语教学中的文化'区别开来，我们把'对外汉语教

[①] 陈光磊. 关于对外汉语课中的文化教学问题[J]. 语言文字应用，1997（1）：25-28.
[②] 吕必松. 关于教学内容与教学方法问题的思考[J]. 语言教学与研究，1990（2）：4-13.

学中的文化'称为'文化因素。"[①]根据"文化因素"所制定的国际中文的文化教学大纲,"要解决的是'中国人为什么这么说'、'这么说的含义是什么'的问题"[②]。林国立的观点在于,让针对外国人的文化教学随他们的语言水平而增加或提速。

综合而言,对国际中文教学中的文化教学范畴的探讨,是立足于语言本位、文化内部、文化与教学关系而展开的。尽管不同学者有不同观点,但它们的共通之处在于:学者都认为语言与文化关系密切,且认为教语言就是教文化,教文化就要教现实中迫切需要的、有助于交际的文化,张占一的"交际文化"就是对此的理论助力。国际中文教学中的文化教学考验的是中文教师对文化的解析能力,考验的是学习者理解中文交际目标、把握交际内涵和适度交际的能力。这些能力恰是文化教学的关键,也是难点,有的甚至是重点加难点。

11.3 国际中文教学的跨文化培养

从跨文化难点到跨文化培养,需要教育者对学生日常交际能力的培养,以及教育者为实施培养而进行的文化教学设计。

11.3.1 培养国际中文教学的语言理解

教师想要让学生理解中文,方便交际,应对中文语言要素进行筛选,对其内在的文化序列进行整合。此过程中教师应遵循两个原则:一是,优先选择交际文化所需的、为日常所使用的、为话语表达能提供有效帮助的语言项目;二是,语言所对应的交际现象应是活跃度高的,且这些交际现象是话语表达中的习惯用法。按照这两个原则筛选出的语言项目应先教。

让学生尽早掌握这些语言项目,是为学生尽早适应中文交际语境提供方便。例如,在今日的中国,收发快递已是日常现象,与此相关的交际行为,如填单、

[①] 林国立. 构建对外汉语教学的文化因素体系:研制文化大纲之我见[J]. 语言教学与研究,1997(1):18-29.
[②] 林国立. 构建对外汉语教学的文化因素体系:研制文化大纲之我见[J]. 语言教学与研究,1997(1):18-29.

扫码，以及向快递员询价等，是顺利完成快递收发的基本行为，这些行为带来的话语表达是教学中的优先选择项。依据交际的语言要素，培养国际中文教学的语言理解，应着力于语音、词汇、语法、语用等现象。

（1）语音。语音是交际文化的表层特征。听话者首先听到的是说话者发出的声音和语调。教师教外国学生中文发音，应注重发音特质，这些特质体现在：多音字、同音异义字、轻音、吞音等。针对这些情况，教师在教学中设置情境，以更直观的方式展示。我们以多音字教学和同音异义教学为例，探讨情境教学的作用。

多音字教学：

> 汉字"一"有多音现象，单独成词时，"一"的发音为第一声（阴平），一(yī)。与其他汉字组合时，分两种情况：去声（四声）音节前时"一"发音为阳平（二声），如"一个(yí gè)"；在阴平（一声）、阳平（二声）、上声（三声）音节前时，"一"的发音为去声（四声），如"一家(jiā)"，"一人(rén)""一起(yì qǐ)"。

同音异义教学有两种类型：

其一，同音同形异义字，例如：

> "摆"可说"摆动双手"，也可说"衣服的下摆脏了"。
> "宽"可说"马路很宽"，也可说"你要宽心"。
> "别"可说"别拿我的书"，也可说"告别家乡"。
> "花"可说"花朵"，也可说"花钱"。

其二，同音异形现象，此类多为同音借喻，通常出现于宣传类话语之中，较为典型的是广告词对日常词语的改写，例如：

> 洗发水广告的"知梳达理"，借自成语"知书达理"。
> 口香糖广告"一箭钟情"，借用成语"一见钟情"。
> 空调广告"新'静'界"，借用词组"新境界"。
> 食品广告"食全食美"，借自成语"十全十美"。

还可用于戏称,也就是"谐音梗",例如:

"举个栗子"来自"举个例子"。
"连夜你都不熬,难道你还熬汤吗"。

还有另外一种情况,就是同音同义异形现象,例如:

"辞赋"同"词赋"。
"畜牲"同"畜生"。
"仓皇"同"仓惶"。

此情况多涉及历史文字或文学现象,交际性弱,较少用于国际中文教学,故在此不再赘述。

这些语音现象体现交际的文化性,需要教师细心分辨,按照"必要性、充分性、必要且充分"的原则进行筛选,然后用于教学。

(2)词汇。词汇是交际文化的内容主体。自然地理、生活习俗、社会发展、时代现象等都有专门的词汇进行表达,例如:

地理与自然的,地名"南京""北京""长江""黄河""兰亭";自然地理"长江""华北平原""青藏高原""喀斯特地貌"。

气候节令的,"梅雨""台风""清明""夏至"。

传统习俗的,传统节日"春节""清明""端午节";习俗"清明踏青""吃团圆饭"等。

饮食喜好的,菜系称谓如"鲁菜""川菜""京菜""徽菜";习惯方面,北方人喜欢"吃馒头",广东人喜欢"吃肠粉",江浙人有"喝莼菜汤"的习惯,贵州人"吃酸汤鱼",新疆人"吃馕",西北人"吃肉夹馍"。

服饰穿着的,"汉服""中山装""西服""旗袍"。

建筑方面的,北京有"四合院",岭南有"祠堂"。

历史现象的,华夏文明的图腾崇拜"龙"。

文学词汇日常化的,"柳暗花明""春风得意""走马观花""阿Q精神""侠客""只缘身在此山中"。

风俗心态的，内敛谦虚说"哪里哪里"，姓名尊询"您贵姓"，年龄尊询"您贵庚"，告辞客套话"慢走""请留步"。

亲缘关系的，"堂哥""表姐""七大姑八大姨"。

社交尊称的，"张哥""赵姐""阿姨""师傅""快递小哥"。

新现象催生新词汇的，"上班族""啃老族""干饭人""脱口秀""高富帅""白富美""上班摸鱼""心机女""内卷""躺平""绝绝子"（太棒了）"破防"（击穿了心理防线）"网红店""谐音梗""秒杀""秒赞""吃瓜""闪送""泪目"。

网络拼写代替汉字的，流行语"YYDS"（永远的神）。

方言进入普通话的，东北方言"忽悠"，南方方言"打包"。

……

上述例子仅是词汇表达文化内容的很小部分，还有海量词汇分布于中文语言系统之中，分别承载着文化认知、交际沟通、达成目的等诸多社交功能。

因此，培养国际中文教学中的语言理解，词汇教学是重头戏。教师可从自然、地理、社会、时代、事物专名等类型化分配出发，有意识地培养学生对文化特征的类型化理解。

（3）语法。语法是理解交际文化内容的关键。语法的交际文化体现于对交际话语的规范上。中文的话语表达有严格的规范，这体现在以下几个方面，首先就是语序要求，如姓名、时间、地址。

姓名，先姓后名，"张小明"。
时间，"年、月、日""时、分、秒"。
地址，"省、市、区、街道、门牌号"。

还表现在句式上，例如：

一般句式，"主+谓+宾""我吃面包"或"我不吃面包"。
连动句式，几个动作出现在一句话中，"我吃完饭回教室"。
补语句式，"吃好了""洗干净了"。
特定内涵句式：反问句，"他都不知道，何况我们呢"。
　　　　　　　间接否定，"你瞧瞧你，写的都是些什么啊"。

>   反讽，"哎呦呦，谁还不知道你啊"。
>   ……

语序、句式仅是中文语法的一部分，但其所体现的交际文化已十分鲜明。掌握语法，可让交际更加顺畅。

语法教学中，教师可采用两种方式：一是记忆，多用于语序教学，语言顺序是硬性的。强调语序，是学生学习中文伊始，是教师应为他们奠定的记忆基础。二是情境设置，针对较复杂的语法现象，教师需借助一定的情境场景，让学生在交际中获取对语法交际文化的理解，有条件时，教师可带领学生在真实场景中实践。

（4）语用。语用是交际是否地道的重要体现。我们以中文背景下的文化共性原则为基础，对语用交际文化进行分析。以中国人打招呼为例，常用如下方式：

> 问候式："早上好""你好""大家好""你们好"
> 询问式："上（去）哪儿？""上哪儿去？""吃饭了没有？""怎么来得早？"
> 意想不到式："原来是你啊！""哦，你来了啊。""真的是你？""怎么是你？"
> 点头示意式："哦，（你）来了。"

上述打招呼对话具有明显的语用特征。这些语用特征与中国人的见面习惯有关系。中国人见面时，第一句话往往是问询对方信息，询问式招呼很常见，例如：

> "你吃了吗？""你去哪儿啊？""最近身体怎么样？"

这被认为是典型的中国式打招呼，使用频率非常高。询问式打招呼通常用于熟人之间，熟人打招呼，内容往往更深入，例如：

> "最近干嘛去了啊？""小孩多大了？""这件衣裳多少钱呐？"

一不小心就聊到了隐私话题。

> "你满意现在的工作吗？""工资多少？"

这都是中国人特有的打招呼习惯，并不见得说话人真想获取什么信息。当然，语言是动态的。在国际交往中，中国人打招呼的方式也在悄然变化着，涉及隐私的话题逐渐被淡化，取而代之的是"你好""您好""好久不见"等闲聊话题。

互联网时代，聊天工具成为人际交往的桥梁，网上打招呼也成为日常。聊天工具中有各类丰富的表情符号（emoji），它们可替代打招呼话语。这些表情符号又称"表情包"，如☺，该表情通常用于表达礼貌或微笑等。但有时候，同一表情符号在不同年龄的人那里有不同的解读，因此使用表情符号聊天，应熟知对方年龄、知识水平、认知能力等，如果相差悬殊，可能会出现"尬聊"（"尴尬聊天"的网络表达）现象。

语用的交际文化还表现在人们面对表扬或赞美时的话语反应上。中国人受儒家文化浸染，话语往往内敛含蓄，因此，面对表扬或赞美时，中国人也是谦虚含蓄的，有时甚至小心谨慎。赞美或表扬一个中国人，他（她）多半会回应：

"哪里，哪里"
"不，我做得还不够好"
"不，很多地方我还需要再努力"。

有时听到被赞扬后，还会假装不知而惊喜：

"是吗？真的吗？"
"这是真的吗？"

有时会用嗔怪式接受赞美，如一位中国妻子听到丈夫被表扬的反应是：

"他啊，整天就知道学习！"

显然，妻子为丈夫感到骄傲，但又要掩饰这种骄傲，话里话外都是骄傲自豪却又要极力克制。

甚至，中国人被表扬时，会将功劳归于前辈或上级：

"都是老师教得好！"
"都是领导指挥得好！"

或归功于集团："这是集体力量的结果。"

中国人被赞美后的"回应文化"还体现在斟酌用词上。谈到成绩时，明明是自己个人努力的结果，叙述时偏要用"我们"，给听话人营造出"这是大家共同努力的结果"的效果。

这些话语反应是中国的谦虚美德文化使然，但也说明，中国人在面对成绩或成果时，怯于表达自己，甚至会失去一些宝贵的机会。

语用中的称谓文化也会对交际构成影响，关于称谓文化，在本书 11.2.1 节中已有详细探讨，这里仅举一则小幽默：

> 一位在华外国留学生，她中文说得很好，一日，她在某地见到一位五十多岁的女知识分子。见面打招呼，这位留学生管这位女知识分子叫"大妈"，对方十分不高兴，扭头就走了。这位留学生十分不解。后来，人家告诉她，"大妈"在中国是称呼老年家庭妇女的，一般无职业，受教育程度很有可能不太高，而对女知识分子，是不能这样称呼的。

这则小幽默中的在华外国留学生，由于不清楚称谓"大妈"的文化含义，以至于闹出笑话。"大妈"针对的是特定人群，但她不明白，因此误用于女知识分子身上，导致女知识分子"十分不高兴，扭头就走了"，交际中断，进而失败。

语用中的聊天话题也能体现中国人的交际文化。中国人见面，不管熟到什么程度，自然而然就会聊到工作、薪资待遇、家庭情况、小孩、老人等。

> "你换了什么工作？""孩子多大了？""小孩的那个幼儿园怎么样？"

有时甚至会"八卦"一些花边新闻什么的，例如：

> "听说小明又换女朋友了？"
> "咦，我怎么不知道，你从哪听说的？"
> "听说了么，他离婚了，大家都在传啊，昨天马丽告诉我的。"

反之，在西方社会，人们见面，如果关系不那么亲密，一般会聊天气。

> "今天天气真不错""哎呀，又下雪了"。

除了语音、词汇、语法、语用之外，肢体语言也在国际中文教学中占有一席之地。除了话语之外，肢体语言是比较有效的沟通手段。眼睛、眉毛、面部表情、

第 11 章　国际中文教学的跨文化沟通　·253·

身体部位等都是肢体语言的驱动力。例如：

　　眼神回避、微笑、眉毛上挑、抱肩、挥手、跺脚、来回走动、手指交叉
　　……

这些动作时刻都在传递着动作者对某人或某事的态度、意图、价值观。

在大多数国家，肢体语言所传递的话语信息有趋同性，如"同意"时点头，"再见"时摆摆手，但少部分国家却不同。以"同意"为例，大多数国家点头表"同意"，在保加利亚和希腊，人们却是以摇头表"同意"。大部分国家的人见面时握手表示友好，有的国家则是拥抱、贴面，甚至亲脸颊。社交距离也是肢体语言的表现，芬兰人普遍被认为"内向"、不喜欢社交，且十分在意人与人的社交距离。因此，芬兰被认为是世界上社交距离最大的国家，芬兰人也被认为是最"社恐"的人。网络笑话形容芬兰人的社交"内向的芬兰人跟你说话时，总是低头盯着自己的鞋子，但如果是外向的芬兰人，他们会盯着你的鞋子"[1]。图 11-1 是关于芬兰人的"社恐"幽默漫画。

图 11-1　芬兰人的社交距离[2]（来自网络幽默漫画）

虽然只是一则幽默漫画，但一定程度上反映了芬兰人对社交距离的在意程度。在其他一些欧美国家，如德国、英国、美国等，人们也很在意社交距离。当然，也有例外，意大利、拉丁美洲国家等地的人，他们在谈话时身体距离就比较近。

---

[1] 猫猫爱旅行. 这个北欧国家人喜欢独处，连排个队都要相隔 1 米，游玩要注意了[EB/OL]. （2018-11-21）[2024-07-10]. https://baijiahao.baidu.com/s?id=1617726614554545054&wfr=spider&for=pc.
[2] 猫猫爱旅行. 这个北欧国家人喜欢独处，连排个队都要相隔 1 米，游玩要注意了[EB/OL]. （2018-11-21）[2024-07-10]. https://baijiahao.baidu.com/s?id=1617726614554545054&wfr=spider&for=pc.

11.3.2 培养国际中文教学的文化沟通

国际中文教学的文化沟通很重要,如何培养外国学生的这一能力呢?作为教师,首先要解析文化沟通的内涵,其次是有针对性地进行教学设计。

第一,教师解析文化沟通,来自对文化类型的认知。国际中文教育界对文化教学的类型固然存在很多分歧,但以"知识文化"和"交际文化"分类,对教学而言无疑更简洁、清晰。知识文化是显性的,如"中国第二大河流是黄河",这是显性文化;交际文化是隐性的,它隐于人们日常话语和行为之中,不易一眼看出。显性文化是文化沟通中的充分条件,隐性文化是文化沟通中的必要条件。教师应具备"火眼金睛",清晰准确地分辨中国文化中的显性和隐性特征,归纳总结其规律,为教学设计做好准备。

第二,教师设计文化教学时,应建立主次意识。毕竟,文化本身也是有主次的。以主次区分文化,进而设计文化教学,教师应从三个问题入手。

(1)什么文化教学必须进入教学计划?必须进入教学计划的内容包括:①日常交际必需的、对理解语义有帮助的词汇,如"过春节""踏青""礼尚往来"等,这是文化教学的重要部分。教师应及时将此类文化输送给学生。同时,教师还应时刻关注新词汇,尤其近年因新事物而涌现出的新词语,如支付宝、微信支付、快递、网购、二维码、扫码等。②交际中极富中国文化交际色彩的语式,如"哪阵风把你吹来的""太阳真是从西边出来了"。教师将这些语式辑录到教学计划中,以便学生在实际交际中的话语更加地道。

(2)什么文化教学可有可无?文化教学中可有可无的内容包括:①对跨文化理解过度且生疏的称谓、问候、新生词语等,如问候年龄"您贵庚?",见面打招呼的旧习惯"吃了吗?"等。②一些历史文献资料或传说,如"司马光砸缸""盲人摸象""负荆请罪""桃花源"等。③文学化、抒情化强烈且不常用的,如"我情愿作一棵野草,等着地下的火烧"等。针对这些文化内容,教师可根据具体教学情况而定,可教可略,或略教。

(3)什么文化不宜放入教学中?文化内容明显滞后于时代发展的,例如,现在已不用的习惯或话语方式;只存在于某些地域的风俗习惯、祭祀;已过时的话语表述"子曰""甚矣吾衰矣";表示器皿的古汉字"簋""瓠",古文学中的"呕哑嘲哳难为听"(白居易《琵琶行》)等。具有这些文化特征的词语或表达方式，可不纳入国际中文的文化教学之中。

第三，教师进行文化教学设计，应遵循以下四原则。

（1）突出交际性的文化教学，目的在于提高学生的交际技能，如礼尚往来中互送礼物，送给朋友礼物时：

中国朋友为表达客气而委婉地说道："哎呀，不要不要。"

得体的回答应是："一点小意思，算不了什么，请收下。"

何谓"得体的回答"？其实就是在特定文化背景下符合交际话语习惯的回答。除了"得体的回答"，还有"得体的行为"。在交际中，除话语应符合文化习惯，辅助话语的动作也应符合文化习惯。还以"礼尚往来"为例，中国人接过礼物后，并不马上打开，认为当着客人的面打开礼物不礼貌，所以，接受中国朋友礼物时，一般的表现是：先稍作客气，然后说"谢谢你"，待朋友离开再打开礼物，这就是"得体的行为"。这都是教师应强调给学生的。当然，在中外文化沟通交流的当今社会，中国的交际文化也在悄然变化着。国内朋友之间"接受礼物"时，也会当着客人的面打开，赞扬一番，尤其是与国际友人交往时，更是如此。

除课堂教学之外，教师还可安排一些有助于交际文化实践的课外任务，如布置话题情境，让学生有意识地联系中国朋友，完成交际实践。如"约朋友去超市购物""打电话给酒店预订房间"等交际主题，让学生以小组形式完成主题，并将全过程记录或拍摄成短视频，下次课前提交给任课教师。此类课外任务的目的在于，鼓励学生在真实情境中完成中国式交际。

（2）提炼话语中的交际文化特征，可以提高学生中文交际的自如感。有意义的话语是交际文化的显性特征，为此，教师应关注学生的话题交际情况，例如：

学生：你越来越变得漂亮。（教师纠正：混淆了"越来越"与动词的语序。）

学生（对老师）：老朋友，你怎么来了？（教师纠正：称谓没有采用尊敬的称谓）

上述话语中，学生的错误在于：或者混淆了语法和语序，影响了听话者对意义的理解，妨碍了交际；或者使用了不恰当的称谓，在交际中产生误会。

除此，还有一些无意义的非成分词语或者句中的非表意成分，如介词、连接词、插入语、语气词等，尽管这些词本身并不具备表意功能，却能起到补足句意、增强句势的作用。这些词对强调内容、加强语气、制造停顿、表达心理活动、调动听话者的注意力等方面都有帮助。例如：

> "听说""说不定""看样子""可不嘛""谁啊""可不是""都是你""哪儿跟哪儿啊""真够意思""说句不那什么的话"
> ……

这些非成分词语以及句中的非表意成分出现在话语中，可以吸引他人注意力、强调意义、加强说话人的主观色彩等，会让沟通顺畅，从而起到文化认同的作用。让外国学生掌握这些非成分词语或句中的非表意成分，一方面可以减少学生交际中的"洋腔洋调"问题，对"说一口地道中文"有帮助，另一方面也缓解了外国学生在习得中文时的文化焦虑症。

（3）归纳文化教学的重难点，便于学生逐层理解。文化教学也有重难点。从大的方面讲，对交际文化倾注的教学时间应大于对知识文化倾注的教学时间。对于课本中的交际文化内容，教师应做到"一个不漏"地讲解、训练。而且，进行交际文化教学时，教师应考虑外部条件和内部因素两方面。外部条件指的是学生条件，教师应考虑学生的接受能力和国别来源。对接受能力有限的学生，教师的教学内容应以课本内容为主；对接受能力较好的学生，教师教学时可在课本内容基础上进行扩展讲授。国别方面，对食物有禁忌的国家、对颜色有禁忌的国家、对生活习惯有禁忌的国家，教师都应细心关注。内部因素指的是文化内部，教师对交际文化本身进行分层教学。第一层，同一词汇的文化内容要分层，如汉字"红"，对中文水平初级的学生，教学时以颜色意义为主、文化意义为辅，甚至不讲文化意义；对中文水平处于中高级的学生，教学时以文化意义为主，如"红歌星""红人""红娘"等。第二层，文化现象进行拆解式教学，如教"喝西北风"，先教字面意思"喝"和"西北风"，然后以举例方式讲解"喝西北风"的语义是"没有东西吃"，当学生理解以后，再深入讲解它的隐喻内涵是"没有收入""很穷"，举例"他丢了工作，全家跟着喝西北风"。

教师对待知识文化也应归纳重难点。关于知识文化的教学，第一，教师应分清知识的必要性和非必要性。必要的知识文化务必讲解，非必要的知识文化则选择性讲解。那些不必要且早已过时的知识文化则不必讲解，如个别学生有兴趣，可在课余时间个别讲解。另外，知识文化教学不要挤占过多语言教学时间，以至讲成了"知识文化专题课"，这就是主次不分的教学。第二，教师应事先了解学生母语中的文化知识，然后挑选与之匹配的中国知识文化进行展示，增加内容的亲切感。第三，教师对知识文化的讲解也应分层，介绍中国的著名河流"黄河"时，应包括以下几个层次：①基本知识。这是一条河（介绍黄河的自然属性）。②地位属性知识。黄河是中国第二大河（介绍黄河地理位置及地位）。③文化属性知识。黄河素有中国"文化摇篮"之称（介绍黄河在中国文化中的特殊地位）。这三个层次清晰地构建出黄河在中国人心中的重要性。最后，在有条件的学校或条件许可情况下，可开设文化专题课，如"中国国情概况""中国文化课"等，目前国内高校对此类文化课程都进行了相关设置。强调一点，作为国际中文教师，适当懂些外语是必要的，对解决特定交际问题或文化知识问题是有帮助的。

（4）教师设计文化教学时，不管是交际文化还是知识文化，教师都应遵循：①从易到难、从理解到掌握、从掌握到交际、逐层教学的原则，逐步提升学生的文化认知能力，"一口吃个胖子"是不可取的；②营设语境或情景，很多文化内容是需要在具体语境或情景中才能理解的；③适当增删课本中的文化内容，或删繁就简，或增加必要部分，以补充教材中文化内容的不足；④中文技能训练中，适当增加文化内容，见缝插针式教学，也是学生了解更多中国文化的好机会。

11.4　国际中文教学的跨文化沟通案例

国际中文教学的跨文化沟通案例是文化教学中的要务。我们略举几例，给读者一些文化教学的案例提示。

案例1：消除文化误解。例如问候，中国人习惯问对方的年龄。

李军：你好！

玛丽：你好！

李军：你是美国学生吗？

玛丽：是，我是美国学生。

李军：你年纪不小了吧？你多大啦？

玛丽：不知道！（生气了）

李军是中国人，玛丽是外国人，二人见面打招呼、聊天。聊着聊着，玛丽却生气了，她为什么生气了呢？因为李军问到了她的年龄"李军：你年纪不小了吧？你多大啦？"年龄对西方国家的女性来说，是十分敏感的，在交际中需要回避。另外，前文 11.3.3 节中举过的"大妈"案例，也是因招呼不当造成的文化误解。

案例 2：知识文化与交际文化。我们选取《HSK 标准教程》中的文化素材——知识文化和交际文化进行展示，为教学设计提供一些启示。

《HSK 标准教程》是由北京语言大学出版社在 2014 年推出的套系教材，主要针对的是 HSK 考生。该套教材共六册，分别对应 HSK 考试的六个等级。教材内容设置以 HSK 考试的题型和语言等级为标准，目标是提升考生的中文交际能力，其中很多内容涉及文化教学。教材中的文化内容类型鲜明，就是知识文化和交际文化。知识文化在《HSK 标准教程》中多以词汇形式呈现，交际文化则隐含在对话或行为之中。

知识文化，例如：

（1）介绍筷子：筷子在中国大约已经有 3000 多年的历史了。
　　　　　　　　　　　　　　——《HSK 标准教程》第四册·第十三课
（2）介绍中国的茶文化：茶在中国有几千年的历史，是中国最常见的饮料……在中国，喝茶是一种十分普遍的生活习惯……
　　　　　　　　　　　　　　——《HSK 标准教程》第四册·第十三课

这些知识文化通常以词汇面貌出现，这些词汇大多分布在《HSK 标准教程》中的热身板块、词汇表、扩展板块、补充词汇表内。多为中国建筑、饮食、节气、胡同、点心、守岁等传统词汇。

"南方"与"北方"词在《HSK 标准教程》的第三册开始出现，直至结束，例如：

"南方热，北方不冷不热。"
"南方冬天暖和，还有许多水果。"
"北方过年吃饺子。"

具有身份标识特质的"南方（人）""北方（人）"也在《HSK 标准教程》

中应运而生:"南方人很难接受每天吃面条。"

词汇的文化表征为学生提供了中国地区之间文化差异的话语体验。

除了词汇,一些句式也会隐含知识文化,例如,《HSK标准教程》中的病句举例,其中多有知识文化的隐含。以"表意不明"病句为例:

* 醋最好不要和羊肉一起吃,一起吃会使它的温补作用大打折扣。
——《HSK标准教程》第六册·第十一课

例句中的"温补"一词为中医术语,中医认为进食辛热性的食材能够补充人体内的阳气以治疗气虚血亏的症状,羊肉是辛热性的食材,可以温补,但同时进食醋,会影响人体对羊肉的吸收。例句中的"它"表意不明,应明确写出"羊肉"。但抛开"表意不明"的问题,这个例句充分表现了中国人的饮食观念文化。

再如"语序不当"的病句:

* 郑晓龙执导的很多电视剧,对中国人是不陌生的。
——《HSK标准教程》第六册·第七课

例句中"很多"应放在"对中国人"之前。抛开"语序不当",这句话提到的"郑晓龙"是中国著名导演,著名文化人物会让学生对中国当代艺术文化产生好奇和兴趣。

诸如此类,教师讲解此类句式时,对其中的知识文化适当讲解,讲解原则可参考本书 11.3.2 节中的文化教学设计和原则。

《HSK 标准教程》中有很多交际文化,它们多依赖语境而存在,

例 1:《HSK 标准教程》第四册第十二课中的对话:

高老师: 我发现您对学生特别了解,而且总是能用最简单的方法把复杂的问题解释清楚,让每个学生都能听懂,这一点真是值得我们好好儿学习。

王教授: 哪里哪里,这只是因为我对每个学生的能力水平比较了解。

高老师: 那您认为对于老师来说,什么是最难做到的?

王教授: 世界上没有完全相同的叶子,同样地,世界上也没有完

全一样的人。所以,在教育学生时,要根据学生的特点选择不同的方法,我想这应该是最不容易做到的。

对话中,王教授的"哪里哪里",不是字面意思的"在哪里",而是中国人特有的自谦,用于回应他人对自己的赞誉。这段对话反映出国人的交际心态,这也是《HSK 标准教程》中出现频率较高的交际文化。例如《HSK 标准教程》第六册中第六课课文"当好职场插班生":

例 2:清早上班,和新同事一一认识后,我以为一天的工作就此开始,没想到赵姐工作的第一件事是忙着沏茶和咖啡,给张哥端一碗,给孙姐送一杯……

例句中的"赵姐""张哥""孙姐"是亲属称谓的社会泛化。亲属称谓的泛化现象,源自中国人的家族观念,"家族的精髓是'生相亲爱,死相哀痛',也就是强调亲情,强调血缘关系"[1]。亲属称谓的社会泛化能够增加人们彼此的亲近感,有利于交际目的。

一些依赖语境的词汇也体现了中国人的交际文化特征,该类词汇多为动词,以"够"为例:

例 3:客人来了,中国人一定要把家里最好吃的东西拿出来请客人吃,并且让客人吃够、吃饱。

——《HSK 标准教程》第四册·第十四课

"吃够"反映了中国人的待客礼节,客人到家里做客,主人一定要拿出最好吃的食物款待,让客人吃饱喝足为止。

还有一些固定用法或关联词也能反映出中国人的人际关系特征。以关联词"即使……也……"为例:

例 4:你应该多回家看看老人,即使只是跟他们吃吃饭、聊聊天,他们也会觉得很幸福。

——《HSK 标准教程》第四册·第一课

---

[1] 杨德峰. 汉语与文化交际(修订本)[M]. 北京:商务印书馆,2012:175.

说话人以劝说的语气,让听话人"多回家看看老人",体现了传承"孝顺老人、关爱老人"的中华文化美德。

综合上述两个案例而知,文化教学贯穿在国际中文教学的始终,教师在进行教学设计时应充分区分、提炼、归纳,并以设置情境、逐层深入等方式教给学生。

(《HSK 标准教程》的素材整理,感谢广外 2019 级汉语国际教育硕士毕业生陈宇冰提供,有改动)

参 考 文 献

爱德华·李·桑戴克.2015.教育心理学[M].刘万伦译.北京：商务印书馆.
曹剑芬.2013.赵元任语调思想探微[J].中国语音学报,（1）：1-18.
陈光磊.1997.关于对外汉语课中的文化教学问题[J].语言文字应用,（1）：25-28.
陈婷珠.2010.殷商甲骨文字形系统再研究[M].上海：上海人民出版社.
程海燕.2023.孔子学院发展史研究[D].武汉大学博士学位论文.
程颢,程颐撰,潘富恩导读.2020.二程遗书[M].上海：上海古籍出版社.
杜威.2015.我的教育信条[M].罗德红,杨小微编译.上海：华东师范大学出版社.
国家汉语水平考试委员会办公室考试中心制定.2001.汉语水平词汇与汉字等级大纲（修订本）[M].北京：经济科学出版社.
韩愈著,阎琦校注.2004.韩昌黎文集注释[M].西安：三秦出版社.
韩愈.2009.韩昌黎全集[M].北京：北京燕山出版社.
何克抗.1998.建构主义：革新传统教学的理论基础（三）[J].学科教育,（5）：24-27.
黄伯荣,廖序东.2017.现代汉语（下册）[M].6版.北京：高等教育出版社.
姜丽萍.2014.HSK标准教程1[M].北京：北京语言大学出版社.
孔子学院总部/国家汉办.2014.国际汉语教学通用课程大纲（修订版）[M].北京：北京语言大学出版社.
林国立.1997.构建对外汉语教学的文化因素体系：研制文化大纲之我见[J].语言教学与研究,（1）：18-29.
楼宇烈.2016.中国文化的根本精神[M].北京：中华书局.
吕必松.1990.对外汉语教学发展概要[M].北京：北京语言学院出版社.
吕必松.1990.关于教学内容与教学方法问题的思考[J].语言教学与研究,（2）：4-13.
吕思勉.2008.中国文化史：插图珍藏本[M].北京：新世界出版社.
墨子.2011.墨子[M].方勇译注.北京：中华书局.
皮连生.1984.试论教学目的设计的心理学理论与技术[J].华东师范大学学报（教育科学版）,2（3）：54-62.
齐沪扬,陈昌来.2009.应用语言学纲要[M].2版.上海：复旦大学出版社.
单中惠.2007.西方教育思想史[M].北京：教育科学出版社.
单中惠,王凤玉.2007.杜威在华教育讲演[M].北京：教育科学出版社.
商务印书馆辞书研究中心.2000.应用汉语词典[M].北京：商务印书馆.
石锋.2022.作为第二语言的汉语语音教学研究[J].国际中文教育（中英文）,7（3）：3-4.
睡虎地秦墓竹简整理小组.1990.睡虎地秦墓竹简[M].北京：文物出版社.

苏宝荣. 2000. 《说文解字》今注[M]. 西安：陕西人民出版社.
苏格拉底. 2015. 理想国[M]. 张竹明译. 北京：译林出版社，2015.
王刚. 2013. 孟子译注[M]. 上海：上海三联书店.
王涛. 2013. 人、城邦与善：亚里士多德政治理论研究[M]. 上海：上海人民出版社.
许慎. 1978. 说文解字（中华书局影印清陈昌治刻本）[M]. 北京：中华书局.
杨德峰. 2012. 汉语与文化交际（修订本）[M]. 北京：商务印书馆.
杨寄洲. 2006. 汉语教程（第三册下）[M].杜彪翻译. 北京：北京语言大学出版社.
杨寄洲. 2016. 汉语教程（第三册上）[M]. 3 版. 杜彪英译. 北京：北京语言大学出版社.
叶盼云，吴中伟. 1999. 外国人学汉语难点释疑[M]. 北京：北京语言文化学院出版社.
易斌，梁洁. 2010. 作为第二语言的汉语声调习得研究回望[J]. 天津师范大学学报（社会科学版），（2）：77-80.
喻江. 2007. 声调教学新教案[J]. 语言教学与研究，（1）：77-81.
约翰·洛克. 2011. 教育漫话[M]. 2 版. 徐大建译. 上海：上海人民出版社.
张奚若，贺春兰. 2022. 从无到有，中国慕课建设的十年飞跃——访全国政协委员、北京大学教授李晓明[N]. 人民政协报，09-14（9）.
赵延风. 2005. 博雅汉语 中级·冲刺篇 I[M]. 北京：北京大学出版社.
中国社会科学院语言研究所词典编辑室. 2016. 现代汉语词典[M]. 7 版. 北京：商务印书馆.
周春生. 2012. 经典会读：论语[M]. 杭州：浙江大学出版社.
周海春. 2021. 《论语》哲学注疏[M]. 北京：科学出版社.
周有光. 2009. 字母的故事[M]. 北京：人民文学出版社.
H. H. 斯特恩. 2018. 语言教学的基本概念[M]. 刘振前，宋青，庄会彬译. 北京：商务印书馆.
N. 帕帕斯. 2007. 柏拉图与《理想国》[M]. 朱清华译. 桂林：广西师范大学出版社.

附　　录

附表1　汉字笔画名称大全

笔画	名　称	例字	笔画	名　称	例字
丶	点	广	㇖	横钩	写
一	横	王	𠃌	横折钩	月
丨	竖	巾	㇈	横折弯钩	九
丿	撇	白	㇌	横撇弯钩	那
乀	捺	八	㇉	横折折折钩	奶
㇀	提	打	㇃	竖折折钩	与
㇇	撇点	巡	㇄	竖弯	四
㇊	竖提	农	㇆	横折弯	沿
㇋	横折提	论	𠃍	横折	口
)	弯钩	承	㇗	竖折	山
亅	竖钩	小	㇛	撇折	云
㇄	竖弯钩	屯	㇇	横撇	水
㇂	斜钩	浅	㇅	横折折撇	建
㇁	卧钩	心	㇜	竖折撇	专

附表2 汉字基本笔画与派生笔画名称

分类	笔画	笔画名称	笔形	折数	别名	例字
基本笔画 (6个)	一	横	平笔	0		一二丁
	丨	竖	平笔	0		十正上
	丿	撇	平笔	0		凡用齐
	丶	点	平笔	0		主火刃
	㇏	捺	平笔	0		人爻木
	㇀	提	平笔	0		地冰冶
派生笔画 (26个)	㇕	横折	折笔	1		口品田
	𠃌	横撇	折笔	1		水又互
	㇇	横钩	折笔	1		你了冗
	𠃌	横折钩	折笔	2	横折竖钩	月用勾
	㇌	横折提	折笔	2	横折竖折提	说计鸠
	㇠	横折弯	折笔	2		朵躲没
	㇅	横折折	折笔	2	横折竖折横	凹罢
	㇞	横斜钩	折笔	2	横捺钩	凰凤风
	㇟	横折弯钩	折笔	2		九几充
	㇉	横撇弯钩	折笔	2		那队耶
	㇜	横折折撇	折笔	3	横折竖折横折撇	及建汲
	㇡	横折折折钩	折笔	4	横折竖折横折竖钩	乃孕仍
	㇉	横折折	折笔	3	横折竖折横折竖	凸
	㇗	竖提	折笔	1		良以比
	㇄	竖折	折笔	1		山互牙
	㇚	竖钩	折笔	1		小水事
	㇄	竖弯	折笔	1		四西要
	㇟	竖弯钩	折笔	2	竖弯横钩	孔乱巳
	㇙	竖折撇	折笔	2		专礼
	㇗	竖折折	折笔	2	竖折横折竖	鼎
	㇉	竖折折钩	折笔	3	竖折弯钩、竖折横折竖钩	弓弟号
	㇛	撇点	折笔	1		女巡甾
	㇙	撇折	折笔	1		去公玄
	㇂	斜钩	折笔	1	捺钩	我弋战
	㇁	弯钩	折笔	1	弯竖钩	了狐狱
	㇏	卧钩	折笔	1	扁斜钩、扁捺钩	心必沁